跨学科项目化学习案例

自然科学类

主　编　袁红梅

中南大学出版社
www.csupress.com.cn
·长沙·

图书在版编目（CIP）数据

跨学科项目化学习案例／袁红梅主编. —长沙：
中南大学出版社，2023.8（2024.1 重印）
ISBN 978-7-5487-5307-0

Ⅰ．①跨… Ⅱ．①袁… Ⅲ．①教学研究 Ⅳ．
①G420

中国国家版本馆 CIP 数据核字（2023）第 049445 号

跨学科项目化学习案例
KUAXUEKE XIANGMUHUA XUEXI ANLI

袁红梅　主编

□责任编辑	张　倩　梁　甜　谢贵良
□封面设计	周素华
□责任印制	李月腾
□出版发行	中南大学出版社
	社址：长沙市麓山南路　　　　邮编：410083
	发行科电话：0731-88876770　　传真：0731-88710482
□印　　装	长沙创峰印务有限公司

□开　　本	787 mm×1092 mm　1/16	□印张 22.25	□字数 487 千字
□版　　次	2023 年 8 月第 1 版	□印次 2024 年 1 月第 3 次印刷	
□书　　号	ISBN 978-7-5487-5307-0		
□定　　价	79.00 元（共两册）		

图书出现印装问题，请与经销商调换

编委会

主　编　袁红梅

副主编　许永江　李保田　欧小华
　　　　胡路波

本册编委　(按目录排序)
　　　　　舒应红　谭　玲　何宣蓉
　　　　　周素华　谢　玲　欧阳水娟

前 言

跨学科学习（Science Technology Engineering Mathematics，STEM）是基于跨学科意识，运用两种或两种以上的学科观念以及跨学科观念，解决真实问题的课程与学习取向。项目式学习（Project-based Learning，PBL）则是一种以培养学生主动探索能力为方法，发展学生综合素养为目的的教学模式。

这两种学习模式在欧美国家被中小学校普遍采用，很好地锻炼了学生的创造力、团队合作和领导力、动手能力、计划以及执行项目的能力。而这些能力正是中国长期处于应试教育的孩子所缺乏并亟待提高的，应对来自世界、面向未来挑战的能力。

近年来，国际形势的不稳定性、不确定性更加突出，人类面临的全球性挑战更加严峻，各国遭遇的多样化困难更加复杂，经济科技力量作为撒手锏频繁显示出其无比强大的威力。调整结构、转型升级、提质增效刻不容缓，劳动密集型经济正在向知识密集型经济转变，社会发展急需一大批具备良好科学素养、拥有特定技术专长并善于解决实际问题的复合型创新人才。

2020年9月11日，习近平总书记在科学家座谈会上的讲话中提到"十年树木，百年树人"，要把教育摆在更加重要的位置，全面提高教育质量，注重培养学生的创新意识和创新能力。2021年3月，总书记在看望参加全国政协十三届四次会议的医药卫生界、教育界委员时又再次强调：要增强教育服务创新发展能力，培养更多适应高质量发展、高水平的自立自强的各类人才。

基于此，我们决心开发一套适用于小学不同年级的，融合STEM与PBL两项先进教学理念的活动方案。从最初的定项、设计，到多位小学一线教师的实践、修订，再到形成书面稿件、集体核定，终于整理成了这套《跨学科项目化学习案例》活动方案，由"自然科学"和"人文科学"两册组成。本册即是其中的"自然科学"一册。

自然科学是研究大自然中有机或无机事物和现象的科学，包括天文学、物理学、化学、地球科学、生物学、技术与工程领域等。本册中，我们收录了"沙洲的桥　家乡的桥""'玩具总动员'——中国传统玩具""水上丹霞""我是公园设计师""一米菜园""中医药进校园"六个跨学科项目，以自然科学中的技术与工程、地球科学为主题背景，横跨、融合多学科知识与技能，以期呈现出一套可供广大教师朋友借鉴的跨学科项目化学习活动方案。

"沙洲的桥　家乡的桥"项目，是以湖南郴州汝城县沙洲村"半条被子"故事发生地的一条蜿蜒流淌的滁水河上的同心桥为背景，以"沙洲同心桥年久失修，需要重建同心桥"为驱动性问题进行开发设计的。该项目结合了教科版小学《科学》六年级上册"形状与结构"单元的内容，整合了科学、语文、数学、艺术等多个学科的相关知识，在富有创意的活动中，鼓励学生将不同学科知识融合在一起，解决身边的实际问题，创造一件桥梁作品，促进学生对周围世界的理解。

"'玩具总动员'——中国传统玩具"项目，是以中国传统玩具的历史与开发为背景，以"中国传统玩具历史悠久，根据数学知识，能否动手设计并制作一个自己喜欢的玩具"为驱动性问题而开发设计的。该项目整合了艺术、语文、科学、历史、道德与法治等多个学科的相关知识技能，引导学生开发设计玩具，鼓励学生在富有创意的活动中，依据数学原理设计制作出具有传统玩具特点的现代创意玩具，以促进学生的想象力、设计能力、审美能力、合作能力以及对学科知识进行融合的能力。

"水上丹霞"项目，是以湖南郴州独有的老年丹霞地貌为背景，以"郴州非典型丹霞地貌的特点及形成原因有哪些"为驱动性问题开发设计的，本项目结合了教科版小学《科学》四年级下册"岩石与土壤的故事"、五年级上册"地球表面"等内容，整合了数学、历史、艺术等多个学科的相关知识，引导学生在实地考察学习的活动中，形成对家乡的热爱与责任意识，切实培养学生动用多项学科知识与技能解决实际问题的综合能力。

"我是公园设计师"项目，是以"郴州是一座园林城市，拥有各种类型的公园，作为郴州的未来建设者，你会如何设计一个优秀的公园建设方案"为驱动性问题进行开发设计的。该项目整合了数学、语文、美术、手工等多个学科的相关知识，从了解公园的基本信息、植物的选择与搭配等，到利用设计图制作公园的模型以及对模型进行改进和评价，引导学生真正体会利用所学知识解决生活中的实际问题的乐趣。

"一米菜园"项目，是以家庭种植活动为背景，以"如何有效开展蔬菜种植以满足日常生活需要"为驱动问题开发设计。该项目整合了语文、数学、自然、美术、科学等多个学科的相关知识，引导学生透过实作观察记录，增长植栽生态知识，培养孩子植栽经验素养。在学生对植物深入了解后，培养其惜福感恩的良好精神风貌和价值观。

"中医药进校园"项目，是以中医药历史源远流长为背景，以"如果你是一名中医药宣传大使，你会怎样宣传中医药文化"为驱动问题开发设计。该项目整合了语文、美术、音乐、劳技等多学科的相关知识，通过"认中医药材""演中医故事""传中医文化""做中医膳食""建中药基地""访中医名地"六大板块的学习活动，让学生了解和热爱中医文化，将中国传统文化发扬光大。

本册中的每一个项目都以学生的生活背景及现实问题为出发点，具有极高的可操作性和社会价值。在每一个特定的项目中，学生都将经历较为系统的运用综合素养进行研究的学习过程，必然会对学生的创新能力、合作能力、动手能力、计划执行等多方面的能力有所帮助与提高。一线教师的实施与打磨，证明了这是一套切实可行且行之有效的跨学科项目化学习方案。

编　者

目　录

01 沙洲的桥 家乡的桥

一、项目简述

汝城沙洲是红军长征路上"半条被子"故事的发生地，一条滶水河蜿蜒流淌，环绕着沙洲，在这条河上架设着形态各异的桥，每一座桥都有它的历史故事及设计原理。本项目是结合教科版《科学》六年级上册"形状与结构"单元的内容，整合科学、语文、数学、艺术等相关知识而开发设计的跨学科项目化学习课程。在富有创意的活动中，鼓励学生将学科知识融合到一起，解决一个身边的实际问题，创造一件桥梁作品，促进学生对周围世界的理解。

该项目在六年级实施，时长 7 周，涉及学科有语文、数学、艺术、思政。

二、核心知识

1. 相关学科涉及的主要知识点

科学：认识桥梁有多种结构，不同的结构有不同的功能，了解有的桥梁结合了多种结构，桥的形状和结构与它的功能是相对应的；能运用形状和结构的知识来设计和制作桥梁模型。

语文：调查、收集、整理家乡的桥的资料，深入了解家乡的桥的历史文化。

数学：运用数学知识解决设计和建造桥的一些实际问题。

艺术：感知桥不同的造型美，能用绘画手法设计作品。

思政：了解中国桥梁发展史，了解其中渗透的科学家精神。

2. 关键概念或能力

了解桥梁的形状及结构特点、桥梁承重力等知识；

培养学生的创造性思维、批判性思维、团队合作能力等重要的终身学习能力。

三、驱动性问题

1.本质问题

什么是桥梁？桥梁有哪些类型？不同形状的桥梁有哪些结构特点？

2.驱动性问题

同心桥年久失修，如果要重建同心桥，你能否根据材料的特点，设计建造出一座符合要求的桥梁？

四、成果与评价

个人成果： 　　收集沙洲桥梁的相关资料，绘制桥梁图，能解释不同形状的桥梁的承重特点	**评价内容**： ●信息收集能力，能清楚明白地讲述见闻； ●能运用艺术要素表现具体事物； ●了解桥梁的形状、结构及其与承重力之间的关系； ●对桥梁相关词汇的认识
团队成果： 　　以小组为单位，制作不同形状的桥梁模型；设计同心桥，介绍设计理念，根据设计完成同心桥的搭建	**评价内容**： ●了解桥梁的形状、结构及其与承重力之间的关系； ●对搭建桥梁材料性质的认识、选择和运用； ●按照设计要求完成桥梁作品； ●对桥梁相关词汇的认识
公开方式： 　　网络发布(　　)成果展示(√)张贴(　　)	

五、高阶认知

主要高阶认知策略：

问题解决(　　)决策(　　)创见(√)：创造桥梁作品。

系统分析(　　)实验(　　)调研(√)：实地调查沙洲桥梁。

六、实践与评价

涉及的学习实践：	评价的学习实践：
探究性实践（ √ ）：探索桥梁的形状、结构及其与承重力之间的关系。 社会性实践（ √ ）：展开实地调查；倾听他人观点；合作完成设计，搭建桥梁作品；同伴相互评议。 调控性实践（　） 审美性实践（ √ ）：考虑桥梁作品的美感。 技术性实践（ √ ）：运用各种工具搭建桥梁	探究性实践（ √ ） 社会性实践（ √ ） 调控性实践（　） 审美性实践（ √ ） 技术性实践（ √ ）

七、项目实施

项目过程	评价要素
(入项活动)子项目一：中国桥 1. 学习目标：掌握桥梁的概念及类型，了解中国桥梁发展史及目前中国桥梁的世界地位。 2. 核心问题：中国桥梁目前创造了多少"世界之最"？ 3. 学习活动：布置课前收集桥梁资料的任务，上课时分享交流；观看《中国古桥》《中国桥梁发展史》视频，了解中国古代桥梁的科学设计及中国桥梁在世界建筑史的地位。 4. 成果形式：制作一张图文并茂的"我最喜欢的中国桥"资料卡	1. 信息收集能力 2. 表达能力 3. 动手能力
子项目二：平直的梁桥 1. 学习目标：认识梁桥的结构特点，理解横梁的承重科学原理，了解搭建梁桥需要考虑的因素。 2. 核心问题：开赴桥和红卫桥的横梁为什么是立着放的？ 3. 学习活动：寻找身边的梁桥，总结梁桥的结构特点；用不同宽度的卡纸作为桥的梁，测试梁桥的承重力与哪些因素有关；尝试用一张 A4 纸做梁桥，思考用什么方法可以增强承重力。 4. 成果形式：用 A4 纸搭建梁桥模型	1. 观察分析能力 2. 动手能力 3. 合作能力

项目过程	评价要素
子项目三：弯弯的拱桥 　　1.学习目标：认识拱桥的结构特点，掌握拱形承重力强的科学原理，了解不同类型的拱桥设计，尝试搭建一座拱桥。 　　2.核心问题：沙洲的桥梁以拱桥居多。为什么身边的建筑物会大量采用拱形设计？ 　　3.学习活动：欣赏中国拱桥，说说家乡的拱桥，总结拱桥的结构特点；用五块梯形小木块拼搭一座拱桥，测试拱桥的承重力，理解拱形承重力强的原理；尝试用九根筷子搭建桁架拱桥，并进行承重实验。 　　4.成果形式：用筷子搭建桁架拱桥模型	1.观察分析能力 2.动手能力 3.合作能力
子项目四：高竿的斜拉桥 　　1.学习目标：认识斜拉桥的结构特点，理解斜拉桥桥塔高度会影响斜拉桥的承重力，尝试搭建一座斜拉桥。 　　2.核心问题：赤石特大桥4个桥塔都高达200多米，这种设计有什么科学原理？ 　　3.学习活动：欣赏斜拉桥——赤石特大桥，观察斜拉桥的结构特点，分析斜拉桥相较于梁桥和拱桥的优点，通过实验理解斜拉桥桥塔高度与承重力之间的关系，尝试搭建一座斜拉桥。 　　4.成果形式：用简单的材料制作斜拉桥模型	1.观察分析能力 2.动手能力 3.合作能力
子项目五：跨度大的悬索桥 　　1.学习目标：了解悬索桥的发展，认识悬索桥的结构特点，总结斜拉桥和悬索桥的不同，通过实验理解悬索对承重力的影响，尝试设计、搭建一座悬索桥。 　　2.核心问题：红军桥是哪种类型的桥梁？这种类型的桥梁有哪些优点？ 　　3.学习活动：欣赏湖南矮寨大桥，观察矮寨大桥的结构特点，找出沙洲桥梁中与矮寨大桥设计原理相同的桥，了解悬索桥的优点，尝试设计、搭建一座悬索桥，并通过实验测试桥面在无(有)悬索时承重力大小的区别。 　　4.成果形式：用指定的材料设计、制作悬索桥模型	1.观察分析能力 2.设计能力 3.动手能力 4.团结合作

续表

项目过程	评价要素
子项目六："家乡的桥"科学大调查 1. 学习目标：采用科学的调查方法展开实地调查，收集、记录家乡的桥的历史资料，认真完成调查表。 2. 核心问题：探寻家乡的桥背后的故事。 3. 学习活动：实地考察沙洲的桥梁，掌握科学的调查方法，用图文并茂的方式记录调查结果。通过科学调查活动、走访村民并结合之前所学的知识，了解每座桥的建造历史背景和设计原理。 4. 成果形式："家乡的桥"调查表	1. 信息收集能力 2. 沟通能力 3. 遵守纪律
(出项活动)子项目七：小小桥梁设计师 1. 学习目标：能根据桥梁的种类及特点，按照设计要求，分析材料特点，讨论设计方案，并能虚心接受他人意见，改进桥梁设计并完成模型的制作。 2. 核心问题：同心桥年久失修，重建同心桥。 3. 学习活动：以重建"同心桥"为情境，提出以扑克牌为材料的建桥任务，让学生设计、建造桥梁模型。要求学生围绕任务进行讨论设计、汇报交流、分工合作、修改完善、最后完成制作。 4. 成果形式：用扑克牌设计、搭建"同心桥"	1. 创新能力 2. 合作能力 3. 表达能力 4. 动手能力
评价与修订 　　在开展项目的过程中，各小组根据他人意见修订自己的成果	
公开成果 　　校园公开展示"同心桥"模型，向大家介绍自己的设计，由师生共同测评出最佳设计	

八、所需资源

　　中国桥梁的图片、视频，搭建各种桥梁模型所需的材料及工具，《汝城县县志》书籍等。

九、反思与迁移

　　了解现实生活中桥梁在设计时需要考虑的因素，包括地形、地势、气候条件、地质灾害、材料选择等方面，类比我们制作桥梁模型的过程，总结建造桥梁的经验，提出改进桥梁的想法，并进行进一步尝试；理解社会的需求是桥梁发展的动力，桥梁技术的发展和应用对社会发展有一定的影响。

「"沙洲的桥　家乡的桥"跨学科项目化学习案例」

子项目一："中国桥"教学设计实施

建议时间：1小时	项目化单元主题：沙洲的桥　家乡的桥	子项目活动：中国桥
项目说明：通过收集资料、分享交流，对中国桥梁发展所取得的成果感到自豪		
主要关联技能：收集资料、分享交流、动手制作		
主要关联学科：科学、艺术、语文、思政		
项目目标： 　　1.掌握桥梁的概念，认识各种桥梁类型。 　　2.能收集桥梁相关资料，并乐于与他人分享、交流。 　　3.了解中国桥梁发展史及目前中国桥梁的世界地位，感受中国日新月异的发展进步，激发爱国主义情感；认识中国近代桥梁之父——茅以升院士，深切体会科学家们的拳拳爱国之心和锲而不舍的精神		
材料准备：桥梁视频、茅以升院士的生平视频资料、白卡纸、评价表		
成果呈现形式："我最喜欢的中国桥"资料卡		
驱动性问题：中国桥梁目前创造了多少"世界之最"？		

项目步骤	教师支持
一、什么是桥梁 　　1.出示藤桥、木板桥、独木桥的图片。 　　2.学生根据出示的图片发表自己对桥梁的见解。 　　3.教师概括：桥梁是一种用来跨越障碍的大型构造物。 　　4.展示不同类型桥梁的图片，认识桥梁种类。	教师展示桥梁图片，学生各抒己见。
二、了解中国造桥历史 　　1.出示中国四大古桥的图片：赵州桥、卢沟桥、洛阳桥、广济桥。 　　2.学生分享课前收集到的资料，介绍四大古桥的历史及其结构特点。 　　3.教师小结：中国古代桥梁的辉煌成就举世瞩目，曾在世界桥梁发展史中占有崇高的地位，为世人所公认。但是，从鸦片战争开始到新中国成立之前，我国国力屏	根据学生的交流结果，给出相应的反馈，引发学生思考。

弱，这阶段我国桥梁的发展建设几乎停滞，远远落后于西方国家，这时我国的绝大多数桥梁是由外国人设计和建造的。

4. 出示三座由外国人设计、建造的铁路桥：济南铁路桥、兰州黄河铁路桥、郑州铁路桥。

三、了解中国桥梁之父——茅以升院士

1. 视频介绍茅以升院士的生平事迹。

2. 介绍钱塘江大桥的历史背景：钱塘江大桥建成于抗日战争时期，毁于抗战硝烟中，再生于和平之世，见证了新中国的诞生与腾飞。著名桥梁专家茅以升用忠诚与担当、智慧与才华，缔造了伟岸的钱塘江大桥，也绘制出了中国桥梁史的开篇之作，更为中华民族的抗战史留下了可歌可泣的一页。

> 播放视频资料供学生学习，师生产生情感共鸣。

四、提出驱动性问题

1. 中国既保留着像赵州桥那样历史悠久的古代桥梁，也在不断建造刷新世界纪录的公路、铁路新桥，目前，中国桥梁都创造了哪些"世界之最"？

2. 学生查找、收集资料，分享交流。

3. 视频播放《中国桥》，小结：自1949年中华人民共和国成立至今，随着我国国力迅速增强，交通事业快速发展，我国的桥梁事业得到了空前发展，取得了举世瞩目的成就。现在的中国不仅是一个桥梁大国，更是世界桥梁强国。

> 教师引导学生对驱动性问题进行充分理解，学生分享交流时，培养学生的规则意识，让学生学会轮流发言、仔细倾听、尊重他人。

五、制作"我最喜欢的中国桥"资料卡

1. 每个组根据自己收集到的资料，绘制一张"我最喜欢的中国桥"资料卡。

2. 制作完成后进行展示。

> 制作时，教师用计时器帮助学生进行时间管理。

"沙洲的桥　家乡的桥"子项目—小组自评及互评表

（　　　　组）

评价要素	评价细则	星级	自评	互评
信息收集能力	收集的资料内容翔实，有很高的参考价值	★★★		
	能较好地完成资料收集任务，资料比较充分	★★		
	能基本完成资料收集任务，资料内容不够丰富	★		
表达能力	能自信流畅地分享自己的所见所闻所想，并能倾听他人的见解	★★★		
	能将自己收集的资料较完整地表达出来，并与他人分享	★★		
	只言片语地描述自己收集的资料，表达不够清晰	★		
动手能力	资料卡图文并茂，内容丰富，制作精美	★★★		
	能较好地完成资料卡，制作较精美	★★		
	基本能完成资料卡，但内容不够丰富，制作较粗糙	★		

"沙洲的桥　家乡的桥"跨学科项目化学习案例

子项目二："平直的梁桥"教学设计实施

建议时间：1 小时	项目化单元主题：沙洲的桥　家乡的桥	子项目活动：平直的梁桥
项目说明：小组合作，通过测试掌握横梁的承重原理；用 A4 纸搭建梁桥，通过改变 A4 纸的形状来增强承重力		
主要关联技能：观察分析能力、动手能力、团结合作		
主要关联学科：科学、数学、工程技术		
项目目标： 1.观察梁桥，认识梁桥的结构特点。 2.通过测量数据分析横梁立着放的科学原理。 3.小组合作搭建 A4 纸梁桥，并思考如何让纸梁桥的承重力最大		
材料准备：梁桥图片、桥墩图片、宽度不同的卡纸条、A4 白纸、承重测试单、评价表		
成果呈现形式：A4 纸梁桥		
驱动性问题：开赴桥和红卫桥的横梁为何是立着放的？		

项目步骤	教师支持
一、寻找身边的梁桥 　1.出示沙洲的桥的图片，说说哪几座桥是梁桥结构。 　2.学生分别指出：开赴桥、红卫桥。 　3.观察梁桥，分析梁桥结构有什么特点。 　4.小结：梁桥是一类桥面平直，由桥面、桥墩组成的桥梁类型。大多数的梁桥还会有梁的结构，以增加桥梁的承重能力。	教师提供图片，学生观察分析梁桥的结构特点。
二、提出驱动性问题 　1.观察并思考：开赴桥、红卫桥的横梁是立着放的还是平着放的？开赴桥和红卫桥的横梁为何都是立着放的？ 　2.小组测试一：用 3 张宽度（2 cm、4 cm、6 cm）不同的卡纸条分别放钩码承重，测出实验数据，得出实验结论：增加梁的宽度可以增强梁桥的承重力。 　3.小组测试二：用 3 张宽度（4 cm）相同的卡纸条，依次叠加卡纸条，分别测出三次厚度不同的卡纸的承重力，	教师准备分组实验材料，学生测量记录数据，归纳实验结论。

得出实验结论：与其增加梁的宽度不如增加梁的厚度。增加梁的厚度可以大大增强梁桥的承重力。

4. 观察教室和桥梁的横梁的相同之处。它们的横截面是什么形状？它们是平放的还是立放的？

引导学生细心观察，比较两种不同事物之间的相同点，分析事物的规律。

5. 小组测试三：把一把直尺分别平着放和立着放，用手折弯一下，体验哪一种方法更容易把直尺折弯。尝试解释横梁立着放的原因。

6. 小结：横梁立着放虽然减小了宽度，但是增加了厚度，增加厚度可以大大增强梁桥的承重力。

三、搭建 A4 纸梁桥并承重测试

1. 用一张 A4 纸搭建梁桥，有什么方法增加它的厚度，以增强它的承重力？

搭建时，教师用计时器帮助学生进行时间管理。

2. 小组讨论，合作完成，测试承重最大值。

四、展示评比

1. 小组之间进行 A4 纸梁桥承重比赛，评选出"最佳纸梁桥"。

采用公平、公正、公开的方式进行评比。

2. 为获奖小组颁奖。

"沙洲的桥 家乡的桥"子项目二小组自评及互评表

（ 组）

评价要素	评价细则	星级	自评	互评
观察分析能力	观察很细致，能根据事物现象分析问题，并能举一反三	★★★		
	观察较细致，能根据事物现象较好地分析问题	★★		
	观察不够细致，能根据事物现象分析最基本的问题	★		
动手能力	能又快又好地完成承重测试，实验数据完整，能主动把实验材料整理好	★★★		
	能较好地完成承重测试，实验数据完整，能把实验材料整理好	★★		
	能基本完成承重测试，实验数据不完整，能在提醒下整理好实验材料	★		
合作能力	小组成员之间讨论积极、配合默契，全员主动参与	★★★		
	小组能完成测试，但讨论不够热烈，个别组员不投入	★★		
	能基本完成测试，但缺乏配合，相互之间偶尔有抱怨	★		

卡纸条宽度承重测试单			
卡纸条的宽度	1倍宽	2倍宽	3倍宽
承重钩码数			
实验结论			
卡纸条厚度承重测试单			
卡纸条的厚度	1张厚度	2张厚度	3张厚度
承重钩码数			
实验结论			

"沙洲的桥 家乡的桥"跨学科项目化学习案例

子项目三："弯弯的拱桥"教学设计实施

建议时间：1 小时	项目化单元主题：沙洲的桥 家乡的桥	子项目活动：弯弯的拱桥
项目说明：搭建积木拱桥和桁架拱桥，测试拱桥的承重力，理解拱形承重力强的科学原理		
主要关联技能：观察分析能力、动手能力、团结合作		
主要关联学科：科学、数学、工程技术		
项目目标： 1. 观察拱桥，认识拱桥的结构特点。 2. 实验测试拱形承重力，掌握拱形承重力强的科学原理。 3. 小组合作搭建桁架拱桥，感受我国古代工程技术的魅力		
材料准备：拱桥图片、赵州桥视频资料、拱桥积木、筷子、评价表		
成果呈现形式：筷子桁架拱桥		
驱动性问题：沙洲的桥以拱桥居多，为何身边的建筑物会大量采用拱形设计		

项目步骤	教师支持
一、欣赏中国古代的拱桥 　1. 出示中国古代石拱桥图片，欣赏拱桥之美。 　2. 欣赏视频《赵州桥》，了解赵州桥的历史及建造科学。 　3. 认识不同类型的拱桥：敞肩拱桥、多拱桥、单拱桥、上承式拱桥、中承式拱桥、下承式拱桥。 　4. 小结：拱桥由拱圈（拱背、拱腹、拱顶、拱足）、拱上结构组成，拱桥是在竖直平面内以拱作为结构主要承重构件的桥梁。因桥身都是曲的，所以古时常称之为曲桥。	教师提供图片，学生观察拱桥结构特点。
二、提出驱动性问题 　1. 沙洲的桥以拱桥居多，为何身边的建筑物会大量采用拱形设计？拱形有什么优点？ 　2. 小组合作搭建积木拱桥，测试拱桥承重力，分析拱形承重力强的科学原理。 　3. 小结：拱形承载重物时，会产生一个向外推的力，越能抵住这个力（抵住拱足），拱形承重力就越强。	教师准备分组实验材料，学生测量记录数据，分析拱形承重力强的原因。

三、搭建桁架拱桥并进行承重测试

1. 欣赏《清明上河图》中的虹桥，观察虹桥的结构特点，认识桁架拱桥。

2. 了解二战时期的钢桁架拱桥"倍力桥"的故事。

3. 小组合作用九根筷子搭建桁架拱桥，并进行承重测试。

比赛时，教师用计时器帮助学生进行时间管理。

四、展示评比

1. 小组之间进行搭建筷子桁架拱桥比赛，要求搭建速度快，桁架拱桥牢固，至少能承重 2500 g。

2. 为获奖小组颁奖。

采用公平、公正、公开的方式进行评比。

"沙洲的桥 家乡的桥"子项目三小组自评及互评表

（ 　　　组）

评价要素	评价细则	星级	自评	互评
观察分析能力	观察很细致，能根据事物现象分析问题，并能举一反三	★★★		
	观察较细致，能根据事物现象较好地分析问题	★★		
	观察不够细致，根据事物现象只能分析最基本的问题	★		
动手能力	能顺利完成桁架拱桥的搭建，桁架拱桥承重力较强，能主动把实验材料收拾、整理好	★★★		
	能较好完成桁架拱桥搭建，桁架拱桥具有一定的承重力，能把实验材料收拾、整理好	★★		
	基本掌握桁架拱桥搭建方法，但是不够牢固，要在提醒下才能整理好实验材料	★		
合作能力	全员积极参与，小组成员之间配合默契，能又快又好地完成桁架拱桥搭建任务	★★★		
	小组成员之间配合较默契，能较快地完成桁架拱桥搭建任务	★★		
	小组成员之间配合不够默契，能基本完成桁架拱桥搭建任务	★		

"沙洲的桥　家乡的桥"跨学科项目化学习案例

子项目四："高耸的斜拉桥"教学设计实施

建议时间：1 小时	**项目化单元主题**：沙洲的桥　家乡的桥	**子项目活动**：高耸的斜拉桥
项目说明：小组合作搭建一座斜拉桥，理解斜拉桥的构造原理		
主要关联技能：观察分析能力、动手能力、团结合作		
主要关联学科：科学、数学、工程技术		
项目目标： 1.认识斜拉桥的结构特点。 2.通过模拟实验理解斜拉桥桥塔的高度会影响斜拉桥的承重力。 3.尝试搭建一座斜拉桥		
材料准备：赤石特大桥视频资料、靠背椅、绳子、重物、斜拉桥模型材料、评价表		
成果呈现形式：斜拉桥模型		
驱动性问题：赤石特大桥 4 个桥塔都高达 200 多米，这种设计有什么科学原理？		

项目步骤	教师支持
一、欣赏赤石特大桥 　1.播放赤石特大桥视频，欣赏气势雄伟的赤石特大桥。 　2.讲解：赤石特大桥位于中国湖南省郴州市境内的 G76 高速，是四塔混凝土双索面斜拉桥。此桥创下了七项"世界第一"，是中国桥梁史上的一个奇迹。 　3.出示赤石特大桥的图片，观察讨论赤石特大桥的结构特点。	教师提供图片，学生观察斜拉桥的结构特点。
4.小结：斜拉桥又称斜张桥，是将主梁用许多斜拉索直接拉在桥塔上的一种桥梁，是由承压的塔、受拉的索和承弯的梁体组合起来的一种结构体系。斜拉桥比梁桥的跨越能力更大，是大跨度桥梁的最主要桥型。	教师准备模拟材料，学生亲身体验，分析桥塔高度与桥面承重力之间的关系。
二、提出驱动性问题 　1.赤石特大桥 4 个桥塔高度都为 200 多米，这种设计运用了什么科学原理？ 　2.模拟实验：用两根长绳悬挂重物，利用两张靠背椅	

的椅面和椅背的不同高度分别拉动长绳提升重物，感受桥塔高度与桥面承重力之间的关系。

3.两人一组进行体验，对比不同高度两次提升重物的感受，尝试分析桥塔高度的作用。

4.小结：根据力学原理，桥塔建得越高，越容易把桥面拉稳，桥面承重力越强。

三、搭建斜拉桥模型

1.在规定时间内，小组合作完成搭建斜拉桥模型。

2.如果遇到困难，可以向其他小组请教。

搭建时，教师用计时器帮助学生进行时间管理。

四、展示评比

1.对搭建好的斜拉桥模型从斜拉桥稳固、美观等方面进行评比。

2.小组之间互评，评选出"最佳斜拉桥"。

向学生征求评选标准，进行公平、公正、公开的评比。

"沙洲的桥 家乡的桥"子项目四小组自评及互评表

(组)

评价要素	评价细则	星级	自评	互评
观察分析能力	观察很细致，能根据事物现象分析问题，并能举一反三	★★★		
	观察较细致，能根据事物现象较好地分析问题	★★		
	观察不够细致，根据事物现象只能分析最基本的问题	★		
动手能力	顺利地完成了斜拉桥模型搭建，并且美观稳固，能主动把实验材料整理好	★★★		
	较好地完成了斜拉桥模型搭建，较美观、稳固，能把实验材料整理好	★★		
	基本完成了斜拉桥模型搭建，但是不够美观稳固，在提醒下才能整理好实验材料	★		
合作能力	全员积极参与，小组成员之间配合默契，能又快又好地完成斜拉桥搭建任务	★★★		
	小组成员之间配合较默契，能较快地完成斜拉桥搭建任务	★★		
	小组成员之间配合不够默契，速度较慢，能基本完成斜拉桥搭建任务	★		

"沙洲的桥　家乡的桥"跨学科项目化学习案例

子项目五："跨度大的悬索桥"教学设计实施

建议时间：1小时	**项目化单元主题**：沙洲的桥　家乡的桥	**子项目活动**：跨度大的悬索桥

项目说明：观察悬索桥，理解悬索桥构造原理，小组合作设计搭建悬索桥

主要关联技能：观察分析能力、动手能力、设计能力、团结合作能力

主要关联学科：科学、数学、工程技术

项目目标：
　　1.认识悬索桥的结构特点。
　　2.根据材料的特点，自主设计搭建悬索桥。
　　3.测试在有无主缆和吊索的情况下，悬索桥桥面承重力有何不同

材料准备：湘西矮寨大桥视频资料、带孔雪糕棒、细麻绳、重物、评价表

成果呈现形式：自主设计搭建的悬索桥

驱动性问题：红军桥是哪种类型的桥梁？这种类型的桥梁有哪些优点？

项目步骤	教师支持
一、欣赏湘西矮寨大桥，了解悬索桥的结构特点 　　1.播放湘西矮寨大桥的视频。 　　2.讲解：矮寨大桥位于湘西土家族苗族自治州德夯大峡谷之上，是包头—茂名高速公路上的关键控制性工程，距吉首城区约20千米。大桥于2007年10月动工兴建，于2012年3月31日竣工通车，建设克服了五大"世界级"施工难题，创造了四项"世界第一"，被誉为桥梁建筑史上艺术和自然景观完美结合的典范。 　　3.出示矮寨大桥图片，观察讨论矮寨大桥的结构特点。 　　4.小结：悬索桥，又名吊桥，是以通过索塔悬挂并用锚固于两岸（或桥两端）的缆索（或钢链）作为上部结构主要承重构件的桥梁。	教师提供矮寨大桥的视频，让学生感受中国桥梁的建造奇迹。
二、提出驱动性问题 　　1.红军桥是哪种类型的桥梁？这种类型的桥梁有哪些优点？	提供红军桥图片供学生对比。

2.沙洲的红军桥与矮寨大桥设计原理相同，同属悬索桥。悬索桥的优点：跨度大，桥中心无桥墩；高度高，方便船只通行；适宜做公路桥使用。

三、设计、搭建悬索桥模型

1.要求：先搭建好桥面，测试桥面的承重力；再组装好主缆和吊索，测试桥面的承重力。

2.小组讨论：根据材料特点自主设计、搭建悬索桥。

3.测试在有无主缆和吊索的情况下，悬索桥桥面承重力有何不同。

教师提供搭建材料，学生设计完成搭建任务，并进行桥面测试。

搭建时，教师用计时器帮助学生进行时间管理。

四、展示评比

1.对搭建好的悬索桥进行评比，从悬索桥稳固、美观等方面进行评比。

2.小组之间互评，评选出"最佳悬索桥"。

向学生征求评选标准进行公平、公正的评比。

"沙洲的桥　家乡的桥"子项目五小组自评及互评表

（　　　　组）

评价要素	评价细则	星级	自评	互评
观察分析能力	观察很细致，能根据事物现象分析问题，并能举一反三	★★★		
	观察较细致，能根据事物现象较好地分析问题	★★		
	观察不够细致，根据事物现象只能分析最基本的问题	★		
设计能力	能充分利用材料的特点，进行悬索桥设计，构思新颖、有创意	★★★		
	能较好地利用材料的特点，进行悬索桥设计，构思较新颖	★★		
	基本能根据材料的特点，进行悬索桥设计，构思缺乏创意	★		
动手能力	能熟练使用工具，根据设计完成悬索桥搭建，并且美观、稳固，能主动把实验材料整理好	★★★		
	能较好地使用工具，根据设计完成悬索桥搭建，较美观、稳固，能把实验材料整理好	★★		
	基本会使用工具，根据设计完成悬索桥搭建，但是不够美观、稳固，在提醒下能整理好实验材料	★		
合作能力	全员积极参与，小组成员之间配合默契，能又快又好地完成搭建任务	★★★		
	小组成员之间配合较默契，能较快地完成搭建任务	★★		
	小组成员之间配合不够默契，速度较慢，能基本完成搭建任务	★		

「"沙洲的桥 家乡的桥"跨学科项目化学习案例」

子项目六："'家乡的桥'科学大调查"教学设计实施

建议时间：3小时	项目化单元主题： 沙洲的桥 家乡的桥	子项目活动："家乡的桥"科学大调查
项目说明：实地考察沙洲的桥，了解每座桥的建造历史背景和设计原理			
主要关联技能：沟通能力、信息收集能力、遵守纪律			
主要关联学科：科学、数学、语文			
项目目标： 　1.采用科学的调查方法展开实地调查，收集记录"家乡的桥"的历史资料。 　2.用图文并茂的方式记录调查结果。 　3.通过科学调查活动、走访村民并结合之前所学的知识，对家乡的桥进行深度了解			
材料准备：调查表、评价表			
成果呈现形式："家乡的桥"调查表			
驱动性问题：探寻"家乡的桥"背后的故事			

项目步骤	教师支持
一、明确调查活动的注意事项 　1.头脑风暴：全体讨论调查活动有哪些需要注意的地方。 　2.各小组进行汇报，教师进行归纳总结。 　3.小结：要求学生穿校服，佩戴红领巾，带好笔和笔记本，详细记录调查笔记；一切行动听指挥，不准私自脱离队伍，如果有特殊情况，必须请示带队老师；不准带零食，不准乱扔垃圾，不准打打闹闹、推推搡搡，不准大声喧哗；外出活动要言行举止有礼貌，必须遵守交通规则，要彰显少先队员风采。	根据学生发言，帮助学生总结归纳调查活动的注意事项。 教师随时关注学生在调查活动中的安全问题。
二、提出驱动性问题 　1.沙洲的桥各具特色，每一座桥是什么结构特点？又有怎样的历史故事？ 　2.小组进行分工，各司其职，认真完成调查任务。	

三、完成"家乡的桥"调查表

1.各小组将收集到的资料汇总起来,每个小组选择一座最喜欢的桥,完成"家乡的桥"调查表。

2.各小组进行分享交流,并根据他人的交流内容完善"家乡的桥"调查表。

教师引导学生交流时注意倾听别人的发言。

四、展示评比

把"家乡的桥"调查表用张贴的方式进行展示,用投票的方式评选出"十佳"调查小组。

教师引导学生明确投票的原则。

"沙洲的桥　家乡的桥"子项目六小组自评及互评表

（　　　　组）

评价要素	评价细则	星级	自评	互评
沟通能力	在调查活动中,沟通能力好,彬彬有礼,能展示良好的素质	★★★		
	在调查活动中,沟通能力较好,能做到礼貌待人	★★		
	在调查活动中,沟通能力一般,需要注意礼貌用语	★		
信息收集能力	能详细记录收集资料,调查表完成得很好	★★★		
	能较详细记录收集资料,调查表完成得较好	★★		
	记录收集的资料比较凌乱,调查表完成得一般	★		
遵守纪律	在调查活动中积极投入,遵守活动规则,能安全完成活动	★★★		
	在调查活动中比较投入,较遵守活动规则,能安全完成活动	★★		
	调查活动中不够投入,偶尔开小差,安全意识不强	★		

"家乡的桥"科学调查表

桥的名称：	桥的建造时间：	桥的结构特点：
桥的手绘图：		
桥的由来(故事)：		

┌ "沙洲的桥　家乡的桥"跨学科项目化学习案例 ┐

子项目七："小小桥梁设计师"教学设计实施

建议时间：1小时	项目化单元主题：沙洲的桥　家乡的桥	子项目活动：小小桥梁设计师
项目说明：能根据已掌握的桥梁知识，利用相关材料设计、建造桥梁		
主要关联技能：设计能力、沟通能力、动手能力		
主要关联学科：科学、艺术、语文、数学		
项目目标： 　　1.能根据已掌握的桥梁的种类及结构特点，了解桥梁建设需要由多个系统组成，体会工程是以科学和技术为基础的系统性工作。 　　2.能根据驱动性任务，分析可利用的材料，做出设计方案，并简单评估其可行性；能从多方面评价桥梁设计，提出改进和完善建议。 　　3.能根据别人的意见，反思、调整自己的方案，改进桥梁设计；能按照设计，分工合作，完成制作		
材料准备：桥梁设计表、扑克牌、透明胶带、双面胶、钩码、评价表		
成果呈现形式：搭建好的扑克牌桥		
驱动性问题：同心桥年久失修，重建同心桥		

项目步骤	教师支持
一、介绍家乡的桥 　　1.出示家乡的桥的图片（同心桥、望军桥、红军桥、红卫桥、红星桥、开赴桥）。 　　2.学生根据出示的图片汇报调查结果。	教师展示收集好的家乡的桥的图片，让学生进行汇报交流。
二、提出驱动性问题 　　1.出示任务：同心桥年久失修，不堪重负，需要重建，请同学们为家乡设计一座坚固、美观的同心桥。 　　2.出示设计要求：要求用一副扑克牌和少量的胶带，设计建造一座能跨越20 cm河流、桥面宽5 cm，至少能承重2500 g钩码的桥。 　　3.小组交流讨论，画出设计图。 　　4.小组展示设计图，陈述设计理念，其他小组提出改进建议。	教师根据学生的交流结果，给出相应的反馈，创设真实情境，引发学生思考。 教师根据学生设计汇报的情况，进行针对性指导。

5.各小组根据其他小组的建议，调整设计方案。

三、搭建扑克牌桥

1.根据设计方案，制作桥梁模型的构件。

2.小组合作，用适当的连接方式把各个构件组装在一起。

3.对桥梁模型进行整体调整和美化。

制作时，教师用计时器帮助学生进行时间管理。

四、测试桥梁模型的承重能力

对桥梁模型进行测试，看看是否达到了设计要求。

教师采用公平、公正的方式测评各小组搭建好的扑克牌桥。

五、展示与评价

展示各小组制作的桥梁模型，介绍其类型、结构等；小组之间相互评价。

教师根据测试结果，综合各小组评价，评选出最佳设计奖。

"沙洲的桥　家乡的桥"子项目七小组自评及互评表

(　　　组)

评价要素	评价细则	星级	自评	互评
创新能力	设计科学,外形美观,承重力超过设计要求	★★★		
	能按设计要求基本完成作品,具有一定的承重力	★★		
	基本完成作品,但是不符合设计要求,承重力较差	★		
合作能力	有团队合作意识,分工明确,能齐心协力完成设计和搭建任务	★★★		
	小组成员间有一定的合作,但不够投入,完成效果一般	★★		
	小组成员分工不明确,缺少团队合作意识,有争执现象	★		
沟通能力	能清晰流利地介绍自己的设计理念,并能虚心接受其他人的建议	★★★		
	能较清晰流利地介绍自己的设计理念,也能接受其他人的建议	★★		
	不能清楚表达自己的设计理念,排斥其他人的建议	★		
动手能力	能熟练使用工具,根据设计完成搭建任务,作品美观、稳固,能主动把实验材料整理好	★★★		
	能较好地使用工具,根据设计完成搭建任务,作品较美观、稳固,能把实验材料整理好	★★		
	会使用工具,根据设计基本完成搭建任务,但是作品不够美观、稳固,在提醒下能整理好实验材料	★		

同心桥设计方案

设计师：

设计要求：用扑克牌和胶带打造一座跨度20 cm, 峡谷、桥面宽度不少于5 cm, 至少能承载2500 g重物的桥

设计说明	设计简图

02 "玩具总动员"——中国传统玩具

一、项目简述

中国传统玩具是流传于中国民间的智力玩具,其历史悠久、品种繁多,是中华民族传统智慧的结晶,在整个社会的文化发展过程中起到了重要作用。传统玩具都各具特色,都具有一定的益智性。本项目是以数学学科为主,整合美术、语文、科学、历史、思政等学科的相关知识开发设计的跨学科项目化学习活动方案。鼓励学生在富有创意的活动中,依据数学原理,设计、制作具有传统玩具特点的现代创意玩具,促进学生想象力、设计能力、审美能力、合作能力以及学科知识的融合能力的发展。

能运用数学知识解释不同玩具蕴含的智慧,感受中华传统文化的魅力,增强文化自信、民族自豪感。

二、核心知识

1. 相关学科涉及的主要知识点

数学:学习运用对称、平移、旋转和排列组合等数学知识设计玩具作品。解决玩具中的数学问题,提高解决问题的基本能力。

思政:了解中国传统玩具的起源及发展史,知道其蕴含的知识和智慧;感受中华传统文化的魅力,增强文化自信心和民族自豪感;积极主动思考、尝试探索,乐于与他人交流分享,培养学生的团队合作精神。

科学:能根据数学知识及原理,动手设计并制作玩具。

美术:有意识地创造并改进玩具;感知不同玩具的造型美,能用绘画手法进行作品设计。

语文:调查、收集并查阅相关资料,深入了解中国传统玩具的历史文化及中国古代历史文化。

2.关键概念或能力

中国传统玩具涉及的相关数学知识（轴对称、旋转、平移、排列组合、方阵问题、数字华容道）的概念，以及相匹配玩具的形状和结构特点；

培养学生的创造性思维、批判性思维、团队合作能力等重要的终身学习能力。

三、驱动性问题

1.本质问题

什么是玩具？中国的传统玩具有哪些类型？传统玩具涵盖了哪些数学知识？

2.驱动性问题

中国传统玩具历史悠久，你能否根据数学知识动手设计并制作一个自己喜欢的玩具？

四、成果与评价

个人成果：	评价内容：
1.收集七巧板、风筝、围棋、风车、皮影戏、数字华容道等玩具的相关资料，感受中华传统文化的魅力，增强文化自信、民族自豪感。 2.绘制玩具设计图，能运用数学知识解释不同玩具蕴含的智慧。 3.设计、制作和改进自己的玩具	●信息收集能力，能清楚明白地介绍中国各类传统玩具； ●能观察分析玩具的特点，对各玩具蕴含的数学知识加以学习和运用； ●能动手制作玩具，并分享、交流、介绍自己的作品； ●能运用艺术要素表现具体事物； ●对相关数学原理的理解和认识
团队成果： 1.以学习小组为单位，制作"了不起的中国传统玩具"宣传小视频，介绍中国传统玩具。 2.设计"我喜欢的玩具"，交流设计理念，并改进玩具。 3.玩具展：准备玩具说明书，制作宣传海报、展览会解说词，布置展会场地	评价内容： ●宣传中国传统玩具的发展历史，传播中国传统文化； ●对玩具蕴含的数学知识的认识和选择运用； ●按照创意完成新的玩具设计，并加以制作和改进； ●作品展评，分享交流玩具的制作方法和玩法
公开方式： 网络发布（ √ ）成果展示（ √ ）张贴（ √ ）	

五、高阶认知

主要高阶认知策略：

问题解决(√)决策(   )创见(√)：运用对称、平移、旋转和排列组合等数学知识制作益智玩具作品。

系统分析(   )实验(√)调研(√)：根据收集到的资料，设计自己的玩具。

六、实践与评价

涉及的学习实践：	评价的学习实践：
探究性实践(√)：了解中国传统玩具，知道它的玩法。 社会性实践(√)：倾听他人观点，合作完成新的玩具作品。 调控性实践( ) 审美性实践(√)：运用艺术要素，创作不同形态的玩具。 技术性实践(√)：选取合适的材料，尝试运用各种工具创造新的玩具	探究性实践(√) 社会性实践(√) 调控性实践( ) 审美性实践(√) 技术性实践(√)

七、项目实施

项目过程	评价要素
(入项活动)子项目一："了不起的中国传统玩具" 1. 学生目标：了解中国传统玩具发展史及其蕴含的知识和智慧。 2. 核心问题：传统玩具里有哪些大学问？ 3. 学习活动：了解什么是中国传统玩具，交流分享传统玩具的玩法，小组合作进行中国传统玩具的分类。 4. 成果形式：小组录制"了不起的中国传统玩具——×××"的介绍视频	1. 信息收集能力 2. 表达交流能力 3. 动手制作能力

项目过程	评价要素
子项目二：变幻无穷的图形玩具——七巧板 　　1.学习目标：了解七巧板的特点及其流传的原因，知道七巧板的多种玩法和玩具设计需要考虑的几个因素。 　　2.核心问题：七巧板这个玩具为什么能流传至今？ 　　3.学习活动：了解七巧板的玩法和特点，探究市面上常见的玩具与七巧板的共同点，以及七巧板在玩法上运用了什么原理(平移、排列等)。思考七巧板为什么能流传至今。知道设计玩具时应考虑的因素。 　　4.成果形式：制作图形类玩具	1.收集资料 2.表达能力 3.观察分析 4.动手操作 5.合作能力 6.创新能力
子项目三：放飞的轴对称艺术——风筝 　　1.学习目标：掌握轴对称图形的概念，认识各种轴对称图形；能收集轴对称图形及生活中对称现象的资料，乐于与他人分享交流；了解轴对称的特点并能团队合作、动手操作、创新设计各种各样的轴对称艺术，例如风筝。 　　2.核心问题：轴对称图形有什么特征？风筝为何是轴对称图形？把风筝设计成轴对称图形有何作用？ 　　3.学习活动：欣赏大量轴对称图形及视频；分享、交流、总结轴对称图形的概念及特点；了解从古至今生活中的轴对称图形及现象的应用；探讨风筝为何是轴对称图形，有何作用。尝试制作"我最喜欢的风筝"玩具。 　　4.成果形式：动手制作风筝玩具	1.收集资料 2.观察能力 3.动手能力 4.合作能力 5.设计能力
子项目四：乐在"棋"中——围棋 　　1.学习目标：认识围棋棋盘的结构特点，通过观察、操作及交流活动，探索并认识封闭路线上间隔排列的简单规律，并能将这种认识应用到解决类似的实际问题之中。 　　2.核心问题：角上是否有重复计数问题？通过摆放棋子，你能得出什么规律？ 　　3.学习活动：学生自己来探索，借助方格纸画图或围棋棋盘学具来寻找解决问题的方法。 　　4.成果形式：学生以小组为单位，按要求绘制围棋棋盘并摆放棋子，写出算式	1.观察分析能力 2.动手制作能力 3.团队合作能力

项目过程	评价要素
子项目五：旋转的风车 　　1.学习目标：进一步认识旋转，感悟其特征及性质。通过观察、操作、描述等活动，培养学生的空间观念，让学生学会用数学的眼光观察、思考，体会数学的应用价值。 　　2.核心问题：什么样的运动是旋转？ 　　3.学习活动：从课前布置收集风车资料入手，研究旋转的特征，了解旋转在生活中的广泛应用，进行"不一样的风车"任务，让学生围绕任务要求分工合作，设计制作，交流讨论，改进完善，完成制作。 　　4.成果形式："不一样的风车"和"风力兽"竞速赛	1.信息收集能力 2.表达交流能力 3.动手制作能力 4.团队合作能力
子项目六：玩转皮影 　　1.学习目标：认识图形的平移，设计完成皮影玩具平移路线图，小组合作设计完成皮影玩具的制作。 　　2.核心问题：皮影玩具是我国的传统益智玩具之一，你能否根据平移规则制作出皮影玩具的平移路线图，并在皮影小剧场演出？ 　　3.学习活动：以生活中常见的平移现象作为导入，通过制作平移路线图，小组展示皮影玩具平移路线图，陈述玩具是怎样运动的。再绘制自己最喜欢的皮影玩具形象，制作皮影玩具。小组合作，用适当的连接方式把各个部件组装在一起。组内尝试加入故事情节进行表演。最后各小组轮番上阵，根据之前画好的路线图进行皮影玩具表演。 　　4.成果形式：小剧场——皮影戏剧表演	1.创新能力 2.合作能力 3.沟通能力 4.动手能力
子项目七：智走华容道 　　1.学习目标：了解华容道的历史，了解数字华容道的游戏规则，掌握复原3阶数字华容道的技能；能根据华容道玩具玩法的特点，按照设计要求，讨论设计方案，并能虚心接受他人意见，改进华容道玩具设计并完成制作。 　　2.核心问题：复原3阶数字华容道的技巧是什么？能不能设计一款大家爱玩的华容道玩具，以帮助青少年锻炼数学思维，戒除电子产品？ 　　3.学习活动： 　　(1)布置课前收集华容道历史资料的任务，上课时分享交流；观看《最强大脑　数字华容道》视频，了解数字华容道的简介和游戏规则。 　　(2)以青少年爱玩手机会损害视力为情境，提出设计一款大家爱玩的华容道玩具的任务，让学生围绕任务要求进行讨论设计、汇报交流、修改完善、分工合作，最后完成制作。 　　4.成果形式： 　　(1)进行3阶数字华容道竞赛。 　　(2)小组合作，根据华容道游戏规则设计自己的华容道玩具	1.收集资料 2.表达能力 3.动手能力 4.合作能力 5.设计能力

续表

项目过程	评价要素
(出项活动)子项目八:"玩具总动员"展览会 　　1. 学习目标:小组合作制订玩具展览会的宣传方案、实施方案,并落实。经历举办玩具展览会的整个过程。 　　2. 核心问题:如何设计一场玩具展览会? 　　3. 学习活动:制作宣传海报,筛选展览作品,准备玩具说明书和解说词,布置展览场地,开展玩具作品展览会,展览总结与作品回收。 　　4. 成果形式:玩具展览会	1. 设计能力 2. 合作能力 3. 沟通能力 4. 动手能力 5. 表达能力 6. 创新能力

八、所需资源

中国传统玩具的图片、视频,制作各种玩具的材料及工具,《图说中国传统玩具与游戏》书籍等。

九、反思与迁移

当今,市场上的玩具都已"现代化"了。七巧板、九连环、孔明锁、华容道等一系列传统玩具已经很少有人问津。但是,这些中国传统玩具不仅能供人娱乐,其蕴含的数学问题更值得我们去发掘。

教育工作者即使身处教育一线,也始终处于教育的探索阶段。要想将中国传统玩具跨学科项目化学习有效地应用到课堂教学中来提高教学效果,无论对于学生还是教师而言,亲自去尝试了解这些玩具是最基本的前提条件。对于学生而言,要想顺利完成项目化学习的任务,需要了解规则,寻找策略;对于教师而言,在实际的课堂教学中,学生出现问题,需要教师及时指导和监督,帮助学生走出困境,这样,无论是老师还是学生都能有效完成教学设计的任务,最终实现预定教学目标。

「"'玩具总动员'——中国传统玩具"跨学科项目化学习案例」

子项目一："了不起的中国传统玩具"教学设计实施

建议时间：3课时	项目化单元主题："玩具总动员"——中国传统玩具	子项目活动：了不起的中国传统玩具
项目说明：通过调查问卷、收集资料、合作分享对中国传统玩具有深入的了解，并以小组为单位录制一个"了不起的中国传统玩具——×××"的介绍视频			

主要关联技能：完成调查问卷、收集资料、合作分享、动手制作

主要关联学科：信息技术、道德与法治、语文

项目目标：

  1.了解什么是中国传统玩具，并交流分享传统玩具的玩法。

  2.小组合作进行中国传统玩具的分类。

  3.追溯中国传统玩具的起源，帮助学生深入理解中国传统文化的博大精深，增强其民族文化认同感和民族自豪感

材料准备：陀螺、铁环、孔明锁、拨浪鼓、毽子、竹蜻蜓、七巧板等传统玩具、评价表

成果呈现形式："了不起的中国传统玩具——×××"介绍视频

驱动性问题：传统玩具里有哪些大学问？

项目步骤	教师支持
一、活动前，学生自主完成关于中国传统玩具的调查问卷	发布中国传统玩具的调查问卷，并收集数据。
二、了解中国传统玩具 　　出示我国考古出土的玩具图片，追溯中国传统玩具的起源。 　　石陀螺(距今有4000年) 　　陶响球(距今有5000年) 　　竹蜻蜓(距今1700多年) 　　小组讨论：什么是中国传统玩具？ 　　小组利用收集到的资料来分享对中国传统玩具的认识和理解。 　　教师小结：中国传统玩具是指从我国古代一直流传下来的手工制作的玩具，它不仅充实了人们的生活，也记载了我国传统文化的发展历程。	教师展示图片，引导学生在互动中感受我国传统玩具的悠久历史，深入理解中国传统文化的博大精深。

三、感受中国传统玩具

1. 出示中国传统玩具实物，学生自由地认一认这些传统玩具，并说一说传统玩具的玩法。

2. 小组内部根据玩具的玩法进行玩具的分类。

四、提出驱动性问题

1. 中国传统玩具历史悠久，是我国劳动人民智慧的结晶。那么，中国传统玩具里都蕴含了哪些学问呢？

配合学生来演示玩具的玩法。

2. 学生查找、收集资料，分享交流。

五、录制"了不起的中国传统玩具——×××"的介绍视频

1. 每个小组根据小组已有的探究情况，结合收集的资料，录制一个"了不起的中国传统玩具——×××"的介绍视频。

录制内容：围绕一个传统玩具的材质、结构、作用等特点来介绍。

录制方式：手机横屏录制，画面清晰。

文稿开头语：大家好，我(们)是×××学校的×××(或×××小组成员)，中国传统玩具是我国传统文化的一部分，让我们一起走近了不起的中国传统玩具——×××。

2. 制作完成后进行展示。

教师引导学生对驱动性问题进行充分理解，学生分享交流时，注意培养学生的规则意识，让学生学会轮流发言，仔细倾听，尊重他人。

教师为各小组的视频录制提供技术支撑。

"'玩具总动员'——中国传统玩具"子项目一小组自评及互评表

(组)

评价要素	评价细则	星级	自评	互评
信息收集能力	收集的资料内容翔实,具有很高的参考价值	★★★		
	能较好地完成资料收集任务,资料比较充分	★★		
	基本完成资料收集任务,资料内容不够丰富	★		
表达交流能力	能自信流畅地分享自己的所见所闻所想,并能倾听他人的见解	★★★		
	能将自己收集到的资料较完整地表达出来,并与他人分享	★★		
	能将收集的资料只言片语地描述,表达不够清晰	★		
动手制作能力	视频的内容丰富,有背景音乐、配音、字幕,制作精美	★★★		
	能较好地完成视频的制作,有背景音乐,制作较精美	★★		
	能基本完成视频的制作,但是内容不够丰富,制作不够精美	★		

"'玩具总动员'——中国传统玩具"跨学科项目化学习案例

子项目二："变幻无穷的图形玩具——七巧板"教学设计实施

建议时间：1周	项目化单元主题："玩具总动员"——中国传统玩具	子项目活动：变幻无穷的图形玩具——七巧板
项目说明：通过数学课的讲解及学生课前收集的资料进行分享交流，再带领学生利用搭配的方法创作不同的拼接作品，最终达到与其他知识融合创造新玩具的目的		
主要关联技能：收集资料、分享交流、观察分析、动手操作、团结合作、创新实践		
主要关联学科：数学、历史、美术		
项目目标： 　　1.乐于与他人分享交流，积极主动思考、尝试探索。 　　2.了解七巧板的起源和特点，能够运用搭配（排列组合）的数学思想设计更多作品。 　　3.通过团队合作、动手操作、创新设计、对比等方式了解玩具的作用，有意识地改进、创造玩具		
材料准备：多媒体课件、七巧板材料包、评价表、雪花片、乐高、木制串珠积木		
成果呈现形式：新的图形玩具及玩法说明展示（视频、板报介绍）		
驱动性问题：七巧板为什么能流传至今？		

项目步骤	教师支持

一、什么是七巧板

　　1.学生介绍课前了解的传统玩具，播放七巧板历史来源的科普视频。

　　师：玩具制造的灵感往往源于生活中的小事，我们要善于发现和思考。

　　2.学生根据七巧板的实物自由联想七巧板蕴含的数学知识。

　　3.学生分享自己用七巧板制作的作品，观察规律。

　　4.小结：七巧板中的数学知识。

　　数学原理：出入相补原理是中国古代数学中一条用于推证几何图形的面积或体积的基本原理，是指一个平面图形从一处移至他处，面积不变。若把图形分割成若干块，那么各部分面积的和等于原来图形的面积，因而图

学生各抒己见，小组合作，教师引领学生共同小结。

教师选择有特色的七巧板作品，引导学生发现其与数学中的搭配问题有关，鼓励创新性回答。

形移置前后诸面积间的和、差有简单的相等关系。

数学知识：图形与几何的相关知识。

数学思想：体会有序思考、全面思考的价值，培养数形结合、符号化、分类的思想。

学生交流分享，教师给予指导提示，训练学生的胆量及表达能力。

二、了解生活中七巧板的应用

1. 出示事先准备的生活中跟七巧板有同样数学原理的玩具(如雪花片、乐高、木制串珠积木、形状积木等)。

2. 小组讨论：这些玩具有什么共同点、不同点？

3. 小结：都是图形类玩具，只是形状、颜色不同，玩的方式和原理一致，都是通过搭配、排列、组合等形成新的玩法，玩具可以自制，且源于生活。

根据学生的交流结果，给出相应的反馈，引发学生思考。

教师引导学生对驱动性问题进行充分理解，学生分享交流时，要注意培养学生的规则意识，让学生学会轮流发言，仔细倾听，尊重他人。

三、提出驱动性问题

1. 七巧板为什么能流传至今？

作用：形状概念、视觉分辨、认知技巧、视觉记忆、手眼协调、鼓励开放、扩散思考、创作机会。

玩法：

①依图成形，利用已知的图形来排出答案；

②见影排形，从已知的图形中找出一种或一种以上的排法；

③自创图形，可以自己创造新的玩法、排法；

④数学研究，利用七巧板来求解或证明数学问题。

2. 学生查找、收集资料，分享交流。

3. 小结：七巧板之所以能流传至今是因为它有1600种变化方式，可以持续不断地反复组合，玩法多，具有教育作用，可发挥空间大，而且安全。

制作时，教师用计时器帮助学生进行时间管理。并在巡视时给予适当的技术指导。

四、尝试创造新的图形玩具

1. 小组讨论想法。

2. 分享创意，集体研讨。

3. 选取材料，尝试制作。

五、展示评比

1. 小组之间进行展评，要求从安全性、教育性、可操作性等方面进行评比。

2. 为获奖小组颁奖。

采用公开、公平、公正的方式进行评比。

"'玩具总动员'——中国传统玩具"子项目二小组自评及互评表

（　　　　组）

评价要素	评价细则	星级	自评	互评
信息收集能力	收集的资料内容翔实，具有很高的参考价值	★★★		
	能较好地完成资料收集任务，资料比较充分	★★		
	基本完成资料收集任务，资料内容不够丰富	★		
表达能力	能自信流畅地分享自己的所见所闻所想，并能倾听他人的见解	★★★		
	能将自己收集到的资料有条理地表达出来，并与他人分享	★★		
	基本能将收集到的资料较为完整地表述出来	★		
观察分析	观察很细致，有自己的思考，能全面地根据事物现象分析问题，并能举一反三	★★★		
	观察比较细致，能较全面地根据事物现象分析存在的问题和原理	★★		
	能观察出关键问题，能分析出部分情况	★		
动手操作	制作的玩具精致美观，可操作性强，有教育意义，玩法丰富多样	★★★		
	能较好地完成玩具制作，可操作性较强，制作较为精美，玩法种类比较多	★★		
	能基本完成玩具制作，玩具能够使用，玩法清楚	★		
合作能力	小组全员主动参与，积极讨论，分工合理，相互配合，有问题及时沟通，能够提出建设性意见	★★★		
	小组合作能够全员参与讨论，分工较为合理，能够合作出较好的成果，气氛积极向上	★★		
	小组合作能够解决现有问题，讨论出一定成果，气氛融洽	★		

评价要素	评价细则	星级	自评	互评
创新能力	能充分利用材料的特点进行玩具设计，玩法多且说明详细，构思新颖、有创意	★★★		
	能较好地利用材料的特点进行玩具设计，构思较新颖，有玩法说明	★★		
	能够选择合适的材料进行玩具设计	★		

「 "‘玩具总动员’——中国传统玩具"跨学科项目化学习案例 」

子项目三："放飞的轴对称艺术——风筝"教学设计实施

建议时间：4 课时	项目化单元主题："玩具总动员"——中国传统玩具	子项目活动：放飞的轴对称艺术——风筝
项目说明：通过数学课对"轴对称图形"的讲解以及学生收集到的资料进行分享交流，带领学生利用材料包制作各种各样的风筝玩具		
主要关联技能：收集资料、分享交流、观察分析、动手操作、团结合作、创新实践		
主要关联学科：数学、道德与法治、美术、语文、历史		
项目目标： 　　1.掌握轴对称图形的概念，认识各种轴对称图形。 　　2.能收集轴对称图形及生活中轴对称现象的相关资料，乐于与他人分享交流。 　　3.了解轴对称图形的特点，并能积极进行团队合作，动手操作、创新设计各种各样的轴对称玩具——风筝		
材料准备：多媒体课件、生活中轴对称现象的视频、大量轴对称图形图片、制作风筝步骤视频、制作风筝的材料包、评价表		
成果呈现形式：各种各样的风筝玩具		
驱动性问题：风筝为何是轴对称图形？把风筝设计成轴对称图形有何作用？		

项目步骤	教师支持
一、什么是轴对称图形 　　1.出示大量轴对称图形图片。 　　2.学生根据出示的图片发表自己对轴对称图形的见解。 　　3.小结：轴对称图形的概念及特点。 　　概念：如果一个图形沿着一条直线对折后两端完全重合，这样的图形就叫作轴对称图形，这条直线叫作对称轴。 　　特点： 　　①对称轴是一条虚线。 　　②在轴对称图形中，对称轴两侧的对应点到对称轴的距离相等。 　　③在轴对称图形中，沿对称轴将它对折，左右两边完	教师展示轴对称图形的图片，学生各抒己见，小组合作，教师引领学生共同小结。

全重合。

④如果两个图形关于某条直线对称，那么这条直线就是对称轴，对称轴垂直平分对称点所连线段。

⑤图形对称。

学生分享课前收集到的轴对称图形的资料，展示不同的轴对称图形图片，知道轴对称图形种类繁多。

让学生交流分享，教师给予指导提示，训练学生的胆量及语言表达能力。

二、了解从古至今生活中的轴对称图形及现象的应用

1. 出示事先准备的生活中的轴对称现象的视频。

2. 学生分享课前收集到的轴对称现象及图片资料，并用自己的话介绍轴对称现象。

播放视频引出讨论话题。

3. 播放从古至今生活中的轴对称现象的发展历史。

4. 提问：同学们，你们发现了什么？

5. 小结：轴对称图形的运用非常广，轴对称现象遍布生活中的每个角落。

根据学生的交流结果，给出相应的反馈，引发学生思考。

三、提出驱动性问题

1. 风筝为何是轴对称图形？这样有何作用？

小结：把风筝做成轴对称图形（主要是左右对称），目的是使受到风力的面能够左右力矩相等，使风筝在左右方向受力平衡，不会向一侧倾覆。

2. 学生查找、收集资料，分享交流。

3. 视频播放风筝的起源与发展并小结：风筝是中国古代四大发明之外的另一大发明，至今已有 2000 多年的历史，是人类最早发明的飞行器。直到今天，飞行及航天行业仍在利用它的飞行原理。

教师引导学生对驱动问题进行充分理解，学生分享交流时，要注意培养学生的规则意识，让学生学会轮流发言，仔细倾听，尊重他人。

四、制作轴对称图形——"我最喜欢的风筝"玩具

1. 观看制作风筝的视频及制作材料包的使用讲解。

2. 每个小组选择一个风筝制作材料包，分工合作，完成风筝的制作。

制作时，教师用计时器帮助学生进行时间管理，并在学生动手操作过程中给予适当的技术指导。

五、展示评比

1. 小组之间进行展评，要求从飞的高度、美观、牢固、平衡性、精致度等方面进行评比。

2. 为获奖小组颁奖。

采用自评和互评的方式进行评比。

"'玩具总动员'——中国传统玩具"子项目三小组自评及互评表

（　　　　组）

评价要素	评价细则	星级	自评	互评
信息收集能力	收集到的资料内容翔实，具有很高的参考价值	★★★		
	能较好地完成资料收集任务，资料比较充分	★★		
	能基本完成资料收集任务，资料内容不够丰富	★		
观察能力	观察很细致，能很好地根据事物现象分析问题，并能举一反三	★★★		
	观察较细致，能较好地根据事物现象分析问题	★★		
	观察不够细致，能基本根据事物现象分析问题	★		
动手能力	制作的风筝精致美观，坚固耐用，平衡能力强，图案丰富	★★★		
	较好地完成风筝制作，平衡能力一般，制作较精美	★★		
	基本能完成风筝制作，但是风筝不够牢固，图案不够丰富，制作不够精美且平衡能力欠佳	★		
合作能力	小组成员之间讨论积极、配合默契，能做到全员主动参与	★★★		
	小组基本完成任务，讨论较热烈，个别组员不投入	★★		
	组员各自完成任务，相互之间偶尔有讨论，偶尔有抱怨	★		
设计能力	能充分利用材料的特点进行风筝设计，构思新颖、有创意	★★★		
	能较好地利用材料的特点进行风筝设计，构思较新颖	★★		
	基本能根据材料的特点进行风筝设计，构思缺乏创意	★		

「"'玩具总动员'——中国传统玩具"跨学科项目化学习案例」

子项目四："乐在'棋'中——围棋"教学设计实施

建议时间：4课时	**项目化单元主题**："玩具总动员"——中国传统玩具	**子项目活动**：乐在"棋"中——围棋
项目说明：通过在课堂上了解围棋的历史、掌握围棋棋盘上的规则、能在围棋棋盘上摆放棋子写出算式，最终设计出鲜明特色、美观，具有科普意义的围棋手抄报，能够让学生充分感受中国传统玩具——围棋独特的文化魅力		
主要关联技能：观察分析能力、动手能力、团结合作		
主要关联学科：数学、语文、艺术、道德与法治		
项目目标： 　　1.收集、整理关于围棋的资料，深入了解中华民族传统文化，了解中华民族对智慧的追求。 　　2.让学生利用已有知识解决围棋中的数学问题，延伸数学算数、计数问题的特征，提高数学心算的基本能力。 　　3.通过本次活动，加深对中国传统文化的了解，能运用美术作品表达自己的所感所想，学会以视觉形象的方式与人交流		
材料准备：围棋图片、围棋视频资料、方格纸、围棋盘、围棋子若干粒、铅笔、橡皮、尺子、水彩笔、A3纸		
成果呈现形式：围棋盘中摆放棋子并写出算式、设计围棋手抄报		
驱动性问题：通过摆放棋子，你能否发现角上有重复计数的问题？通过对围棋的了解，你能否设计一份围棋手抄报？		

项目步骤	教师支持
一、欣赏中国古代的围棋，了解古代围棋 　　1.了解围棋历史，教师出示中国古代围棋图片。 　　2.讲解：围棋历史悠久，我国是围棋发源地。围棋，古时称作"弈"，是古人最擅长和热爱的游戏，不仅考验脑力，用具也十分考究。其用具的设计皆遵从数学中的对称原则，我们能从对称的棋盘中感受到"规"——横竖纵列带来的俨然之美；从浑圆的棋子身上感受到"矩"——饱满玲珑带来的舒适手感。这是一种视觉和触觉上的享受，规矩方圆，被完美地融入游戏。	教师提供围棋图片和视频，学生观察围棋棋盘结构特点，说说自己的想法。

3. 播放围棋视频，欣赏围棋的魅力。

4. 引导学生根据围棋棋盘展开思考：围棋与数学之间有什么联系？

出示棋盘格摆放方法要求，引发学生思考，说一说分别需要使用多少颗棋子。

5. 小结：围棋的棋盘是由纵、横各 19 条直线组成的，纵线和横线交叉的地方称为交叉点，棋子就下在交叉点上。

6. 了解围棋棋盘格子图摆放不同数量棋子的办法：每边摆放 3 粒棋子的方法、每边摆放 4 粒棋子的方法、每边摆放 5 粒棋子的方法。

二、提出驱动性问题

1. 通过摆放棋子，你能否发现角上有重复计数的问题？通过对围棋的了解，你能否设计一份围棋手抄报？

2. 小结：从中学到的数学知识，得出规律。

3. 学生分小组查找关于围棋的资料、收集资料、交流合作制作手抄报。

教师提供材料，学生在围棋棋盘上摆放棋子，并写出算式。

三、学生动手构建数学模型并制作围棋手抄报

1. 借助围棋棋盘摆放棋子寻找解决问题的方法。

2. 小组合作讨论，并在围棋棋盘上摆放棋子，写出算式。

3. 学生分组根据围棋历史和用途等方面充分发挥自己的创造力和想象力，绘制围棋手抄报作品。

教师提供材料，学生分组设计手抄报，教师用计时器计算各组完成时间。

四、展示评比

1. 将各小组绘制的围棋手抄报从美观、布局合理以及科普意义进行评比。

2. 投票评选出"最佳围棋手抄报"，公布获奖小组。

向学生征求评选标准，进行公平、公正的评比。

"'玩具总动员'——中国传统玩具"子项目四小组自评及互评表

（　　　组）

评价要素	评价细则	星级	自评	互评
观察分析能力	观察很细致，能正确摆放棋子并迅速写出正确算式，能举一反三	★★★		
	观察较细致，能正确摆放棋子并正确写出算式	★★		
	观察不够细致，能基本正确地摆放棋子和写出算式	★		
动手制作能力	又快又好地完成了具有鲜明特色又美观的围棋手抄报	★★★		
	较好地完成了围棋手抄报的绘制，手抄报较美观	★★		
	完成了手抄报的绘制，但是不够美观	★		
团队合作能力	小组成员很默契，又快又好地完成了鲜明特色、美观的手抄报，且具有科普意义	★★★		
	小组成员配合较默契，手抄报绘制得很美观	★★		
	小组成员配合不够默契，基本完成了手抄报的绘制	★		

"'玩具总动员'——中国传统玩具"跨学科项目化学习案例

子项目五："旋转的风车"教学设计实施

建议时间：4课时	项目化单元主题："玩具总动员"——中国传统玩具	子项目活动：旋转的风车

项目说明：通过观察、了解、使用、制作中国传统玩具，感受中国传统玩具的智慧，增强学生的民族自豪感

主要关联技能：收集资料、分享交流、动手制作

主要关联学科：数学、科学、道德与法治

项目目标：

　　1.掌握旋转的概念并进一步认识图形的旋转，探索图形旋转的特征和性质，初步学会运用对称、平移和旋转的方法在方格纸上设计图案。

　　2.能收集相关旋转资料，并乐于与他人分享交流，积极主动思考。

　　3.开展"风力兽"竞速大赛，让学生体会数学、科学等学科的价值。

　　4.通过了解风车、陀螺等玩具的历史发展，让学生感受中国文化的博大精深，增强学生的民族自豪感

材料准备：风车、竹蜻蜓、陀螺等学具及图片，白卡纸，评价表

成果呈现形式："风力兽"竞速大赛

驱动性问题：旋转给生活带来的便利有哪些？

项目步骤	教师支持
一、什么是旋转 　　1.课件出示生活实例图片，引出研究问题"什么是旋转"。 　　2.学生根据出示的图片发表自己对旋转的见解。 　　3.教师概括：在平面内，一个图形绕着一个定点旋转一定角度得到另一个图形的变化，就叫作旋转。 　　4.展示不同类型旋转的图片，认识旋转在生活中的应用。	教师展示风车等图片，学生各抒己见。 教师根据学生的交流结果，给出相应的反馈，引发学生思考。
二、认识旋转要素 　　1.出示各种旋转图片。 　　2.学生分享课前收集到的资料，介绍风车、陀螺等玩	鼓励学生用数学语言描述物体的旋转过程，感受解

具的特点。

3. 学生交流、讨论旋转的要素。

4. 教师小结旋转三要素：旋转方向、旋转中心、旋转角度。

决问题的策略是多样的、开放的。同时，培养学生的空间想象能力。

三、研究旋转的特征

1. 观看演示视频。

2. 模拟操作，类比迁移。

3. 想象与操作有机结合，用数学语言描述物体的旋转过程。

四、提出驱动性问题

1. 中国从古代就开始将旋转运用于玩具之中，现在仍在不断将其运用于我们的生活当中。将旋转运用于生活给人们带来便利的事例你知道多少呢？

2. 在生活中，我们时常会见到许多巨大的风车，它们的作用是什么呢？请同学们尝试自己动手制作一个风车，并思考如何让它发电。

3. 学生查找、收集资料，分享交流。

教师引导学生对驱动性问题进行充分理解，学生分享交流时，注意培养学生的规则意识，让学生学会轮流发言，仔细倾听，尊重他人。

五、动手制作"不一样的风车"

1. 根据旋转的原理制作一个普通风车。

2. 每个小组根据自己收集到的资料讨论交流，一起动手设计、制作本组的风车。

3. 制作完成后，进行展示交流。

制作时，教师可以帮助学生，给予必要的指导。

六、"风力兽"竞速大赛

1. 组织学生动手操作，在规定时间内完成"风力兽"框架搭建。

2. 分组进行"风力兽"竞赛，通过吹气的方式使"风力兽"的风车结构旋转，进而使"风力兽"跑起来，看谁先到达终点。

3. 举行竞赛心得采访，让学生在活动中深入了解旋转的原理，同时感受数学学习的乐趣。

学生以小组形式动手操作，教师注意各组的分工及处理方式是否合理，可给予适当的指导。

"'玩具总动员'——中国传统玩具"子项目五小组自评及互评表

(　　　　　组)

评价要素	评价细则	等级	自评	互评
信息收集能力	收集到的资料内容翔实, 具有很高的参考价值	★★★		
	能较好地完成资料收集的任务, 资料内容比较丰富	★★		
	能基本完成资料收集的任务, 但资料内容不够丰富	★		
表达交流能力	能自信流畅地分享自己的所见、所闻、所想, 并能倾听他人的见解	★★★		
	能将自己收集到的资料较完整地表达出来, 并与他人分享	★★		
	能将收集的资料只言片语地进行描述, 表达不够清晰	★		
动手制作能力	作品完成度高, 功能完善, 制作精美	★★★		
	能较好地完成作品, 制作较精美	★★		
	基本能完成作品, 但是作品不够美观, 有待提高	★		
团队合作能力	小组成员之间讨论积极、配合默契, 能做到全员主动参与	★★★		
	组员均能参与讨论, 但讨论不够热烈	★★		
	组员之间讨论较少, 个别组员不投入	★		

"'玩具总动员'——中国传统玩具"跨学科项目化学习案例

子项目六:"玩转皮影"教学设计实施

建议时间:4课时	项目化单元主题:"玩具总动员"——中国传统玩具	子项目活动:玩转皮影

项目说明:认识图形平移的特点,设计完成皮影玩具平移路线图,小组合作制作皮影玩具,并在"皮影小剧场"进行表演

主要关联技能:设计技能、交流技能、动手技能

主要关联学科:数学、道德与法治、艺术

项目目标:

 1.认识图形平移的特点,能根据驱动性任务,分析可利用的材料,设计完成皮影玩具平移路线图。

 2.小组合作设计皮影玩具,并按照设计分工合作,完成制作。根据之前画好的路线图进行皮影玩具合作表演。

 3.乐于与他人分享交流,积极主动思考。

 4.了解中国民间古老传统艺术——皮影戏,为中华民族创造的文明成就感到自豪,坚定文化自信心

材料准备:水彩笔、剪刀、竹签、硬纸盒、透明胶、手电筒、宣纸、网格纸、评价表

成果呈现形式:皮影玩具平移路线图、"皮影小剧场"

驱动性问题:校园艺术节就要到了,你能否根据平移规则,设计出皮影玩具平移路线图,并与小伙伴合作搭台表演?

项目步骤	教师支持
一、什么是"平移" 1.出示皮影戏和平移视频。 2.让学生观看视频,联系生活中的运动,发现不同点,发表对平移的见解。 3.教师小结:在平面内,将一个图形上的所有点都按照某个直线方向做相同距离的移动,这样的图形运动就叫作平移运动。平移不改变图形的形状和大小。图形经过平移,对应线段相等,对应角相等,对应点所连的线段相等。	教师展示收集好的平移图片及视频,让学生观看视频,提出自己的看法。

二、深入了解平移，制作平移路线图

1. 说平移。

展示不同物体平移时的视频，注意观察它是怎样运动的，它的每次运动有什么不同吗？通过找特征点和数格子的方法，引出"平移的方向和距离"。

教师出示不同物体平移时的视频，并进行有针对性的指导。

2. 出示任务：皮影玩具是中国传统玩具之一，你能否根据平移规则，设计出皮影玩具平移路线图？

3. 小组合作，完成皮影玩具平移路线图。

4. 小组展示皮影玩具平移路线图，陈述玩具是怎样运动的，其他小组进行评价。

制作时，教师用计时器帮助学生进行时间管理。

5. 根据其他小组的建议调整路线图。

三、制作皮影玩具

1. 了解皮影戏。

2. 绘制你最喜欢的皮影玩具形象，制作皮影玩具。

教师讲解皮影戏的表演形式及历史起源。

3. 小组合作，用适当的连接方式把各个部件组装在一起。

4. 对皮影玩具进行整体调整和美化。

教师整合其他学生的意见，给予学生总结性评价。

5. 尝试加上故事情节进行小组内部表演。

四、皮影小剧场

各小组轮番上阵，根据之前画好的路线图进行皮影表演。

五、展示与评价

用投票的方式评选出"最具创意小组"，并相互评价。

教师根据测试结果，综合各小组评价，评选出"最具创意小组"。

"'玩具总动员'——中国传统玩具"子项目六小组自评及互评表

(　　　　组)

评价要素	评价细则	评价	自评	互评
创新能力	设计科学,外形美观,能将平移运动与故事情节相结合	★★★		
	能按设计要求,加入创新设计	★★		
	能基本完成作品,简单地进行平移运动	★		
合作能力	小组成员积极参与讨论,彼此鼓励,积极参与探究活动	★★★		
	小组成员间有一定合作,但完成效果一般	★★		
	小组成员对他人想法兴趣不大,经常打断别人	★		
沟通能力	能流利地介绍自己的作品,并能接受其他人的建议,对自己的作品进行改进	★★★		
	能较流利地介绍自己的作品	★★		
	不能清楚地介绍自己的作品	★		
动手能力	能快速、正确地完成制作,玩具精美,有吸引力	★★★		
	能按要求基本完成作品,样式普通	★★		
	能完成作品,但未按要求完成制作	★		

"'玩具总动员'——中国传统玩具"跨学科项目化学习案例

子项目七："智走华容道"教学设计实施

建议时间：1周	项目化单元主题："玩具总动员"——中国传统玩具	子项目活动：智走华容道
项目说明：了解华容道玩具的历史，学习复原3阶数字华容道的走法，会设计和制作自己的华容道玩具		
主要关联技能：收集资料、表达分享、团结合作、创新设计、动手制作		
主要关联学科：数学、语文、道德与法治、科学		
项目目标： 　1.调查、收集、整理华容道玩具的资料，深入了解中国古代历史文化。 　2.通过玩数字华容道玩具，培养学生的逻辑思维能力和推理能力，掌握还原的数学思想，培养学生的创新能力和实践能力。 　3.能根据数字华容道玩具的原理设计出自己的华容道玩具。 　4.在游戏中充分感受古人的智慧和哲学思想		
材料准备：华容道玩具历史视频、《最强大脑之华容道》比赛视频、数字华容道玩具、A4纸、笔		
成果呈现形式："智走华容道"比赛、自制华容道玩具		
驱动性问题：《最强大脑之华容道》里的哥哥姐姐为什么那么厉害？我们能不能设计一款华容道玩具，让我们在游戏中提高自己的数学思维？		

项目步骤	教师支持
一、介绍起源，激发兴趣 　1.学生分组分享课前收集的"华容道"的故事。 　2.教师概括：人们还根据这个故事发明了一款名扬中外的益智游戏"数字华容道"。《最强大脑之华容道》里的哥哥姐姐为什么那么厉害？今天让我们一起来玩数字华容道的游戏。	教师播放《最强大脑之华容道》视频。
二、探究3阶数字华容道 （一）了解数字华容道的规则 　1.播放视频，了解数字华容道的游戏规则。 　2.学生复述游戏规则：首先将数字完全打乱，然后每	教师根据学生的交流结果，给出相应的反馈，引导学生思考。

次只能移动一个数字,最后将所有数字按顺序复原。

（二）探究数字华容道的方法

1.学生尝试复原数字"1""2"。

2.分享复原的经验。

（1）想好离目的地最近的路线;

（2）让出离目的地最近的格子。

3.复原数字"3"。

（1）思考复原路线。

（2）和同学说说自己的复原路线。

（3）动手操作。

4.小组合作复原数字"4~8"。

5.生生互动,帮助没有成功的小组。

6.学生练习3阶数字华容道。

（三）复原3阶华容道比赛

每个小组派代表参加班级"智走华容道"比赛,其他同学为选手加油。

三、提出驱动性问题

1.华容道是古老的中国民间益智游戏,它与七巧板、九连环等中国传统益智玩具有个共同的代名词——"中国的难题"。在科技发达的今天,人们喜爱玩电子游戏,甚至很多人不认识这些古老的传统玩具。玩电子游戏特别影响我们青少年的视力,而且容易沉迷。我们能不能设计一款华容道游戏,既好玩,又能锻炼我们的数学思维?

2.学生分享交流华容道玩具的特点:通过平移,使方盘里的棋子移到规定的位置。

四、我是小小设计师,设计华容道玩具

1.小组合作,在A4纸上画出自己设计的华容道玩具,并说明玩具的玩法。

2.制作完成后进行展示说明。

五、评出你最喜欢的华容道玩具

教师总结在让的时候要注意不能打乱"1""2"的顺序,最后还要让"1""2"回到原来的位置。

教师出示要求:1.按顺序复原;2.不打乱数字"1""2""3";3.不能把棋子抠下来。

给前三名颁奖。

教师引导学生对驱动性问题进行充分理解,学生分享交流时,要培养学生的规则意识,让学生学会轮流发言,仔细倾听,尊重他人。

制作时,教师用计时器帮助学生进行时间管理。

设置"最佳创意奖""最高人气奖",分别颁发给学生。

"'玩具总动员'——中国传统玩具"子项目七小组自评及互评表

（　　　　组）

评价要素	评价细则	等级	自评	互评
信息收集能力	收集的资料内容翔实，具有很高的参考价值	★★★		
	能较好地完成资料收集的任务，资料内容比较丰富	★★		
	能基本完成资料收集的任务，但资料内容不够丰富	★		
表达能力	能自信流畅地分享自己的所见所闻所想，并能倾听他人的见解	★★★		
	能将自己收集到的资料较完整地、有条理地表达出来，并与他人分享	★★		
	收集到的资料能基本表达出来，但表达不够清晰	★		
动手能力	能熟练地完成3阶华容道的复原，并根据华容道玩具制作出新型华容道玩具	★★★		
	能比较熟练地完成3阶华容道的复原，并根据华容道玩具制作出华容道玩具	★★		
	在老师或同学的指点下能完成3阶华容道的复原，基本能制造出华容道玩具	★		
合作能力	小组全员主动参与，积极讨论，分工合理，相互配合，有问题及时沟通	★★★		
	小组全员参与讨论，分工较为合理，能够合作出较好的成果，气氛积极向上	★★		
	小组合作能够解决现有问题，讨论出一定成果，气氛融洽	★		
设计能力	能充分利用华容道玩具的特点进行设计，构思新颖、有创意	★★★		
	能较好地利用华容道玩具的特点进行设计，构思较新颖	★★		
	能根据华容道玩具的特点进行设计，但构思创意一般	★		

"'玩具总动员'——中国传统玩具"跨学科项目化学习案例

子项目八："'玩具总动员'展览会"教学设计实施

建议时间：2 周	项目化单元主题："玩具总动员"——中国传统玩具	子项目活动："玩具总动员"展览会
项目说明：通过学生自主设计展览，旨在检验学生们的玩具作品完成情况，提高广大学生的学习激情、创新素质、表达能力，丰富学生们的课余文化生活，为学生提供一个展示作品的平台		
主要关联技能：团队合作、创新设计、动手制作、讲解宣传、表达分享		
主要关联学科：数学、道德与法治、科学、美术、语文		
项目目标： 1.整理前期制作的中国传统玩具，并交流分享制作传统玩具的心得。 2.拟订宣传方案，准备宣传的素材，小组合作进行中国传统玩具的展板设计。 3.作为讲解员阐述玩具设计理念和创意来源		
材料准备：七巧板、风筝、风车、皮影玩具等传统玩具，硬卡纸，海报纸，木展板，评价表		
成果呈现形式："玩具总动员"展览会		
驱动性问题：如何设计一个玩具展览会？		

项目步骤	教师支持
一、活动前期 　　活动前，学生自主完成关于中国传统玩具的制作及玩具说明书的制作，说明该玩具的历史背景、发展过程、呈现原理、制作材料及功能作用。	提供材料和完善制作的建议。
二、宣传工作 　　拟订宣传方案，准备宣传的素材，主要通过海报、横幅以及校内网络信息平台宣传。 　　1.设计、制作宣传海报：各小组分工合作，设计、制作宣传海报。 　　2.校内宣传：将宣传海报粘贴至公布栏进行宣传。 　　3.网络宣传：协助拍摄玩具展宣传短视频，在学校公众号进行发布。	完善宣传方案，为宣传海报的制作提供技术支持，发动家长资源，扩大影响力。

4. 确定活动场地。

三、展览前的准备工作

确定展览场地的工作人员，小组合作分工，整理参展作品，完成分区分类。

1. 分区分类设计、制作展板：依照玩具特点、历史背景、使用环境、受众对玩具进行分类，根据不同的主题设计风格不同、摆放形式不同的展板，如适合低年级的玩具摆放位置不宜过高。

2. 发送请帖邀请学校领导、老师及家长：在此过程中体验担任"小小宣传员"，以自己的语言介绍、宣传本次展览活动。

3. 讲解员提前彩排，安排值班人员：玩具讲解员要提前彩排练习讲解词，在撰写讲解词的时候注意内容与玩具说明书应大致相同，并涉及以下几个方面的内容：该玩具的历史背景、发展过程、呈现原理、制作材料、功能作用。

4. 摆放作品展板：放置展览作品，在合适的位置粘贴玩具说明书。

5. 准备作品展览投票箱，作为评选参考内容：选出"最受欢迎的玩具""最具创意的玩具""最具艺术性的玩具"等奖项。

3. 作品安全工作的分配、看护、值班。

四、举办展览活动

1. 将展览作品、展板放好，并安置妥当，展览讲解员对展出玩具进行讲解。

2. 派专人对作品进行看管，防止在参观中造成不必要的损失。利用中午吃饭、休息、下课的时间进行展览，以供课余有时间和喜欢设计学习的同学参观学习。

五、评比总结

1. 展览结束后，打扫、整理场地卫生。

2. 点评学生作业及作品。

3. 进行活动总结报告。

给予视频拍摄、剪辑的建议和指导。

对学生初筛的作品进行复核，避免优秀作品的遗漏。

指导设计展板，提供展板制作的技术支持。

审阅请帖，适当提供建议。

审查小组分工名单，确定工作量。

对讲解员的讲解词及仪态动作、服装给出建议指导。

对展览作品的投票进行统计，进行评奖与表彰。

活动总结：对本次活动的各环节进行点评，对优秀小组和优秀个人进行表彰。

"'玩具总动员'——中国传统玩具"子项目八小组自评及互评表

（　　　组）

评价要素	评价细则	星级	自评	互评
设计能力	能主动完成所有工作，会根据他人的反馈改进自己的工作	★★★		
	能完成大部分项目任务，准备比较充分	★★		
	需要有人提醒才能完成项目工作	★		
合作能力	能遵循团队规则，积极提出并回答问题，清晰地表达自己的观点，能对他人提出有意义的建议	★★★		
	能积极融入团队合作，主动对他人给予帮助	★★		
	需要提高团队合作意识，在他人需要的时候给予帮助	★		
沟通能力	对同伴友善且礼貌，能做到倾听别人不同的观点和意见，能根据某些观点积极主动地表达自己的看法	★★★		
	基本上能对同伴保持友善，能做到倾听别人不同的观点和意见，对某些观点能表达自己的看法	★★		
	有时对自己的同伴友善，基本上能倾听他人的意见	★		
动手能力	邀请函内容丰富，制作精美	★★★		
	邀请函内容较为丰富，设计合理	★★		
	能初步完成邀请函的制作，传递基本信息	★		
表达能力	能用优美、流畅的语言对作品功能、原理、历史背景、制作过程进行讲解介绍	★★★		
	能较好地讲解作品的制作过程及原理	★★		
	能对作品进行基本介绍	★		
创新能力	在宣传视频中能以动人的语言、亲切自然的姿态吸引观众了解玩具展	★★★		
	在宣传视频中能顺畅介绍本次玩具展	★★		
	在宣传视频中能较为流畅地介绍本次展览	★		

03 水上丹霞

一、项目简介

　　湖南郴州丹霞地貌斜卧在茶永盆地上，主要包括郴州市苏仙区、资兴市、永兴县一带的飞天山丹霞、便江丹霞等。郴州市苏仙区太平学校坐落于苏仙区与永兴县交界处，然而，该校学生对丹霞地貌的特点却知之甚少。本项目结合教科版小学《科学》四年级下册《岩石与土壤的故事》、五年级上册《地球表面》等内容，整合人教版美术教材中的山水画相关教学活动，开发设计了跨学科项目化学习课程。在活动中，培养学生亲近自然、珍爱生命、善于发现、乐于考察的科学素养，帮助学生学习科学知识，激发学生对家乡的热爱与责任意识。

二、核心知识

1. 相关学科涉及的主要知识点

　　科学：知晓地球表面的地形地貌是复杂多样的，也是不断变化的；探究郴州非典型丹霞地貌的特点及形成原因；了解丹霞地貌在郴州及中国的主要分布地区及规律。

　　美术：通过中国山水画的学习，感受中国传统文化的魅力。尝试根据山水画的特点，用写意山水的方式绘画并宣传"水上丹霞"。

　　语文：调查、收集、整理丹霞地貌的资料，深入了解丹霞洞穴——"坦"所蕴含的人文历史底蕴。

　　思政：培养学生亲近自然、珍爱生命的环保意识，了解渗透其中的科学家精神，增进学生对我国传统艺术的热爱。

2. 关键概念或能力

　　了解郴州非典型丹霞地貌的特点及形成原因，培养学生的科学探究能力以及探究自然、观察记录、团队合作等能力，激发对家乡的热爱之情。

三、驱动性问题

1. 本质问题

郴州丹霞地貌的"非典型"体现在哪些方面？依丹霞山脉而建的坦屋有什么特点？如何保留最美的"水上丹霞"？

2. 驱动性问题

郴州丹霞有何独特魅力？作为郴州对外宣传的名片，你将如何介绍郴州丹霞？

四、成果与评价

个人成果： 　　收集郴州丹霞地貌的相关资料；绘制郴州丹霞地貌宣传海报；撰写郴州丹霞地貌的宣传词	评价内容： ●信息收集能力，能清楚明白地讲述见闻； ●能运用艺术要素表现具体事物； ●对郴州丹霞地貌特征与结构的认识
团队成果： 　　以小组为单位，制作郴州丹霞山体模型；以班级为单位，制作宣传海报，录制郴州丹霞宣传视频	评价内容： ●所制作的模型对丹霞地貌的还原程度； ●模型线条是否流畅清晰，配色是否美观合理
公开方式： 　　网络发布(√)成果展示(√)张贴(√)	

五、高阶认知

主要高阶认知策略：

问题解决(　　)决策(　　)创见(　　)系统分析(√)：分析郴州丹霞地貌的结构特点。

实验(　　)调研(√)：实地调查丹霞山脉的地质特点及岩石、植被、水文等特征。

六、实践评价

涉及的学习实践：	评价的学习实践：
探究性实践（√）：实地考察郴州丹霞地貌。	探究性实践（√）
社会性实践（√）：倾听他人意见，合作完成科学探究。	社会性实践（√）
调控性实践（　　）	调控性实践（　　）
审美性实践（√）：设计制作丹霞地貌宣传手抄报。	审美性实践（√）
技术性实践（√）：制作山脉模型、石刻模型	技术性实践（√）

七、项目实施

项目过程	评价要素
(入项活动)子项目一：丹霞地貌 　　1.学习目标：由丹霞层(红色砂砾岩层)组成的大面积的、陡峭的地貌即为丹霞地貌。 　　2.核心问题：丹霞地貌有哪些特征? 　　3.学习活动：小组上网搜索资料，讨论并总结、记录丹霞地貌的特征;尝试辨别老师给出的几幅图片是不是丹霞地貌，并写明理由;教师发放"'非典型'丹霞地貌——郴州丹霞"学习资料。 　　4.成果形式：班级汇总表	1.信息收集能力 2.调查与归纳能力 3.设计能力 4.观察能力 5.合作能力
子项目二：我了解到的郴州丹霞 　　1.学习目标：了解郴州丹霞的特征及其背后的人文历史。 　　2.核心问题：郴州丹霞地貌有什么不一样? 　　3.学习活动：学生分享课前收集到的相关资料;观看郴州丹霞的相关视频，感受"水上丹霞"的独特魅力;制订属于自己的研究计划，并准备好研究所需的材料;教师指导并修订相关研究计划。 　　4.成果形式：研究计划	1.信息收集能力 2.调查与归纳能力 3.设计能力 4.观察能力 5.合作能力

项目过程	评价要素
子项目三：水上仙境高椅岭 　1. 学习目标：了解郴州丹霞的形成原因。 　2. 核心问题：是什么力量造就了郴州丹霞"非典型"的容颜？ 　3. 学习活动：实地考察郴州高椅岭山脉的地貌特点；拍摄记录高椅岭的整体山形特点及独特美景；近距离采集高椅岭的红色砂砾；观察并记录高椅岭上植物的特点，依此推断高椅岭的常见气候；总结高椅岭地形的形成原因。 　4. 成果形式：视频资料，整理推断形成的书面材料	1. 信息收集能力 2. 调查与归纳能力 3. 设计能力 4. 观察能力 5. 合作能力
子项目四：便江上的丹霞赤壁 　1. 学习目标：了解侍郎坦的人文历史及形成原因。 　2. 核心问题：侍郎坦深受远方来客的喜爱，它有什么得天独厚的地理优势？ 　3. 学习活动：实地考察侍郎坦的丹霞赤壁，欣赏文人石刻；拍摄记录便江的丹霞赤壁；用自己的方法记录自己喜欢的石刻；沿路观察侍郎坦的地势特点，推测古代该地人流鼎盛的原因。 　4. 成果形式：视频资料，整理推断形成的书面材料	1. 表达能力 2. 实践能力 3. 自我管理能力 4. 观察能力 5. 合作能力
子项目五：制作郴州丹霞山体模型 　1. 学习目标：学习制作等比例缩小的山体模型。 　2. 核心问题：照片上的郴州丹霞是平面的，如何让它更加立体呢？ 　3. 学习活动：教师展示自己制作的山体模型；学生学习制作模型；教师派发材料，学生分小组制作山体模型；班级评选出最美山体模型。 　4. 成果形式：郴州丹霞山体模型	1. 设计能力 2. 合作能力 3. 动手能力
（出项活动）子项目六：我为郴州丹霞代言 　1. 学习目标：撰写郴州丹霞地貌的宣传词。 　2. 核心问题：如何吸引更多的人来了解美丽的郴州丹霞？ 　3. 学习活动：撰写宣传词，以小组为单位制作宣传手抄报，班级制作宣传视频。 　4. 成果形式：丹霞地貌宣传词、宣传海报及宣传视频	1. 表达能力 2. 设计能力 3. 合作能力 4. 动手能力
评价与修订 　●在开展项目的过程中，各小组根据他人合理的意见改进自己的作品	
公开成果 　●校园公开展示山体模型、宣传海报及宣传视频	

八、所需资源

非典型丹霞地貌——郴州丹霞文本材料，丹霞地貌及丹霞地貌的相关图片、视频，制作山体模型的材料及工具。

九、反思迁移

本课程节奏过于紧凑，没有给学生留够自学实践时间，但通过本课程的学习，激发了学生对家乡土地的热爱之情、对地质科学的探究热情及好奇心。引导学生学会了留心观察身边事物，并能运用多学科知识解决问题。培养了学生根据自己所疑惑的问题制订相关研究计划的能力，综合培养了学生的各方面学习素养，为学生日后的自主学习与探究打下了良好的基础。

「"水上丹霞"跨学科项目化学习案例」

子项目一："丹霞地貌"教学设计实施

建议时间：1周	项目化单元主题：水上丹霞	项目活动：丹霞地貌
项目说明：了解由丹霞层(红色砂砾岩层)组成的大面积、陡峭的地貌即为丹霞地貌		
主要关联技能：交流能力、科学探究能力		
主要关联学科：科学、语文		
项目目标： 1.初步感受丹霞地貌的绮丽多姿。 2.能通过小组合作探究，提炼核心知识。 3.能够设计简单的、可实施的项目研究计划。 4.感受家乡丹霞地貌的优美风光，激发对家乡的热爱		
材料准备：导学案、学习资料、电脑		
成果呈现形式：思维导图		
驱动性问题：什么是丹霞地貌？		

项目步骤	教师支持
一、新课导入 　播放甘肃张掖国家地质公园宣传视频。 　教师：这就是举世闻名的丹霞地貌，你觉得丹霞地貌美吗？美在什么地方？(学生答)丹霞这么美，那这节课就让我们一起来进一步探究这美丽的丹霞地貌吧！	播放宣传视频。 问题抛出后，教师可请一到两名学生简单回答。
二、提出驱动性问题 　丹霞地貌有哪些地质特征？	
三、小组探究 　1.上网查阅资料，并用导学案记录、总结观点。 　2.各小组派代表发表本组观点，组间交流。	学生交流时，教师应引导学生有逻辑、有条理地总结自己的观点。
四、分辨丹霞地貌 　1.教师出示图片，学生作答并说明理由。 　2.出示一张非典型丹霞地貌的图片：郴州高椅岭风	

景图片。

五、布置自学任务

　　1.教师发放学习资料(郴州丹霞文本资料、导学案)。

　　2.学生课后利用互联网、书籍等资源,搜索、学习相关内容。

准备典型丹霞地貌、非典型丹霞地貌、非丹霞地貌的图片,用希沃游戏制作判断对错的游戏。

"丹霞地貌"导学案

归纳整理人:	

思维导图

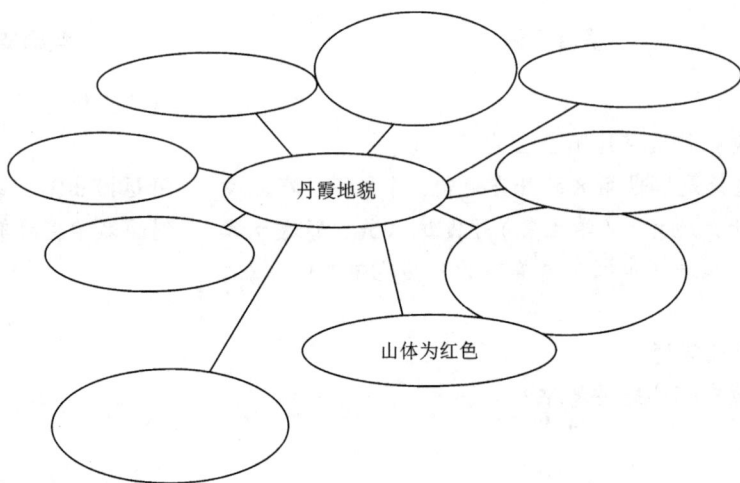

非典型丹霞地貌——郴州丹霞

文本资料：

一、因为一张独特的面孔而错过申遗

2010年，我国南方六省（广东、湖南、福建、贵州、江西、浙江）丹霞地貌联合申报世界自然遗产，但名单中却没有湖南郴州丹霞。郴州丹霞当年落选的原因与缺少峰柱有关，它的外貌和"顶平、身陡、麓缓"的丹霞地貌特征不太相符。

郴州丹霞分布的核心区域位于茶永盆地（茶陵—永兴）南端，主要包括郴州市苏仙区、资兴市、永兴县一带的飞天山丹霞、便江丹霞等，而广义的郴州丹霞范围则位于茶永红层盆地。

从论述丹霞地貌概念的资料来看，发育丹霞地貌的岩石基础是红色陆相碎屑岩（简称红层），我国的红层主要分布在白垩纪内陆盆地中。丹霞地貌又是以红色陡崖坡为特征的红层地貌。我国丹霞地貌可以概述为"以陡崖坡为特征的红层地貌"。但是这一典型特征，在郴州丹霞广饶的丘陵岗地上却并不多见。

童潜明认为，丹霞地貌按照岩龄可以分为幼年期、青年期、壮年期与老年期。目前，郴州丹霞已经整体进入了老年期。这里的地壳抬升速度慢，故海拔较低，加之其他自然因素，将郴州丹霞原来凸显的峰柱雕琢成了以低矮岩丘为主的非典型丹霞地貌。这样看来，郴州丹霞原来有峰柱，但是逐渐被剥蚀掉了，变成了平缓、贴着地面的紫红色砂岩"底座"。

丹霞地貌演化阶段示意图
绘图/谭希光

丹霞地貌的演化可分为幼年期、青年期、壮年期、老年期四个阶段。

幼年期 侵蚀基准面上的红层有开始发育的稀疏河流，流水沿垂直节理裂隙下切，形成深峡、切沟、陡崖为主的丹霞地貌。红层顶面大部分保存且发育有弱侵蚀平台。

青年期 河流发展，流水侵蚀加强，切沟加深、加大，谷壁崩塌溶蚀，形成以峰林、石柱、陡崖为主的丹霞地貌组合。红层顶面的弱侵蚀平台尚有残留。

壮年期 河流流水以侧蚀为主，河谷加宽，谷壁逐步崩塌，形成以高峻峰林、石柱、陡崖为主的丹霞地貌组合。红层顶面的侵蚀平台不复存在。

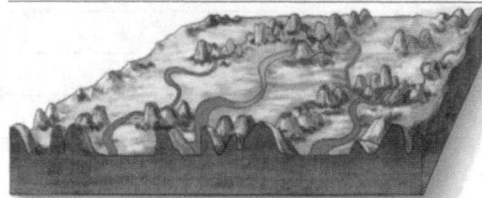

老年期 侵蚀下降速度大于地壳上升速度，河流成为曲流，峰林、石柱等丹霞地貌组合被侵蚀夷平，逐步准平原化，地形平缓向侵蚀基准面靠拢而走向消亡。

处于郴州丹霞核心区北部的便江丹霞与南部的飞天山丹霞之间的高椅岭，是丹霞"底座"上的一颗明珠。高椅岭低洼的丹霞溶槽容易蓄水，时常形成"湖"，站在高处看，还以为是到了水库。起伏的丹霞山徜徉在水面上，形成一座座孤岛，加上蓝天白云的映衬，丹霞的红、湖水的蓝、树木的绿，三色交相辉映，如铺在大地上的调色板。

二、坦、寨堡——丹霞绝壁上的生存奇观

坦，是郴州本地人对丹霞洞穴的称呼。丹霞洞穴的红层由碎屑和胶结质组成，有的碎屑和胶结质主要成分是碳酸钙，碳酸钙分布多的地方被水溶解，溶解到碳酸钙很少或没有的地方就停止了，故红层中的洞比较少而且小。红层中除有溶蚀形成的洞穴，还有不透水的岩层，在水文地质学上叫"隔水层"，郴州丹霞的"坦"，往往上部都有隔水层，因而无水下渗，坦内很干燥，这一点就不同于很多石灰岩区的溶洞。

坦的形状千奇百怪，有的是圆形，有的是扁平状或枣核状；有的高高挂在崖壁上，有的趴在水边。而处于地平线上的洞穴，大多被丹霞山区的原住民改造成适宜住人的"坦屋"。

除了用来居住，有些悬在陡壁上的坦，因为"上不着天，下不着地"，方便驻兵和藏土匪，怕被抓壮丁的人会躲进去，在当地被称为"兵坦"或"土匪坦"，这也催生了郴州丹霞山区另一个有趣的现象：寨堡类型的防御性工事特别多。

郴州丹霞不仅有大量的人类生存遗迹，还有丰富的古代文化遗存。便江河段蜿蜒曲折，近水处的丹霞绝壁上布满碑刻与题词，上至梁武帝时期，下至清代，时间跨度有一千多年。题词最多的一组石刻在位于永兴的侍郎坦内。

明崇祯十年(1637 年)四月十二日清晨，徐霞客出现在程江口，这位明代旅行家，在程江口吃过早饭后，即登船出发，游览耒水上游的丹霞地貌。他在《楚游日记》中写道："程口西北，重岩若剖，夹立江之两涯，俱纯石盘亘，倏左倏右，色间赭黑，环转一如武夷。所附舟敝甚而无炊具，余揽山水之胜，过午不觉其馁。"

徐霞客走遍大好河山，尚且对郴州丹霞有如此高的评价，可见郴州丹霞的壮美。

我的发现：

一、郴州丹霞与典型丹霞不一样的地方

（请列点记录）

_____

_____

_____

_____

_____

_____

二、郴州丹霞背后的人文历史

（请列点记录）

_____

_____

_____

_____

_____

"水上丹霞"子项目一小组自评及互评表

（　　　　）组

评价要素	评价细则	星级	自评	互评
信息收集能力	能通过多种途径、不同方面收集资料，且资料具有权威性	★★★		
	能较好地完成资料收集任务，资料比较丰富	★★		
	能收集到一些简单的资料，并对资料进行简单的归纳整理	★		
调查与归纳能力	能通过多种方法调查丹霞地貌，了解典型丹霞地貌、非典型丹霞地貌的特征，撰写详细的调查报告	★★★		
	能调查到丹霞地貌的相关资料，并总结归纳出较为详细的调查报告	★★		
	能进行调查，但调查到的相关资料比较少，调查报告内容比较单一	★		
设计能力	能制订合理、详细的调查方案，从多个方面对丹霞地貌进行调查，并能分析、改进调查方案	★★★		
	能制订方案，但方案没有详细步骤，不便于实施，调查方向不够全面，但能对调查方案进行改进	★★		
	制订的调查方案比较简单，调查内容比较有限	★		

评价要素	评价细则	星级	自评	互评
观察能力	能够做到细心观察，并记录下身边非典型丹霞的特征，且记录有条理	★★★		
	能做到认真观察，完成记录，但记录不够详细	★★		
	能完成基本的观察任务，但记录不够详细、表述不够清晰	★		
合作能力	小组内每个成员都能积极主动地参加每次活动，并有组织、有计划地进行调查	★★★		
	能根据调查计划较好地进行分工合作，并完成任务	★★		
	有分工合作意识，能基本完成任务	★		

"水上丹霞"跨学科项目化学习案例

子项目二："我了解到的郴州丹霞"教学设计实施

建议时间：1周	项目化单元主题：水上丹霞	项目活动：我了解到的郴州丹霞
项目说明：通过小组汇报了解郴州丹霞地貌的相关知识			
主要关联技能：总结归纳能力、科学探究能力			
主要关联学科：科学、语文			
项目目标： 　1.学会分析资料，掌握有效信息。 　2.能通过列点(思维导图)的方式总结郴州丹霞的地质特征。 　3.初步了解坦屋文化及丹霞赤壁背后的人文历史。 　4.学会根据材料提出有价值的问题，并能依据问题设计解决问题的探究方案			
材料准备：导学案			
成果呈现形式：研究计划			
驱动性问题：郴州丹霞地貌有什么特别之处？			

项目步骤	教师支持
一、学习分享，提出驱动性问题 　通过课后自学导学案，分享你知道的郴州丹霞与典型丹霞不一样的地方。(学生上台展示导学案并讲解，台下学生补充并讨论)	总结梳理学生们的观点。
二、感受碧水丹霞、魅力郴州 　播放"碧水丹霞"旅游宣传片，启动实地考察项目。	
三、确定探究主题，撰写探究计划 　师：游学，也就是边游边学。游很简单，但是学，那就一定要有所疑。那么，你们最想通过实地游学知道些什么呢？ 　1.学生通过讨论，甄选出本小组的探究主题。 　2.根据研究主题撰写相关研究计划。 　3.班级展示，各小组完善研究计划。	师：这么美丽的丹霞地貌其实就在我们身边，你们想去看看吗？那就让我们一起游学丹霞吧！ 在学生撰写研究计划的过

四、分配任务，发放《告家长书》

每组推选一个实地考察小队长，负责本组学生的组织及整体调配；一个操作员，负责携带实验材料及组织实地实验操作；一个摄影师，负责拍摄丹霞地貌的视频及实地考察时的标本照片；一个记录员，负责记录本组的探究发现。

发放《告家长书》，并提出游学的注意事项。

程中给予适时的指导与帮助。

准备《告家长书》。

探究小组：_____

小组成员：_____

我们想要深入研究	
我们认为进行该项研究要准备的材料	
我们的初步研究计划	

告家长书

尊敬的＿＿＿＿＿＿家长：

您好，根据教育部及省、市教育主管部门关于认真组织中小学生开展校外社会实践活动的要求，按照学校工作安排，并经学校讨论决定，我校计划开展两次"水上丹霞"社会实践活动。现将相关事宜告知如下：

一、活动目的

1.通过社会实践活动，拓展学生的视野，促进学生的全面发展，培养学生团结协作、互帮互助的意识。

2.通过实地考察，培养学生运用多学科知识解决真实情境问题的技能，引导学生学会留心观察身边事物，提升学生的综合素养。

二、活动内容

1.11月4日，高椅岭游学。

学习时长：半天；随行教师：四人。

请您为孩子准备好雨伞、饼干、水、书包、笔等外出用品。有条件的可准备手机用于拍摄视频，活动当天请让孩子穿运动鞋、运动服。

2.11月11日，永兴侍郎坦游学。

学习时长：半天；随行教师：四人。

请您为孩子准备好雨伞、饼干、水、书包、笔等外出用品。有条件的可准备手机用于拍摄视频，活动当天请让孩子穿运动鞋、运动服。

再次感谢您对学校教育教学工作的大力支持！

若您同意孩子参加此次社会实践活动，请在方框内签署同意并签名：

苏仙区太平学校

2022 年 10 月 27 日

"水上丹霞"子项目二小组自评及互评表

(　　　　　)组

评价要素	评价细则	星级	自评	互评
信息收集能力	能通过多种途径、不同方面收集资料，且资料具有权威性	★★★		
	能较好地完成资料收集任务，资料比较丰富	★★		
	能收集到一些简单的资料，对资料进行简单的归纳整理	★		
调查与归纳能力	能通过多种方法调查丹霞地貌，了解典型丹霞地貌、非典型丹霞地貌的特征，撰写详细的调查报告	★★★		
	能调查到丹霞地貌的相关资料，并总结归纳出较为详细的调查报告	★★		
	能进行调查，但调查到的相关资料比较少，调查报告内容比较单一	★		
设计能力	能制订合理、详细的调查方案，从多个方面对丹霞地貌进行调查，并能分析、改进调查方案	★★★		
	能制订方案，但方案没有详细步骤，不便于实施，调查方向不够全面，但能对调查方案进行改进	★★		
	制订的调查方案比较简单，调查内容比较有限	★		
观察能力	能够做到细心观察，并记录下身边"非典型"丹霞的特征，且具有条理性	★★★		
	能做到认真观察，完成记录，但记录不够详细	★★		
	能完成基本的观察任务，但记录不够详细、表述不够清晰	★		
合作能力	小组内每个成员都能积极主动地参加活动，并有组织、有计划地进行调查	★★★		
	能根据调查计划较好地进行分工合作，并完成任务	★★		
	有分工合作意识，能完成基本任务	★		

"水上丹霞"跨学科项目化学习案例

子项目三："水上仙境高椅岭"教学设计实施

建议时间：1周	项目化单元主题：水上丹霞	项目活动：水上仙境高椅岭

项目说明：实地考察郴州高椅岭山脉的地貌特点，近距离采集高椅岭的红色砂砾；观察并记录高椅岭上的植物特点，推断高椅岭的常见气候；总结并推论高椅岭地形的形成原因

主要关联技能：实地考察技能、科学探究技能

主要关联学科：科学、艺术、思政

项目目标：

　　1.深入感受郴州丹霞地貌的温和秀美。

　　2.能通过小组合作探究，采集并观察山体上的岩石、植物，并推论高椅岭地形的形成原因。

　　3.能根据项目研究计划进行采集观察，进而整理出相关书面材料。

　　4.增强对家乡风景的热爱之情和自豪感

材料准备：导学案、学习资料、手机、透明盒子

成果呈现形式：视频资料、推论形成的书面材料

驱动性问题：是什么力量造就了郴州丹霞"非典型"的容颜？

项目步骤	教师支持
一、引入 　　在这个项目中，我们通过对典型丹霞地貌的了解以及对郴州非典型丹霞地貌进行实地考察，进一步探究是什么力量造就了郴州丹霞"非典型"的容颜。	提前分组并做好安全提醒，注意保护环境，勿乱丢乱扔。
二、布置任务 　　1.拍摄记录高椅岭整体山形的特点及独特美景。 　　2.用准备好的透明盒子采集山上的岩石、植物。	出示任务清单。
3.运用科学综合知识观察搜集到的物体，推测高椅岭形成的原因。 　　4.形成书面推论材料。	教师发放学习资料(导学案)。

三、小组探究

1.每个小组根据方案选择两个区域进行小组合作探究，完成任务。

2.展示小组拍摄的照片，并分享推论。

四、布置自学任务

学生课后利用互联网、书籍等资源，搜索、学习相关内容。

教师发放学习资料，让学生为下节课做知识积累。

探究小组：_____

小组成员：_____

探究项目	郴州非典型丹霞地貌的成因
我们的推测	我们的依据
总结我们的推论	

"水上丹霞"子项目三小组自评及互评表

( )组

评价要素	评价细则	星级	自评	互评
信息收集能力	能通过多种途径、不同方面收集资料，且资料具有权威性	★★★		
	能较好地完成资料收集任务，资料比较丰富	★★		
	能收集到一些简单的资料，并对资料进行简单的归纳整理	★		
调查与归纳能力	通过多种方法调查丹霞地貌，了解典型丹霞地貌、非典型丹霞地貌的特征，撰写详细的调查报告	★★★		
	能调查到丹霞地貌的相关资料，并总结归纳出相应的调查报告	★★		
	能进行调查，但得到的资料比较少，调查报告内容比较单一	★		
设计能力	能制订合理、详细的调查方案，从多个方面对丹霞地貌进行调查，并能分析、改进调查方案	★★★		
	能制订方案，但方案没有详细步骤，不便于实施，调查方向不够全面，但能对调查方案进行改进	★★		
	制订的调查方案比较简单，调查内容较为有限	★		
观察能力	能够做到细心观察，并记录下身边非典型丹霞地貌的特征，记录有条理	★★★		
	能做到认真观察，完成记录，但记录不够详细	★★		
	能完成基本的观察任务，但记录不够详细、表述不够清晰	★		
合作能力	小组内每个成员都能积极主动地参加活动，有组织、有计划地进行调查	★★★		
	小组有合作交流，但分工不够明确，合作成效不高	★★		
	部分学生在调查活动中不够积极，团队意识薄弱	★		

"水上丹霞"跨学科项目化学习案例

子项目四："便江上的丹霞赤壁"教学设计实施

建议时间：1周	项目化单元主题：水上丹霞	项目活动：便江上的丹霞赤壁
项目说明：学生通过实地观摩、考察了解侍郎坦的人文历史及形成原因		
主要关联技能：实地考察能力、科学探究能力		
主要关联学科：科学、语文、思政		
项目目标： 1. 实地考察侍郎坦的人文历史及地理特征。 2. 通过小组合作探究，推论侍郎坦古时人流鼎盛的原因。 3. 感受坦屋独特的人文底蕴及地理魅力。 4. 激发对家乡历史的探究兴趣以及对家乡文化的热爱之情		
材料准备：实地考察学习表		
成果呈现形式：视频资料，整理推论形成的书面材料		
驱动性问题：侍郎坦深受远方来客的喜爱，它有什么得天独厚的地理优势？		

项目步骤	教师支持
一、侍郎坦人文背景导入 　　教师介绍侍郎坦名字的由来。 　　师：便江河边的碑刻与题词从未间断，这在其他丹霞地貌中是绝无仅有的。其中题词最多的一组石刻位于永兴的侍郎坦。据光绪《永兴县志》记载："唐韩愈谪阳山令，泊舟于此故名。岩上镌有'昌黎经此'四大字。"韩愈自称"郡望昌黎"，世称"韩昌黎"或"昌黎先生"，晚年曾任吏部侍郎，侍郎坦因此得名。	侍郎坦文献资料。
二、提出驱动性问题 　　为什么古代文人都喜欢在便江的丹霞赤壁上题词？	
三、学习坦屋文化，探究地理优势 　　1. 小组实地考察，学习坦屋文化。 　　2. 探究丹霞赤壁深受文人墨客喜爱的客观因素。 　　3. 小组总结并发表本组观点。	学生拍照取景时，教师记录学生学习探究的过程。 学生交流时，教师引导学

4.班级汇总交流，总结观点，形成书面材料。

生重点立足丹霞赤壁的地理优势、水利特点，有逻辑、有条理地总结自己的观点。

四、介绍耒水历史，升华先民精神

古代先民沿耒水逆流而上，耒水上游发育着大量河曲，流经丹霞山区时险滩林立，郴州乡谚说："一滩高一尺，十滩高一丈；仔细思量起，郴州近天上。"如此难走的道路却一再被人们"攻克"，足见先民不屈的精神与顽强的意志。

探究小组：＿＿＿＿＿＿＿＿＿＿＿＿＿＿＿＿

小组成员：＿＿＿＿＿＿＿＿＿＿＿＿＿＿＿＿

探究项目	古代文人都喜欢在便江的丹霞赤壁上题词的客观因素	
我们的推测	我们的依据	
总结我们的推论		

"水上丹霞"子项目四小组自评及互评表

( )组

评价要素	评价细则	星级	自评	互评
表达能力	能将小组的观点完整流利地表述出来，与同学们有很好的交流互动	★★★		
	能较好地将小组观点表述出来，与同学们偶尔有交流互动	★★		
	基本能表述出小组的观点，和同学们缺少交流互动	★		
实践能力	能通过实地考察，深入了解郴州丹霞背后的人文历史，推测古代文人都喜欢在便江的丹霞赤壁上题词的客观因素	★★★		
	基本了解郴州丹霞的人文历史，能够推测出古代文人在便江的丹霞赤壁上题词的部分客观因素	★★		
	通过实地考察学习，能大致了解郴州丹霞背后的人文历史	★		
自我管理能力	活动中积极投入，遵守活动纪律，能安全完成活动	★★★		
	活动中比较投入，较为遵守活动纪律，能安全完成活动	★★		
	调查活动中不够投入，偶尔开小差，安全意识不强	★		
观察能力	能够做到细心观察，并记录下学习探究的过程，记录详细、有条理	★★★		
	能做到认真观察，完成记录，但记录不够详细	★★		
	能完成基本的观察任务，但记录不够详细、表述不够清晰	★		
合作能力	小组内每个成员都能积极主动地参加活动，有组织、有计划地进行调查	★★★		
	小组有合作交流，但分工不够明确，合作成效不高	★★		
	部分学生在调查活动中不够积极，团队意识薄弱	★		

「"水上丹霞"跨学科项目化学习案例」

子项目五："制作郴州丹霞山体模型"教学设计实施

建议时间：1周	项目化单元主题：水上丹霞	项目活动：制作郴州丹霞山体模型
项目说明：使用各种综合材料设计制作郴州丹霞的山体模型		
主要关联技能：设计能力、动手制作能力		
主要关联学科：科学、艺术、思政		
项目目标： 　1.知道郴州丹霞虽为丹霞地貌，但山体呈丘陵状，地势较为平缓("非典型"丹霞地貌)。 　2.对自己或他人的设计想法、草图、模型等提出改进意见，并说明理由。 　3.知道设计步骤，了解完成设计需要分工合作，考虑周全。 　4.简单评估完成一个产品的可行性，预想使用效果。 　5.具有运用生活素材、艺术要素及表现手法进行创作活动的能力。 　6.能够对自己所创作的表现自然景象的作品进行展示和评价		
材料准备：山体模型制作材料(废报纸或泡沫板、硬纸板、乳白胶、超轻泥)，给每个小组提供一份山体模型的制作流程单及一套学习任务单		
成果呈现形式：郴州丹霞山体模型		
驱动性问题：如何设计、制作既精美又吸引人的郴州丹霞山体模型作为郴州丹霞的周边产品？		

项目步骤	教师支持
一、新课导入 　播放郴州丹霞山脉航拍视频。	播放视频，激发学生的学习兴趣。
二、提出驱动性问题 　如何设计制作精美又吸引人的郴州丹霞山体模型作为郴州丹霞的周边产品？	
三、学习过程 　**实践1** 　1.教师出示山体模型，引导学生观察模型使用了什么材料，有什么作用。	

2. 播放制作教学微课视频。

3. 结合制作流程单设计丹霞山体模型草图，并注明大小、长短及所用材料。

4. 学生互相评价设计图，教师适时给出鼓励与改进意见。

实践 2

1. 结合视频出示任务——制作郴州丹霞山体模型。最近郴州举办了旅游产业发展大会，吸引了许多人来郴州参观，特别是美丽的高椅岭吸引了很多游客为之驻足，可惜他们看完之后很容易忘记曾见过这么美的风景。为了给外来的游客留些纪念品，也为了更好地吸引游客来郴州旅行，需要同学们为郴州丹霞山体设计、制作一份山体模型作为旅游的周边产品。

每组下发一份郴州丹霞山体模型制作流程单。

2. 学生仔细阅读丹霞山体模型制作流程单，理解任务，了解规则。

准备郴州丹霞地貌的图片。在学生制作时循环播放。

3. 小组合作，使用盒子里的材料制作丹霞山体模型。完成后，要对设计草图进行二次修改，对改变的部分要着重标记。

4. 学生完成自我评估。

四、学习成果

1. 学生在课堂上依次展示自己小组的设计草图及山体模型。

采取投票形式选出可行性最高的一组产品。

2. 评估学生完成山体模型作为旅游周边产品的可行性。

"丹霞地貌"学案

设计人：		（　　　）组

郴州丹霞山体模型制作流程单

步骤

    1. 将废旧报纸打湿，稍拧干后，在硬纸板上捏出山体的造型，刷上乳白胶等待变干。或者使用泡沫板裁切出山体的造型，再使用双面胶粘贴在硬纸板上。注意大小。

    2. 用超轻黏土混合出接近山体的颜色覆盖模型，捏出水流过山体造成的凹痕。

    3. 用超轻黏土捏出水流覆盖在山体中间，用绿色超轻黏土点缀山体

结合制作流程单设计郴州丹霞山体模型

"水上丹霞"子项目五小组自评及互评表

(　　　　)组

评价要素	评价细则	星级	自评	互评
设计能力	能创作合理、详细的设计图,从多个方面对丹霞地貌进行调查	★★★		
	能创作设计图,但没有详细参数,不利于实施,设计方案不够全面	★★		
	设计图比较简单	★		
合作能力	小组内每个成员都能积极主动地参加活动,有组织、有计划地进行调查	★★★		
	小组有合作交流,但分工不够明确,合作成效不高	★★		
	部分学生在调查活动中不够积极,团队意识薄弱	★		
动手能力	能熟练使用工具,根据设计完成山体模型制作任务,且制作美观,能主动收拾、整理工具	★★★		
	能较好地使用工具,根据设计完成模型制作任务,制作较为美观,能把工具整理好	★★		
	会使用工具,能根据设计完成基本制作任务,但是作品不够美观,但能在提醒下整理好工具	★		

"水上丹霞"跨学科项目化学习案例

子项目六："我为郴州丹霞代言"教学设计实施

建议时间：1 周	项目化单元主题：水上丹霞	项目活动：我为郴州丹霞代言
项目说明：总结学习成果，宣传郴州丹霞		
主要关联技能：绘画技能、写作技能、电脑操作技能		
主要关联学科：语文、美术、信息技术		
项目目标： 　1.撰写郴州丹霞地貌的宣传词。 　2.小组合作制作郴州丹霞宣传手抄报。 　3.在教师的指导下录制并制作郴州丹霞宣传视频及海报。 　4.激发学生的社会责任感，增强对家乡风景区的宣传意识		
材料准备：记事纸、A3 纸、美术工具、电脑		
成果呈现形式：手抄报、海报、宣传册、视频		
驱动性问题：如何吸引更多的人来了解美丽的郴州丹霞？		

项目步骤	教师支持
一、问题导入 　　通过前面的学习，我们了解到郴州丹霞不仅有国内罕见的老年丹霞景观，还有丰富的石刻，奇特的坦屋、寨堡。然而，郴州丹霞的名声却并不响亮。我们要怎样做才能吸引更多的人来了解美丽的郴州丹霞呢？	提供制作手抄报、电子绘画报的相关材料。
二、学生探究 　　1.小组讨论并提出宣传郴州丹霞的方法。 　　2.班级交流并总结几点切实可行的宣传手段。	教师整理前期的学习视频，挑选学生的宣传词并进行编辑整理。
三、宣传词的撰写及手抄报、电子画报的制作 　　1.分小组，每组撰写五条郴州丹霞宣传词，每条不少于两百字。 　　2.以小组为单位，利用网络及所学知识，手绘或电脑绘制郴州丹霞宣传手抄报。 　　3.由班级推举"语音宣传员"，男女各一名，录制郴	教师整理项目化学习成果，制作宣传海报并展示。

州丹霞宣传视频。

四、总结项目，实践宣传

1.在校园内展示手抄报及电子画报，展播宣传视频，并在公众平台上发布。

2.学生撰写学习心得，广播站播送优秀学习心得。

3.在校园海报墙张贴项目化学习海报，并形成项目化学习的书面材料。

书面材料由教师整理。

"水上丹霞"子项目六小组自评及互评表

(   )组

评价要素	评价细则	星级	自评	互评
表达能力	能将小组的观点完整流利地表述出来，与同学们有很好的交流互动	★★★		
	基本能将小组观点表述出来，偶尔与同学们有交流互动	★★		
	能较好表述小组的观点，和同学们缺少交流互动	★		
设计能力	能制订合理详细的调查方案，从多个方面对丹霞地貌进行调查	★★★		
	能制订方案，但方案没有详细步骤，不便于实施，调查方向不够全面	★★		
	制订的调查方案比较简单，调查内容比较有限	★		
合作能力	小组每个成员都能积极主动地参加活动，有组织、有计划地进行调查	★★★		
	小组有合作交流，但分工不够明确，合作成效不高	★★		
	部分学生在调查活动中不够积极，团队意识薄弱	★		
动手能力	绘制的宣传画精致美观，内容丰富，引人注目，构思巧妙、新颖	★★★		
	能较好地完成宣传画的绘制，制作较精美	★★		
	基本能完成宣传画的绘制，但内容不够丰富，制作不够精美	★		

04 # 我是公园设计师

一、项目简述

郴州是一座园林城市，各种类型的公园点缀着这座美丽的城市，在公园中也蕴含着各种科学原理以及其他学科知识。

"我是公园设计师"是在学生已知科学知识和生活经验的基础上，整合数学、语文、美术等学科相关知识设计的一个跨学科项目化学习课程，通过了解公园的基本信息、植物的选择与搭配、道路设计等，设计符合项目要求的公园，最后利用设计图制作公园的模型，并对模型进行改进和评价。学生通过体验设计、创造公园的过程，了解其中的科学知识，真正体会利用所学知识解决生活中实际问题的乐趣。

该项目在六年级实施，时长 5 周，涉及学科有科学、数学、语文、美术等。

二、核心知识

1. 相关学科涉及的主要知识点

科学：了解公园的各种类型以及作用，知道郴州公园应该种植什么类型的植物，利用各种植物的特点合理搭配植物。

语文：收集各种公园的资料，进行整理。对自己设计的公园模型进行讲解，让同学们了解自己设计公园的思路。

数学：利用各种绘制工具进行公园局部图的绘制，按一定比例合理地制作公园的模型。

美术：感知不同公园的美，能用绘画手法进行作品设计。利用不同种类的植物装饰道路，设计美观的模型。

劳动：种植公园草地，搭配植物和其他的材料制作公园模型。

2.关键概念或能力

通过了解公园的人文知识、公园植物的选择、道路设计模型中的植物与道路的比例，培养学生的动手能力、表达能力、创造性思维、批判性思维、团队合作能力等重要的终身学习能力。

三、驱动性问题

1.本质问题

我们的城市有多少个公园？公园有哪些类型？公园有哪些组成部分？

2.驱动性问题

郴州是一座园林城市，现在某个新建小区需要建设一个主题口袋公园，正面向社会征集公园的设计方案，我们该怎样设计一个优秀的公园建设方案，让我们的作品脱颖而出呢？

四、成果与评价

个人成果：收集中国苏州园林以及郴州公园的相关资料，了解公园植物和道路的选择、搭配及其蕴含的科学原理	评价内容： ●信息收集整理能力； ●语言表达能力； ●用科学的思维去思考问题，清楚地对公园内植物的布置、道路的设计中蕴含的科学原理进行清晰的表达
团队成果：以小组为单位，绘制具有自己小组特点的公园设计图；制作科学美观的公园局部模型	评价内容： ●小组合作的配合程度； ●小组合作，设计科学美观的公园局部图； ●了解模型的知识，分工合作，制作公园模型
公开方式： 网络发布（　　）　　成果展示（√）　　张贴（　　）	

五、高阶认知

主要高阶认知策略：

决策(　　)创见(　　)问题解决(√)：解决公园的设计问题。

系统分析(　　)实验(　　)调研(√)：实地调研郴州市公园。

六、实践与评价

涉及的学习实践：	评价的学习实践：
探究性实践(√)：初步了解道路设计以及公园内植物的搭配。 社会性实践(√)：到公园开展实地研究，收集所需资料，并能和同学沟通交流。 调控性实践(√)：在设计、制作模型的过程中，遇到困难时能很好地调节情绪，克服困难。 审美性实践(√)：感受各种植物与道路周边环境搭配的美感。 技术性实践(√)：参照设计图制作一个公园模型	探究性实践(√) 社会性实践(√) 调控性实践(√) 审美性实践(√) 技术性实践(√)

七、项目实施

项目过程	评价要素
(入项活动)子项目一：我喜欢的公园 　1.学习目标：了解城市公园的不同类型以及公园在城市中发挥的作用。 　2.核心问题：我们郴州有哪些主题公园？你最喜欢哪座主题公园的设计？ 　3.学习活动：课前布置收集公园资料的任务(文字或者图片)。学生上台分享自己收集到的资料。教师对不同类型公园的作用进行较详细的讲解。让学生说说自己最喜欢的公园类型以及喜欢这类公园的理由。 　4.成果形式：画一张你理想中的公园	1.表达能力 2.合作能力 3.动手能力 4.自主意识 5.信息收集能力

项目过程	评价要素
子项目二：公园设计——植物造景 　　1.学习目标：了解公园应该种植什么品种的植物，哪些植物不适合在公园种植，郴州的公园种植的植物主要有哪些。 　　2.核心问题：公园植物如何科学布局，打造美学空间？ 　　3.学习活动：展示公园的一角，让学生进行分析，说说公园的这一角植物的种植有什么独特之处。 　　4.成果形式：利用作图的形式，让学生在给出的植物中选择合适的植物种植在公园一角，并写出选种植该植物的理由	1.表达能力 2.合作能力 3.动手能力 4.创新能力
子项目三：公园设计——道路优化 　　1.学习目标：了解公园道路设计的原理，能够进行道路设计。 　　2.核心问题：公园的道路设计要人性化，并与公园的景致相得益彰。 　　3.学习活动：欣赏公园道路和植物相互搭配的美景，思考公园不同地方的道路应该选用什么类型的植物？小组合作进行道路设计。 　　4.成果形式：设计一张公园道路局部设计图	1.表达能力 2.合作能力 3.动手能力 4.创新能力
子项目四：我是公园设计师 　　1.学习目标：了解公园设计布局的美观性、科学性、合理性，思考：怎样的公园才能深受市民喜爱？ 　　2.核心问题：绘制一张受市民喜爱的"口袋"公园设计图。 　　3.学习活动：欣赏多处公园一角的景色，让学生说一说每处景色的优点和不足，如果是你，将会怎样改进？让学生尝试自己动手设计一个公园局部设计图。 　　4.成果形式：小组合作设计一个公园局部设计图	1.表达能力 2.合作能力 3.动手能力 4.创新能力 5.设计能力
(出项活动)子项目五：城市的方寸之美——建造"口袋"公园 　　1.学习目标：了解模型制作的相关知识，能根据要求制作公园模型。 　　2.核心问题：根据设计图完成"口袋"公园模型的建造。 　　3.学习活动：欣赏公园的模型图，教师介绍制作模型的过程，讲解制作模型的方法，让学生尝试自己动手制作一个符合要求的公园局部模型。 　　4.成果形式：用有限的材料制作一个符合要求的公园局部模型	1.表达能力 2.合作能力 3.动手能力 4.创新能力 5.自主意识 6.人文关怀

评价与修订

通过了解公园、设计公园、制作公园模型，不仅可以提高学生动手、动脑的能力，还能促进学生模型思维、科学思维等高阶思维的发展。各种评价表可以让学生清楚地知道自己哪方面按要求做到了，是否达到了自己的学习目标。过程评价和最终评价都以等级的方式呈现，引导学生认识到自己哪方面需要改进，充分发挥了评价的引导作用和导向作用

公开成果

校园公开展示"口袋"公园模型，学生向大家介绍自己的设计，由师生共同推选出最佳设计

八、所需资源

苏州园林的相关资料以及郴州公园分布图。

九、反思与迁移

进一步了解现实中公园设计所需考虑的因素，包括地理位置、当地气候、地形地貌、人文情况、城市需求等方面。类比设计公园的过程，总结设计经验，进一步提出优化方案。

2018年2月，习近平总书记视察成都天府新区时，提出要"突出公园城市特点，把生态价值考虑进去"。生态问题是新时代景观设计面临的重要课题，公园城市则是对生态景观设计发展提出的更高要求。让学生理解单纯的城市公园和公园城市的区别，树立构建公园城市的理念。

"我是公园设计师"跨学科项目化学习案例

子项目一:"我喜欢的公园"教学设计实施

建议时间:1小时	项目化单元主题:我是公园设计师	子项目活动:我喜欢的公园
项目说明:学生通过书籍或网络收集、整理资料,上课期间向同学们分享成果。能整合自己和同学分享的资料,画出自己理想中的公园的样子		
主要关联技能:设计能力、交流能力、动手能力、信息收集、分析应用、绘画审美		
主要关联学科:美术、语文、数学、信息技术		
项目目标: 　　1.了解城市公园的不同类型以及公园在城市中的作用。 　　2.能够组织语言,流利地分享自己小组收集到的数据。 　　3.整合各小组收集到的数据,画出自己理想的公园		
材料准备:铅笔、彩笔、绘画纸		
作品结果呈现形式:公园绘画图纸		
驱动性问题:郴州是一座园林城市,现在需要新建一座独一无二的公园,你心中独一无二的公园是什么样的?请你和小组成员一起把它画出来,并和大家分享吧		

项目步骤	教师支持
一、分享小组收集公园的资料 　　1.学生派小组代表分享收集到的公园信息(图片、视频等形式)。 　　2.说出最喜欢的公园类型以及理由。	组织学生分享收集到的公园资料。
二、讨论理想公园并设计 　　1.说一说:你理想中的公园是什么样子的? 　　2.学生对照设计要求讨论、分工、设计。 　　3.小组交流讨论,画好理想中公园的图纸。 　　4.小组展示自己的图纸,并向同学介绍作画的想法。 　　5.按绘画的内容组织学生评选。	启发学生设计公园。 组织学生展示设计图。 组织学生评选。
三、课堂小结 　　通过这节课的学习,你有什么新的收获?	

"我是公园设计师"子项目一小组自评及互评表

（　　　组）

评价要素	评价细则	星级	自评	互评
表达能力	能够将小组的绘画理念完整、优美地表述出来。肢体语言丰富，能与同学们有很好的交流互动	★★★		
	基本能够将小组的设计理念表述出来，能偶尔和同学有交流互动	★★		
	能简单表述设计理念，和同学缺少交流互动	★		
合作能力	能根据任务要求进行团队分工合作，根据团队个人的特长合理进行任务安排，遇到困难可以团结协作，遇到矛盾可以商量化解，能较好地完成任务要求	★★★		
	个别成员不能很好地融入团队，但基本能根据要求进行分工合作，完成任务	★★		
	有分工合作的意识，能基本完成任务，但成员间缺乏沟通	★		
动手能力	能准时、高质量地完成作品	★★★		
	基本能完成作品，达到自己预期目标，但是有不少地方需要改进和完善	★★		
	能及时完成作品，没有进一步完善作品的思路和想法	★		
自主意识	有明确的学习动机和目标定位，能做时间的主人，具有强烈的自我能效感	★★★		
	有明确的目标，能较为自主地获取相应的知识，但缺乏独立思考的能力和方法	★★		
	目标明确，能主动学习，时间把控不足	★		
信息收集能力	能对找到的资料进行精心挑选和整理、编排	★★★		
	对资料有一定的整理，大部分情况下直接展示资料	★★		
	能简单地对资料进行整理、编排	★		

"我是公园设计师"跨学科项目化学习案例

子项目二："公园设计——植物造景"教学设计实施

建议时间：1 小时	**项目化单元主题**：我是公园设计师	**项目活动**：公园设计——植物造景

项目说明：了解公园应该种植什么品种的植物，哪些植物不适合在公园种植，郴州的公园种植的植物主要有哪些

主要关联技能：设计能力、交流能力、动手能力、工程技能

主要关联学科：艺术、语文、数学、工程设计

项目目标：了解公园的植物怎样搭配才是最科学的

材料准备：泡沫纸板、草地模型、各种模型树、模型花、剪刀

成果呈现形式：植物种植模型

驱动性问题：上节课我们画出了心中公园的样子，那么怎样种植植物才能让你的公园显得独一无二，让人一下子就能够记住这座公园呢？

项目步骤	教师支持
一、欣赏图片 　　1. 欣赏公园的美景； 　　2. 欣赏公园植物图片； 　　3. 学生选择搭配植物图。	
二、讨论公园植物 　　1. 讨论公园植物； 　　2. 总结公园植物特点：好看、会开花、没有刺、安全……	提供图片欣赏，引导学生总结公园植物的作用。
三、搭配公园植物 　　1. 讨论如何搭配。 　　生1：把不同的植物种在一起就会好看； 　　生2：把各种开花植物种在一起就会好看； 　　生3：把大树和小树种在一起就会好看。 　　…… 　　2. 总结：大树和草地搭配，湖边用密集的灌木做围栏，路边多用低矮的开花植物，植物要分高、中、低三个	提供植物模型，组织学生搭配，适当提供帮助。

不同的高度去搭配。

　　3. 用植物模型来模拟种植现场。

　　4. 小组合作，最后进行评选。

四、拓展延伸

　　怎样选择植物才能让公园的大门看起来非常大气美观？

组织学生公平客观地进行评选。

五、课堂小结

　　通过这节课的学习，你有什么新的收获？

"我是公园设计师"子项目二小组自评及互评表

（　　　　组）

评价要素	评价细则	星级	自评	互评
表达能力	能够将小组的设计理念完整、优美地表述出来。肢体语言丰富，能与同学们有很好的交流互动	★★★		
	能够将小组的设计理念表述出来，偶尔能和同学有交流互动	★★		
	能较好地表述设计理念，但和同学缺少交流互动	★		
合作能力	能根据任务要求进行团队分工合作，根据团队个人的特长合理进行任务安排，遇到困难可以团结协作，遇到矛盾可以商量化解，能较好地完成任务	★★★		
	个别成员不能很好地融入团队，但基本能根据要求进行分工合作，完成任务	★★		
	有分工合作的意识，能基本完成任务，但成员间缺乏沟通	★		
动手能力	能制作美观的模型，植物颜色、大小搭配合理。植物种植模型富有层次感、空间感	★★★		
	能制作完整的模型，对植物进行较好的搭配	★★		
	能制作出简单完整的植物模型	★		
创新能力	能创造新理念，并能将创意运用在实际的模型制作中	★★★		
	思维活跃，勇于进行创新，尝试新的植物模型搭配方法	★★		
	思维单一，有自己的思路，模型制作较简单，植物搭配单一	★		

"我是公园设计师"跨学科项目化学习案例

子项目三："公园设计——道路优化"教学设计实施

建议时间：1小时	**项目化单元主题**：我是公园设计师	**项目活动**：公园设计——道路优化

项目说明：通过学习公园道路的相关知识，学生能够根据实际需要对公园的道路进行设计

主要关联技能：设计能力、交流能力、动手能力

主要关联学科：美术、语文、数学

项目目标：
1. 了解公园道路的相关知识。
2. 学生能够根据实际需要对公园的道路进行设计

材料准备：铅笔、彩笔、绘画纸、圆规

成果呈现形式：公园绘画图纸

驱动性问题：我们已经给公园种上了非常漂亮的植物，那么，我们怎样才能更好地去参观欣赏这些植物呢？

学生活动	教师支持
一、看图 　　观看各种道路图片，听教师介绍道路的种类和用途。	图片展示各种道路，介绍道路的种类和用途。
二、提出驱动性问题 　　怎样设计公园道路才能使其既美观又有实用性？	引导学生讨论并总结道路的作用。
三、设计公园道路 　　1.对照设计要求，学生小组讨论，分工合作，画出自己小组游玩公园的路线图。 　　2.小组展示自己的图画，并向同学表述自己的想法。 　　3.学生按绘画内容评选出最佳设计。	组织小组设计并展示自己的道路设计图。
四、课堂小结 　　通过这节课的学习，你有什么新的收获？	组织学生公平客观地进行评选。

"我是公园设计师"子项目三小组自评及互评表

（　　　　组）

评价要素	评价细则	星级	自评	互评
表达能力	能将小组的绘画理念完整、优美地表述出来。肢体语言丰富，能与同学们有很好的交流互动	★★★		
	能够将小组的设计理念基本表述出来。偶尔能和同学有交流互动	★★		
	能表述设计理念，但和同学缺少交流互动	★		
合作能力	能根据任务要求进行团队分工合作，根据团队个人的特长合理进行任务安排，遇到困难可以团结协作，遇到矛盾可以商量化解，能较好地完成任务	★★★		
	能根据要求进行较好分工合作，相互帮助完成任务	★★		
	有分工合作的意识，能基本完成任务	★		
动手能力	绘制的道路比例合适，线条优美，道路设计完整，有主路、支路、小路、町步、小桥、亭子等	★★★		
	公园道路设计完整，大小比例合适，但略微缺乏美感	★★		
	道路设计较完整，大小比例有些不协调，美感不足	★		
创新能力	有较强的创新性，能将创意运用在实际的图纸绘画中，能结合实际创新，图纸效果非常好	★★★		
	能根据自己的思路创新，融入实际制图中	★★		
	思维单一，有自己的思路，图纸的绘制比较简单	★		

"我是公园设计师"跨学科项目化学习案例

子项目四："我是公园设计师"教学设计实施

建议时间：1小时	**项目化单元主题**：我是公园设计师	**项目活动**：我是公园设计师

项目说明：能够根据已学知识画出符合要求的公园设计图

主要关联技能：设计能力、交流能力、动手能力

主要关联学科：美术、语文、数学

项目目标：
1. 学生能将自己的设计思路完整地表达出来。
2. 能够根据已学知识按要求画出公园设计图

材料准备：铅笔、彩笔、绘画纸、尺子、圆规

成果呈现形式：公园绘画图纸

驱动性问题：公园的建设方听到大家对公园的想法和设计觉得非常有意思，也很感兴趣，他们希望我们画一个详细的公园局部设计图，让他们可以更加深入地了解大家心里所想的公园是什么样子

学生活动	教师支持
一、感受真实问题情境 　　1.植物的选择：安全、美观、多色彩、多层次、多变化，要适合当地的气候，体现四季之美。 　　2.道路的设计：能满足人们的游玩需求。	创设真实问题情境。
二、新授 　　1.欣赏照片，感受公园植物与道路的搭配之美。 　　2.查看平面设计图，谈看法。 　　3.设计公园局部图。模拟真实问题情境，提出问题的解决方案，互相交流，完成模型制作，并介绍自己作品的优缺点，分享设计思路和理念。	展示照片。 出示几张平面设计图，引导学生自己设计。 引导学生展开分享交流会，分析作品的优缺点。
三、课堂小结 　　学生总结本节课的收获。	课堂小结。

"我是公园设计师"子项目四小组自评及互评表

（　　　组）

评价要素	评价细则	星级	自评	互评
表达能力	能将小组的绘画理念完整、优美地表述出来。肢体语言丰富，能与同学们有很好的交流互动	★★★		
	能够将小组的设计理念基本表述出来，偶尔能和同学有交流互动	★★		
	能较好表述设计理念，但和同学缺少交流互动	★		
合作能力	能根据任务要求进行团队分工合作，根据团队个人的特长合理进行任务安排，遇到困难可以团结协作，遇到矛盾可以商量化解，能较好地完成任务	★★★		
	基本能根据要求进行分工合作，完成任务	★★		
	有分工合作的意识，能基本完成任务，成员间沟通较少	★		
动手能力	能准时、高质量地完成公园局部图，公园各种事物比例大小合适，整体设计非常美观	★★★		
	基本能达到自己的预期目标，但有不少地方需要改进和完善	★★		
	能及时完成，但没有进一步完成作品的思路和想法	★		
创新能力	有较强的创新性，能将创意运用在实际的图纸绘画中，图纸效果非常好	★★★		
	能根据自己的思路创新，融入实际制图中，图纸效果较好	★★		
	有自己的创新思路，图纸的绘制比较简单	★		
设计能力	能够设计出具有创意且符合要求的设计图，设计图具备人文关怀，能考虑到各类特殊人群的出行问题	★★★		
	能够设计出符合要求的设计图，有自己的设计思路	★★		
	设计的设计图基本符合要求	★		

"我是公园设计师"跨学科项目化学习案例

子项目五："城市的方寸之美——建造'口袋'公园"教学设计实施

建议时间：1 小时	**项目化单元主题**：我是公园设计师	**项目活动**：城市的方寸之美——建造"口袋"公园
项目说明：能够根据已学知识，按要求制作公园模型		
主要关联技能：设计能力、交流能力、动手能力、工程设计能力		
主要关联学科：语文、数学、劳动、美术		
项目目标： 　　1.初步了解模型的制作方法； 　　2.能够根据设计图制作简易模型		
材料准备：泡沫纸板、草地模型、各种模型树、模型花、剪刀、双面胶、用完的笔芯		
成果呈现形式：公园局部模型		
驱动性问题：公园建设方对大家的设计十分满意，决定采用我们的设计，现在需要大家想办法将你们的设计图转变成更加直观的样子，呈现在郴州市市民的眼前，让大家在公园建设完前也能欣赏到我们自己设计的公园。那怎样才能满足公园建设方的要求呢？		

学生活动	教师支持
一、明确需要解决的问题 　　建立沙盘模型的概念。	利用具体情境，明确本节课需要解决的问题。
二、制作模型 　　1.观察模型图片。 　　2.进行团队成员分工，各司其职。 　　3.制作模型。 　　4.学生根据要求制作模型(有较强的创新性，较为美观，根据自己之前的设计方案进行模型制作)。	启发、引导学生制作模型。
三、展示作品、讲解 　　学生介绍自己作品的优缺点，和同学一起探讨、改进方案。	组织展示、评比，引导学生展开分享交流会，分析作品的优缺点。

四、学生评价参与修改

五、课堂小结

课堂小结。

通过这节课的学习，你有什么新的收获？

"我是公园设计师"子项目五小组自评及互评表

（　　　　组）

评价要素	评价细则	星级	自评	互评
表达能力	能够将小组的模型制作理念完整、优美地表述出来。肢体动作丰富，能与同学们有很好的交流互动	★★★		
	基本能够将小组的制作理念表述出来，偶尔能和同学有交流互动	★★		
	能表述出制作理念，但和同学缺少交流互动	★		
合作能力	能根据任务要求进行团队分工合作，根据团队个人的特长合理进行任务安排，遇到困难可以团结协作，遇到矛盾可以商量化解，能较好地完成任务	★★★		
	能根据要求进行分工合作，能较好地完成任务	★★		
	有分工合作的意识，能基本完成任务	★		
动手能力	能制作美观的模型，植物颜色、大小搭配合理。植物种植模型富有层次感、空间感，实用性很强	★★★		
	能制作完整的模型，植物搭配有层次感、颜色多样，实用性一般	★★		
	能制作完整的公园模型，植物缺乏层次感，实用性不强	★		

评价要素	评价细则	星级	自评	互评
创新能力	作品质量高,富有创造性,能够根据有限的材料创造不一样的模型	★★★		
	作品质量较好,有创造性,能够根据材料去尝试设计模型,具有一定美感	★★		
	作品质量一般,有一定创造性,且美感不足	★		
自主意识	能够对其他小组的模型进行科学的观察分析,有自己的想法,有科学理论的支持,能联系生活实际去发现、提出问题,并能给出解决方法	★★★		
	能对其他小组的模型进行思考分析,提出自己的想法,有一定的科学理论支持,但没有实际的解决方法,缺少解决问题的思路	★★		
	能分析其他小组的模型,并思考问题,但缺乏主动解决问题的意识	★		
人文关怀	在制作模型时能考虑到植物的四季变化,充分考虑老人、孩子、孕妇等特殊人群的行走问题	★★★		
	能较简单地考虑到老人、小孩、残疾人、孕妇等特殊人群的行走问题	★★		
	能考虑部分特殊人群的行走问题	★		

05 一米菜园

一、项目简述

2020 年 3 月，《中共中央　国务院关于全面加强新时代大中小学劳动教育的意见》指出：长期以来，各地区和学校坚持教育与生产劳动相结合，在实践育人方面取得了一定成效。同时也要看到，近年来一些青少年中出现了不珍惜劳动成果、不想劳动、不会劳动的现象，劳动的独特育人价值在一定程度上被忽视，劳动教育正被淡化、弱化。新的《中小学综合实践活动课程指导纲要》明确指出：劳动与技术教育是以学生获得积极的劳动体验，形成良好的技术素养为基本目标，以操作性学习为基本特征的教育，它强调动手与动脑相结合。基于这些理念，我们在教学实践中注重激发学生的学习兴趣，发挥学生的学习自主性，重点培养他们的创新精神和实践能力。"一米菜园"项目以自然生态为主题，设立蔬菜种植区，透过观察记录，培养孩子的种植经验及素养；师生通过阅读种植生态相关书籍增长了种植生态知识，学生在对蔬菜进行深入了解后抒发了内心感受；将种植的有机蔬菜，利用课程学习融入课堂生活实践，促使学生的设计能力、动手能力、合作能力以及各学科的融合能力不断提高。

二、核心知识

1. 相关学科涉及的主要知识点

科学：认识常见蔬菜；了解不同蔬菜的特点、种植方法和种植条件；分辨不同蔬菜的种子。

语文：能根据需要向别人提出不同的问题；能认真倾听别人对自己提出的问题，流利地表达自己的想法，交流时能边听边记录；能通过写观察日记的方式记录蔬菜的成长过程。

数学：能对蔬菜的生长进行测量，并绘制出不同的统计图；了解单价、数量、总价之间的关系，学习如何核定成本，制订单价。

美术：能设计主题明确、吸引顾客的海报；能制作出不同蔬菜的标识牌和"一米菜园"的模型。

劳动：在实践中学习相关的种植技术，种出不同的蔬菜；参与种植等生产劳动，体会运用所学知识分析和解决实际问题的过程。

2.关键概念或能力

不同蔬菜的种植时间、条件和种植技术。

有效沟通的能力、自主学习能力、动手实践能力、团队合作能力。

三、驱动性问题

1.本质问题

蔬菜生长需要什么条件？你所选择的蔬菜的种植方法有哪些？共同种植蔬菜需要考虑哪些因素？

2.驱动性问题

受环境污染影响，如何让人们吃上干净新鲜的蔬菜、如何有效开展蔬菜种植呢？

四、成果与评价

个人成果： 　　收集蔬菜种植的相关资料，制订蔬菜种植时间表。 　　写蔬菜生长观察日记	评价内容： ●信息收集能力，能清楚明白地讲述见闻； ●运用图文方式表现具体事物； ●了解蔬菜种植的相关知识
团队成果： 　　以小组为单位，以绘图或泥塑的方式设计"一米菜园"。 　　举办义卖会，将自己种植的蔬菜进行义卖，并将所得捐给生活有困难的孩子	评价内容： ●了解蔬菜的种植步骤和方法以及不同蔬菜的生长变化； ●有效利用种植区，按照设计图完成"一米菜园"的蔬菜种植； ●学生自主种植和管理； ●蔬菜义卖会的完成度
公开方式： 　　网络发布(　　)成果展示(　√　)张贴(　√　)	

五、高阶认知

主要高阶认知策略：

创见：创造"一米菜园"。

调研：调查蔬菜种植技术。

六、实践与评价

涉及的学习实践：	评价的学习实践：
1.探究性实践：探索不同蔬菜种植的时间、条件和种植技术。 2.社会性实践：展开实地调查，倾听他人观点，合作完成"一米菜园"的设计和种植，同伴相互评议。 3.审美性实践：考虑"一米菜园"的美感。 4.技术性实践：结合各学科知识，运用种植技术和工具，种出自己的"一米菜园"	探究性实践（ √ ） 社会性实践（ √ ） 调控性实践（ ） 审美性实践（ √ ） 技术性实践（ √ ）

七、项目实施

项目过程	评价要素
（入项活动）子项目一：我和蔬菜交朋友 　　1.学习目标：①了解蔬菜的来历；②初步了解常见蔬菜的样子、名称及营养价值；③初步了解常见蔬菜的种植方式和保鲜方法。 　　2.核心问题：蔬菜是怎样培植出来的？ 　　3.学习活动：课前收集蔬菜资料，上课时分享交流，完成调查表《我认识的蔬菜》。 　　研究员：了解蔬菜的培植方式及营养价值。 　　讨论交流：蔬菜的保鲜方法。阅读绘本《一园青菜成了精》。 　　成果形式：制作一张图文并茂的蔬菜名牌（含图案、名字、简介等）	1.信息收集能力 2.调查与归纳能力 3.合作能力 4.动手能力

项目过程	评价要素
子项目二：我们的菜园 　　1. 学习目标：①认识不同蔬菜的种子，并初步了解蔬菜生长的环境、条件等理论知识；②通过了解蔬菜栽培等的相关知识，进行菜园的种植规划；③设计并制作"一米菜园"的模型图。 　　2. 核心问题：如何设计规划"一米菜园"？ 　　3. 学习活动：认识蔬菜种子，了解几种常见蔬菜的种植和生长时间、条件及方式；介绍梅尔·巴塞洛缪"一米菜园"的种植方式；寻找身边的菜园，了解菜园设计规划的相关知识；小组合作，用不同的材料设计并制作"一米菜园"的模型。 　　4. 成果形式："一米菜园"制作模型	1. 观察能力 2. 信息收集能力 3. 动手能力 4. 合作能力
子项目三：春种一粒籽 　　1. 学习目标：学会种植常见蔬菜，掌握种植方法及管理要点；体验种植环节，增加生活常识；提高学生自主实践能力、团结合作能力、动手操作能力。 　　2. 核心问题：怎样种植出优质的蔬菜？ 　　3. 学习活动：认识种植农具，了解农具的用法及作用；了解种植方法——翻土、种植、埋土、浇水、杀虫等；学生分组合作实践。 　　4. 成果形式：学生种植蔬菜	1. 观察能力 2. 分析能力 3. 动手能力 4. 合作能力
子项目四：蔬菜成长纪录片 　　1. 学习目标：仔细观察蔬菜的生长过程，学会用统计图、观察日记等形式记录蔬菜的生长历程。 　　2. 核心问题：如何记录蔬菜的生长过程？ 　　3. 学习活动：学生事先准备蔬菜生长过程的图片等资料在课上进行交流分享；学习制作统计图和写观察日记；出示范例，引导学生观察蔬菜的生长情况；学生分组完成统计表和观察日记并展示。 　　4. 成果形式：蔬菜生长统计图和观察日记	1. 观察能力 2. 分析能力 3. 合作能力 4. 动手能力

项目过程	评价要素
子项目五：丰收啦 　　1.学习目标：了解常见蔬菜的不同采摘方式；了解常见蔬菜的食用部位；学习基本的择菜和做菜方法；让学生明白饮食要荤素搭配、营养均衡，培养学生多吃蔬菜的好习惯。 　　2.核心问题：蔬菜采摘需要注意什么？怎样用蔬菜制作出美味的菜肴？ 　　3.学习活动：学习不同蔬菜的不同采摘方式及注意事项；了解各种蔬菜的食用部位，引导学生树立"多吃蔬菜对身体好"的观念；学习择菜并尝试制作美味菜肴；拓展阅读《挑食的聪聪》。 　　4.成果形式：用收获的蔬菜制作出美味菜肴	1.观察能力 2.信息收集能力 3.设计能力 4.动手能力 5.合作能力
子项目六：蔬菜义卖会 　　1.学习目标：调查了解蔬菜的分类及价格，运用所学知识核定成本、计算单价；了解蔬菜的挑拣、称重、打包等工作；明白义卖会的流程，在过程中让学生真正联系生活实际，体会劳动的光荣，培养学生团结协作、勤俭节约的精神。 　　2.核心问题：怎样让这次义卖会吸引更多顾客来购买蔬菜？ 　　3.学习活动：实地调查周边菜市场，了解蔬菜的分类和价格，并学习核定成本、计算单价；参观其他义卖会，学习义卖会流程；分小组制订义卖活动内容，讨论如何让自己的蔬菜更加吸引顾客；义卖活动结束后，将义卖收入捐给生活有困难的学生。 　　4.成果形式："蔬菜义卖会"的实地开展	1.信息收集能力 2.沟通能力 3.遵守纪律 4.动手能力
评价与修订 　　在开展项目的过程中，各小组根据他人意见修订自己的成果	
公开成果 　　校园公开展示自己种植的蔬菜，在校门口开展"蔬菜义卖会"活动	

八、所需资源

　　有关蔬菜知识的图片、视频，种植蔬菜的场地、材料及工具，与蔬菜相关的绘本等书籍。

九、反思与迁移

　　了解现实生活中种植蔬菜时需要考虑的因素,包括场地、土壤、气候条件、材料选择等方面,类比我们种植蔬菜的过程,总结种植蔬菜的经验,提出进一步改进蔬菜种植的想法并尝试。通过此次蔬菜义卖活动,学们们真正做到了联系生活实际,体会到了劳动的光荣,提高了学生的动手能力和计算能力,同学间能相互帮助、相互关爱,培养了学生团结协作和勤俭节约的精神。

"一米菜园"跨学科项目化学习案例

子项目一："我和蔬菜交朋友"教学设计实施

建议时间：1小时	**项目化单元主题**：一米菜园	**子项目活动**：我和蔬菜交朋友

项目说明：了解蔬菜的相关知识，为接下来的蔬菜种植做好准备
主要关联技能：设计能力、交流能力、动手能力
主要关联学科：科学、美术、语文
项目目标： 　　1.了解蔬菜的来历。 　　2.初步了解常见蔬菜的样子、名称及营养价值。 　　3.能根据驱动性任务，完成课前调查表；了解常见蔬菜的种植方式和保鲜方法。 　　4.小组合作，根据所学知识制作蔬菜名牌
材料准备：课前调查表《我认识的蔬菜》、A4纸、水彩笔、绘本《一园青菜成了精》
驱动性问题：蔬菜是怎样培植出来的？
成果呈现形式：图文并茂的蔬菜名牌

项目步骤	教师支持
一、缤纷看点 　　1.认识蔬菜：和巧巧共进晚餐，说说晚餐里的蔬菜名称(菠菜、萝卜、花菜、芹菜……)。 　　2.交流会：出示课前收集到的蔬菜资料，与同学分享交流，完成调查表《我认识的蔬菜》。	教师展示蔬菜菜肴的图片，让学生进行汇报交流；教师提前准备好调查表模板，让学生在课堂上填写。
二、小试身手 　　1.分析师：周末，巧巧和妈妈一同去菜市场了解蔬菜。市场里的蔬菜种类真多啊！看得巧巧眼花缭乱。你能帮巧巧分类吗？(将蔬菜图片与种类名称用直线连一连)	根据学生的交流结果，给出相应的反馈，创设真实情境，引发学生思考。
2.研究员：(提出驱动性问题)你知道蔬菜都是怎样培育出来的吗？ 　　三大类：土生、水培、基质。 　　(1)瞭望哨：简要介绍蔬菜的来历。 　　(2)显微镜：简要介绍蔬菜的价值。	教师提前准备好相关知识，用课件呈现出来，在课堂上为学生讲解。

三、指点迷津

1. 蔬菜从很远的地方来，该怎样保鲜呢？（冷藏车运输）

2. 你能查到蔬菜在长途运输中的多种保鲜方法吗？小组交流讨论，总结方法。

3. 蔬菜买回家，一下子吃不了，怎么办呢？（家庭保鲜方法）

4. 小组交流：你还知道哪些家庭蔬菜保鲜的方法吗？

教师根据学生的汇报情况进行有针对性的指导。

制作时，教师用计时器帮助学生进行时间管理。

四、探究无限——我为蔬菜做名牌

1. 将所学内容复盘，收集蔬菜等相关资料。

2. 小组合作选择一种蔬菜，分工进行蔬菜绘制、名称书写、蔬菜介绍等工作，完成图文并茂的蔬菜名牌。

3. 分组进行展示并相互评价。

教师根据测试结果，综合各小组评价，评选出最佳设计奖。

五、拓展阅读

阅读绘本《一园青菜成了精》，让学生认识更多的蔬菜，了解蔬菜的特性，体验中国童谣的魅力、欣赏中国传统绘画风格。

蔬菜调查表：

序号	类别	蔬菜名称	序号	类别	蔬菜名称
①	瓜类	苦瓜	⑦	薯芋类	生姜
②	茄果类	茄子	⑧	绿叶菜类	生菜
③	豆类	扁豆	⑨	多年生蔬菜	香椿
④	白菜类	花椰菜	⑩	水生蔬菜	茭白
⑤	根类	萝卜	⑪	食用菌类	木耳
⑥	葱蒜类	大葱	统计	我一共找到了（　　）种蔬菜	

蔬菜名牌范例：

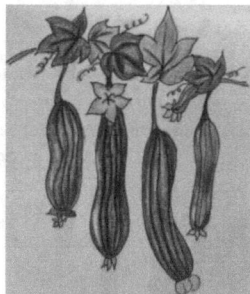

丝瓜

葫芦科一年生攀援藤本；茎、枝
粗糙，有棱沟，被微柔毛。雌雄
同株。花果期为夏、秋季。中国
南北各地普遍栽培。
别名：胜瓜、菜瓜、水瓜

"我和蔬菜交朋友"子项目一小组自评及互评表

（　　　　）组

评价要素	评价细则	星级	自评	互评
信息收集能力	了解常见蔬菜的样子、名称和种类；能根据驱动任务完成课前调查表；了解常见蔬菜的种植方式	★★★		
	了解常见蔬菜的样子、名称、种类及个别蔬菜的种植方式	★★		
	了解一些蔬菜的样子、名称和种类；对蔬菜的种植方式不太熟悉	★		
调查与归纳能力	能通过多种方法了解生活中常见蔬菜的营养价值和保鲜秘诀，并能够进行归纳整理	★★★		
	了解生活中常见蔬菜的营养价值和保鲜秘诀	★★		
	了解部分蔬菜的营养价值和保鲜秘诀	★		
合作能力与动手能力	小组内每个成员都能积极主动地参加活动，蔬菜名牌完成度高，制作精美	★★★		
	能按要求完成蔬菜名牌制作，但小组内分工不够明确，合作成效不高	★★		
	部分学生在活动中不够积极，团队意识薄弱，没有很好地完成蔬菜名牌的制作	★		

"一米菜园"跨学科项目化学习案例

子项目二："我们的菜园"教学设计实施

建议时间：1小时	项目化单元主题：一米菜园	子项目活动：我们的菜园

项目说明：认识蔬菜种子，了解蔬菜种植的相关知识，设计并制作"一米菜园"模型

主要关联技能：设计技能、交流技能、动手技能

主要关联学科：科学、艺术、语文、数学

项目目标：

1. 认识不同蔬菜的种子。

2. 初步了解蔬菜生长的环境、条件，蔬菜种植等理论知识。

3. 通过了解蔬菜栽培等相关知识进行菜园的种植规划。

4. 小组合作，根据所学知识设计并制作"一米菜园"模型图

材料准备：各种蔬菜种子、橡皮泥、泥塑工具、牙签或小木条、纸板

驱动性问题：如何设计规划"一米菜园"？

成果呈现形式："一米菜园"制作模型

项目步骤	教师支持
一、故事导入 1.阅读故事《小种子，快长大》，激发学生的学习兴趣。 2.交流会：说说你知道的蔬菜种子。	教师展示绘本故事内容，引导学生进行话题讨论。
二、种子大猜想 1.出示不同种子的图片，引导学生仔细观察。 2.总结种子的特点，并和相应的蔬菜一一对应。 3.游戏互动：蔬菜对对碰。	根据学生的交流结果，给出相应的反馈，创设真实情境，引发学生思考。
三、探秘蔬菜王国 1.不同蔬菜的种植时间。 2.学生讨论交流：种好蔬菜的关键是什么？ 3.影响蔬菜生长的因素有哪些？ （土壤、水分、温度、肥料、成熟、光照等） 4.适合蔬菜生长的土壤应满足哪些要求？ （厚、肥、柔、温、润）	教师提前准备好相关知识，用课件呈现出来，在课堂上为学生讲解。

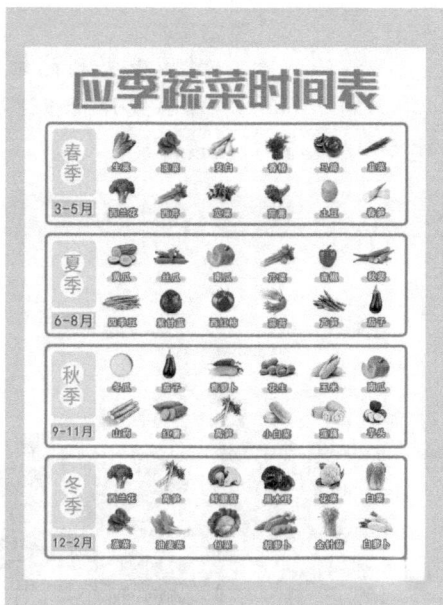

5. 常见蔬菜对水分的要求有什么不同？

（耐涝不耐寒、耐旱不耐涝、不耐涝不耐旱）

6. 常见蔬菜对温度的要求有什么不同？

7. 蔬菜对肥料的要求可按什么标准来区分？

（需肥量、耐肥性、吸肥能力）

8. 要种好蔬菜需要了解哪些情况？

四、认识"一米菜园"

1. 介绍美国梅尔·巴塞洛缪的"一米菜园"。

2. 参观不同的"一米菜园"。

3. 分组讨论交流：如何设计规划"一米菜园"？

教师根据学生的设计汇报情况进行有针对性的指导。

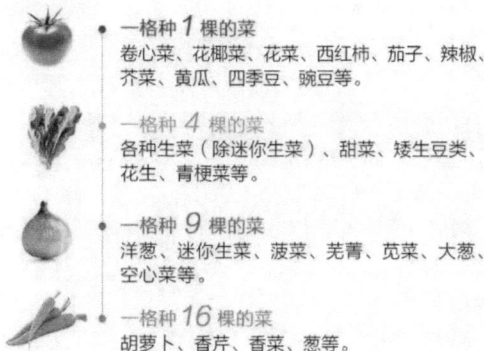

● 一格种 1 棵的菜
卷心菜、花椰菜、花菜、西红柿、茄子、辣椒、芥菜、黄瓜、四季豆、豌豆等。

● 一格种 4 棵的菜
各种生菜（除迷你生菜）、甜菜、矮生豆类、花生、青梗菜等。

● 一格种 9 棵的菜
洋葱、迷你生菜、菠菜、芜菁、苋菜、大葱、空心菜等。

● 一格种 16 棵的菜
胡萝卜、香芹、香菜、葱等。

五、设计并制作"一米菜园"

1. 分组合作,讨论要种植的蔬菜。

2. 初步设计菜园种植板块。

3. 小组合作,用橡皮泥在纸板上搭建"一米菜园"模型。

4. 学生展示作品,并相互评价。

教师根据测试结果,综合各小组评价,评选出最佳设计奖。

"一米菜园"范例:

"我们的菜园"子项目二小组自评及互评表

( )组

评价要素	评价细则	星级	自评	互评
观察能力	认识常见蔬菜的种子，并能快速分辨出来	★★★		
	认识常见蔬菜的种子，但容易混淆相似种子	★★		
	认识部分常见蔬菜的种子，无法分辨相似种子	★		
信息收集能力	通过多种方法了解生活中常见蔬菜的种植时间、条件和生长环境等基本常识	★★★		
	了解生活中常见蔬菜的基本常识，但对于部分蔬菜的种植时间、方式和生长环境等内容易混淆	★★		
	了解部分蔬菜的基本常识，但对相关内容不太熟悉	★		
动手能力与合作能力	小组内每个成员都能积极主动地参加活动，"一米菜园"模型完成度高，制作精美	★★★		
	能按要求完成好"一米菜园"模型，但小组内分工不够明确，合作成效不高	★★		
	部分学生在活动中不够积极，团队意识薄弱，没有很好地完成"一米菜园"模型的制作	★		

"一米菜园"跨学科项目化学习案例

子项目三："春种一粒籽"教学设计实施

建议时间：1小时	项目化单元主题：一米菜园	子项目活动：春种一粒籽
项目说明：能根据已掌握的种植知识，并利用相关工具种植蔬菜		
主要关联技能：设计能力、交流能力、动手能力		
主要关联学科：科学、美术、语文、数学		
项目目标： 　　1.认识种植农具，了解农具的用法及作用；了解种植方法，如翻土、种植、埋土、浇水、杀虫等。 　　2.积极参与活动的整个过程，勇于接受并承担劳动实践任务，能和同学积极配合，提出自己感兴趣的种植问题，科学地分析问题、解决问题。 　　3.初步掌握蔬菜的分类、种植方法及不同生长期的管理技术，学会用统计图、观察日记等形式记录蔬菜的生长历程		
材料准备：蔬菜种植所需要的农具、蔬菜幼苗或种子、蔬菜种植实践基地、评价表		
驱动性问题：怎样种植出优质的蔬菜？		
成果呈现形式：学生种植菜地		

项目步骤	教师支持
一、认识工具，讲解方法 　　1.认识工具：铁锹、耙子、水盆、浇水壶、种子等。 　　2.邀请蔬菜种植专家讲解蔬菜种植技巧，组织学生观看蔬菜种植过程的视频、现场学习农具的使用方法。 　　3.学习蔬菜种植的技巧，详细讲解种植步骤流程，为实地操作做准备。 	教师准备蔬菜种植所需的工具。 教师指导选种技巧：确定种类后，选择饱满无病虫的种子，可通过浸水法将漂浮起来的坏种去掉。 教师充分调动学生已有的生活经验和已经掌握的技能，培养学生搜集和积累知识的好习惯。

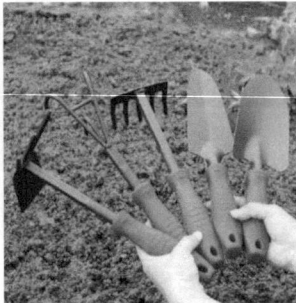

二、实地操作，大显身手

1. 选种与育苗

学习根据本地季节和气候特点对要种植的土壤进行检测，选择最适合的种子，按照流程进行育苗。

2. 移苗栽培

育苗成功后，教师指导学生根据气候、温度等因素选择合适的时机移苗栽培。栽培前，教师可以引导各小组成员认真观察，做好各个阶段的观察记录；栽培时，要注意疏松泥土。挖好种植坑，将蔬菜幼苗或种子一颗一颗放进种植坑里，然后浇水、施肥，再填少许土。这一环节可以邀请有经验的教师或家长来进行技术指导。

教师引导学生在长期管理的过程中学会记录劳动过程，及时总结劳动经验。指导学生分析在蔬菜种植过程中遇到的困难，并寻找解决问题的方法。

3. 中期管理

随着秧苗渐渐长大，教师指导学生对秧苗的不同阶段进行科学管理，使它们及早长出丰硕的果实。

(1)教师重点引导学生做好蔬菜从幼苗到成株的"浇水—中耕—追肥—搭架—摘尖"等各环节的管理工作。

（2）教师讲解中期管理小妙招。

中耕：

在作物生长期时，在植株之间除草、松土的过程叫作中耕。中耕可以使土壤表层松散，使空气流通，提高土壤温度，加速肥料分解，同时能消灭杂草，从而促进作物生长。

追肥：

秧苗后期至初花期，宜遵循"薄肥勤施"的原则，不要在高温条件下施肥，最好在清晨或傍晚施肥；结果期要逐渐加大浇水量及施肥量。面对不同的土质和生长期，要根据植物的生长需求选择不同的肥料。

摘尖：

又叫"打顶"，是一项简单易行的增产措施，即将植物正在生长的顶部去除。其主要作用是控制枝叶过分生长，控制养料供给，从而促进增产、增收。

在学生交流的基础上，教师指导学生掌握观察、记录的方法，用自己喜欢的方式记录蔬菜的生长过程，养成长期观察的好习惯。

三、病虫害的绿色防治

1. 阐述防治的重要性

随着人们保健意识的不断增强，广大消费者对安全、优质、营养丰富的绿色食品的需求越来越高。教师要引导学生交流并认识什么是绿色食品。

2. 教师出示典型案例，学生交流感受

教师结合案例总结：科学研究表明，果蔬残留的农药在人体内长期积累会引起慢性中毒，给人体健康带来潜在威胁，也会诱发许多慢性疾病。近年来，因误食有残留农药的果蔬而中毒的事件屡屡发生，所以倡导病虫害防治、食用绿色无污染的食品成了人们共同的需求。

3. 收获果实的注意事项

经历了播种育苗、定植中耕、搭架绑蔓、植株调整等一系列过程，我们终于迎来了盼望已久的采收期。教师应引导学生了解采收蔬菜的一些注意事项。

(1)蔬菜的丰收是有科学要求的。教师要引导学生了解采收时需要掌握的原则和方法，以及如何操作才有利于蔬菜丰产；

(2)在蔬菜盛产期时可隔一天采一次，过程中要严格遵守采收标准，避免漏采。弱株要早采，旺株可多留几个后期再采。可以通过采蔬菜、留蔬菜来调节蔬菜的长势；

(3)采收蔬菜以早晨为宜。蔬菜经过一夜生长，含水量大增，味道新鲜，口感好。

"春种一粒籽"劳动分工表

小组名称：＿＿＿＿＿＿＿　组长：＿＿＿＿＿　组员：＿＿＿＿＿＿＿

蔬菜名称：	种植地点：	种植时间：
活动过程	任务	分工
播种(选种、选地、翻土、下种等)		
田间管理(浇水、施肥、除草、捉虫等)		
整理资料(蔬菜种植过程记录)		

蔬菜观察记录表

观察项目	观察品种	观察工具及方法	观察结果
蔬菜的形态			
蔬菜的颜色			
蔬菜的表面			
......			

"春种一粒籽"子项目三小组自评及互评表

( )组

评价要素	评价细则	星级	自评	互评
观察能力	能准确观察到蔬菜在不同生长期的特征，熟练掌握种植方法，完成种植任务	★★★		
	能运用所学知识，在老师的指导下，较好地完成种植任务	★★		
	能在老师和家长的帮助下，基本掌握种植方法，完成种植任务	★		
分析能力	能运用所学知识，及时发现并解决蔬菜在不同生长期出现的问题	★★★		
	能运用所学知识，较好地分析并解决问题	★★		
	能运用所学知识，在老师或家长的帮助下，共同分析并解决问题	★		
合作能力与动手能力	小组成员能积极主动地参加实验探究活动，种出优质的蔬菜	★★★		
	小组成员能够按照要求参与实验探究活动，种出健康的蔬菜	★★		
	部分学生参与活动不够积极，需要老师和家长的指导帮助才能种植出健康的蔬菜	★		

"一米菜园"跨学科项目化学习案例

子项目四："蔬菜成长纪录片"教学设计实施

建议时间：1小时	项目化单元主题：一米菜园	子项目活动：蔬菜成长纪录片
项目说明：能通过蔬菜生长统计图和观察日记记录蔬菜生长过程		
主要关联技能：观察能力、分析能力、动手能力、合作能力		
主要关联学科：科学、美术、语文、数学		
项目目标： 　　1.学习通过设计观察统计图、撰写观察日记，了解观察记录的形式、内容和方法，并实地观察、记录蔬菜的生长状况。 　　2.初步掌握设计简单的对比实验的方法，能够通过实验分析得出结论。 　　3.参与小组协作的探究活动，细致、耐心地实施实验，体会严谨、实事求是的科学精神		
材料准备：蔬菜图片、若干观察记录表格、学生课前收集一种蔬菜的种植方法的资料、评价表		
驱动性问题：如何记录蔬菜的生长过程？		
成果呈现形式：蔬菜生长统计图、蔬菜生长日记		

项目步骤	教师支持
一、分享交流蔬菜的生长过程 　　学生分组上台展示自己种植的蔬菜的各个生长阶段的图片，描述蔬菜不同阶段的生长特征。	教师对学生的描述进行评价和补充，丰富学生已有认知，为后面的活动做铺垫。
二、学习统计图的制作方法 　　1.学生观察蔬菜生长统计图的范例，交流讨论统计图表的构成要素。 　　2.组内探讨制作统计图的方法和技巧。	引导学生观察、思考统计图和观察日记的用途、优势，创造性地完成记录。
三、学习观察日记的撰写方法 　　1.学生观察蔬菜生长日记的范例，交流讨论观察日记的构成要素。 　　2.组内探讨撰写观察日记的方法和技巧。	

3.总结、梳理观察日记的撰写技巧。

四、分组完成统计图和观察日记，并展示作品

1.学生回顾自己的种植经历以及植物各个阶段生长的图片，完成蔬菜统计图表，并梳理蔬菜生长过程的相关资料，完成观察日记。

2.组员在组内交流制作统计图表和撰写观察日记的方法。

3.组内分享自己的观察日记，每组推荐一名学生进行全班展示。

教师对学生分组活动及时评价，对学生进行分层指导。

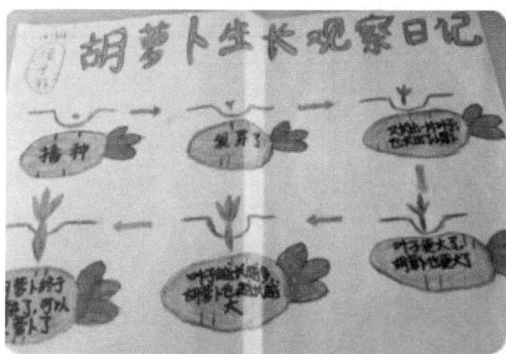

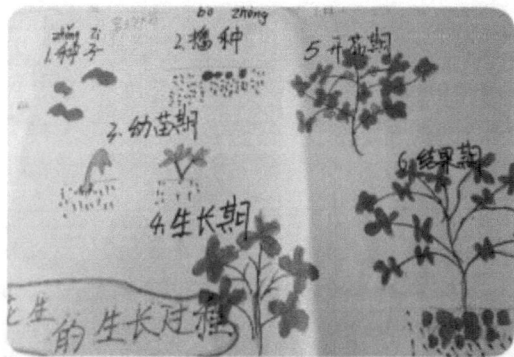

五、总结评价

评选出班级"最佳观察能手""最佳记录员"若干名。

全面评价学生各方面的能力，尤其注重对学生的过程性评价。

蔬菜生长日记

观察内容　　时间	第一天	第二天	第三天	……
气温与天气				
花期				
结果				
颜色				
形状				
蔬菜生长图片				
……				

"蔬菜纪录片"子项目四小组自评及互评表

（　　　　）组

评价要素	评价细则	星级	自评	互评
观察能力	能准确观察蔬菜在不同生长期的特征，并用图表等方式做好记录	★★★		
	能较好地观察蔬菜在不同生长期的特征，并用图表等方式做好记录	★★		
	能在老师和家长的指导下进行观察，并完成记录	★		
分析能力	能熟练使用统计图、观察日记记录和分析蔬菜在不同生长期的特征和规律，并解决问题	★★★		
	能较好地使用统计图、观察日记记录和分析蔬菜在不同生长期的特征和规律，并解决问题	★★		
	能在老师和家长的指导帮助下使用统计图表、观察日记记录和分析问题，共同解决问题	★		
合作能力与动手能力	小组成员能够积极主动参与活动，很好地完成蔬菜生长统计图、观察日记	★★★		
	小组成员能够按照要求参与活动，较好地完成蔬菜生长统计图、观察日记	★★		
	组内分工不够明确，部分学生参与互动积极性不高，需要在同伴的帮助下完成蔬菜生长统计图、观察日记	★		

「"一米菜园"跨学科项目化学习案例」

子项目五："丰收啦"教学设计实施

建议时间：1 小时	项目化单元主题：一米菜园		子项目活动：丰收啦
项目说明：了解各种蔬菜的不同采摘方式；了解各种蔬菜的食用部位；学习基本的择菜和做菜的方法			
主要关联技能：设计能力、交流能力、动手能力			
主要关联学科：科学、美术、语文、数学			
项目目标： 1.了解各种蔬菜的不同采摘方式。 2.了解各种蔬菜的食用部位。 3.学习基本的择菜和做菜的方法。 4.让学生明白饮食要荤素搭配、营养均衡的重要性，培养学生多吃蔬菜的好习惯			
材料准备：空心菜、萝卜、菠菜、茄子、菜花、土豆，炒菜的厨具、调味品等，蔬菜头饰			
驱动性问题：如何择菜和做菜？			
成果呈现形式：自己炒的一盘蔬菜			

项目步骤	教师支持
一、听蔬菜的故事 1.同学们，爸爸妈妈每天都会给我们炒各种香喷喷的菜，谁来说说你最爱吃什么菜？(学生交流) 2.正如大家刚才所说的，这些蔬菜都是能做成菜的，对于不同的蔬菜，我们所吃的部位是不同的。下面请大家听一个故事，想一想：这个故事告诉了我们什么？ 3.讲《菜园里》的故事。 附：秋天到了，菜园里的蔬菜都成熟了，羊妈妈带着小羊去菜园里看蔬菜。首先，它们来到了萝卜地里，小羊看见绿油油的萝卜叶子馋极了，它对妈妈说："妈妈，我要吃萝卜叶子!"羊妈妈笑着说："傻孩子，萝卜应该吃它的根而不是叶子。"小羊听了点了点头。看完了萝卜，它们又来到了白菜地里，小羊对妈妈说："妈妈，我要吃白菜的根!"羊妈妈笑着说："傻孩子，白菜应该吃它的叶	教师引导学生进行话题讨论：说说你喜欢的蔬菜。 根据学生的交流结果，给出相应的反馈，创设真实情境，引发学生思考。 听故事《菜园里》，问学生：听了这个故事后，你知道了什么？

子。"小羊听了又点了点头。

最后，它们来到了西红柿地里，小羊看着西红柿不知道该吃它的根还是叶子，就问妈妈，妈妈告诉它，西红柿应该吃它的果实。小羊听了妈妈的话后对妈妈说："妈妈，我知道了，对于不同的蔬菜，我们所吃的部位是不同的。"妈妈听了小羊的话，高兴地对小羊竖起了大拇指，夸它是个聪明的孩子。

4.让学生说说：听了这个故事后，你知道了什么？
(对于不同的蔬菜，我们所吃的部位是不同的)

二、说蔬菜的食用部位

1.教师拿出事先准备好的蔬菜，先让学生说出蔬菜的名称，然后说说每种蔬菜分别吃的是它的什么部位。(萝卜吃根，菠菜吃叶子，茄子吃果实，菜花吃花，芹菜吃茎……)

2.让学生说说还知道哪些蔬菜应该吃的部位。

教师提前准备好相关知识，用课件呈现出来，在课堂上为学生讲解。

三、摘蔬菜的游戏

每个学生拿出自己带来的蔬菜，捧在手中，并带上相应的头饰扮作蔬菜，然后让一个学生手提菜篮子摘蔬菜，他每摘一种蔬菜，这种蔬菜(扮作这一蔬菜的学生)就要告诉他："你应该摘下我的……去吃。"

四、项目实施过程：择菜和做菜

1.导入：瞧，这是一盘清香可口、不油腻，口感上脆脆的、嫩嫩的空心菜，想吃吗？你们会炒吗？我们先来说说怎样择菜吧。

操作步骤：

观看微课视频，了解操作步骤。

第一步：准备好空心菜，去掉老梗部分，用手将它掰成短短的小段，然后将摘好的空心菜放到适量的淘米水中浸泡大约 10 分钟，在淘米水中放入少许的食用盐，这样做可以洗掉空心菜表面残留的农药。

观看微课视频，了解操作步骤。

第二步：用清水清洗浸泡好的空心菜，然后再次撒上些食盐洗一下就可以了。

第三步：剥几瓣蒜，将蒜拍一下再剁成蒜泥。

第四步：起锅放入适量的油，倒入蒜泥爆香，再将之前洗好的空心菜倒入锅中爆炒。

第五步：空心菜炒到变色、变软的时候放入少量食盐继续翻炒几下，将食用盐翻炒均匀就可以出锅了。这道蒜蓉炒空心菜做法虽然简单，但却非常好吃。喜欢吃辣的朋友可以加点辣椒，味道也不错。

教师根据学生的设计汇报情况进行有针对性的指导。

五、学生实践体验

1. 学生分组实践操作，老师巡视指导。

2. 每个小组成员上台分享自己的操作心得。

3. 每个小组的组长作为评委试吃每组的空心菜，评出最好吃的一份。

六、项目活动小结

今天我们认识了许多蔬菜，还知道了不同的蔬菜能吃的部位也是不同的。同时，大家还要明白，每种蔬菜都含有丰富的营养，常吃蔬菜身体才会健康，所以我们平时要多吃蔬菜、不挑食，这样我们的身体才会长得棒棒的！

教师根据评委的打分结果，综合各小组评价，评选出最好吃的空心菜。

"丰收啦"子项目五小组自评及互评表

（　　　　　）组

评价要素	评价细则	星级	自评	互评
信息收集能力	熟悉常见蔬菜的食用部位	★★★		
	基本了解常见蔬菜的食用部位	★★		
	不太熟悉常见蔬菜的食用部位	★		
调查与归纳能力	熟练掌握不同蔬菜的摘菜技巧，速度快，效率高	★★★		
	基本掌握不同蔬菜的摘菜技巧，速度较慢，效率不高	★★		
	对不同蔬菜的摘菜方法掌握不够，需多加练习	★		
合作能力与动手能力	熟悉掌握不同蔬菜的烹饪方式，能用蔬菜制作出美味佳肴	★★★		
	能在父母或同伴的帮助下，制作出家常菜	★★		
	不能熟练掌握做菜技巧，不懂得营养搭配	★		

"一米菜园"跨学科项目化学习案例

子项目六："蔬菜义卖会"教学设计实施

建议时间：1 小时	项目化单元主题：一米菜园	子项目活动：蔬菜义卖会

项目说明：了解蔬菜的分类及价格，运用所学知识核定成本、计算单价；明白义卖会的流程，进行蔬菜义卖

主要关联技能：设计能力、交流能力、动手能力

主要关联学科：科学、美术、语文、数学

项目目标：

1. 调查了解蔬菜的分类及价格，运用所学知识核定成本、计算单价。

2. 了解蔬菜的挑拣、称重、打包等工作。

3. 明白义卖会的流程，在过程中让学生们真正联系生活实际，体会劳动光荣。

4. 培养学生团结协作、勤俭节约的精神

活动准备：

1. 准备义卖物品：各种蔬菜。统计定好蔬菜价格，并贴好标签，价格要合理。

2. 活动前准备好广告宣传标语或宣传海报，采用各种方法吸引顾客的目光。

3. 每位"销售员"要准备好一定数目的零钱，积极参加本次活动。

4. 各小组根据活动内容和形式安排好本组的售货员、推销员、环保员、市场管理员、广告策划员、小记者等。

义卖活动开始前，班主任对本中队招聘的售货员、顾客、收银员、推销员、市场管理员进行上岗培训，并佩戴一定的标志。(发动学生自己设计具有特色的标志牌，班主任提前审核)

5. 义卖活动开始前，各班主任要对学生进行一次以"红领巾蔬菜义卖会"为主题的 10 分钟晨会教育。

秩序：不跑、不追、不挤。

(1) 守纪：不大声喧哗。

(2) 文明：不强买强卖。

(3) 卫生：不丢、不留(不留下义卖的垃圾)。

(4) 交给学生必要的生活常识，让他们学会比较、鉴别，教育学生勤俭节约

驱动性问题：怎样让这次义卖会吸引更多顾客？

成果呈现形式："蔬菜义卖会"的实地开展

项目步骤	教师支持
活动时间：待定 活动地点：苏仙桥菜市场 活动对象：六年级学生 义卖对象：郴州市民(包括六年级其他班的学生) 活动过程：	教师提前做好准备，强调安全。

活动时间：待定

活动地点：苏仙桥菜市场

活动对象：六年级学生

义卖对象：郴州市民(包括六年级其他班的学生)

活动过程：

一、各班班主任负责安排本班在学校指定地点布置好义卖展台，宣读倡议书。

二、统一时间开始活动，当广播响起音乐时，各组成员开始进行义卖活动，市民可以到各义卖展台进行消费。

三、物品购买后，在"爱心使者签名簿"上进行爱心签名。

四、活动中所有的服务人员要对顾客做到微笑服务、优质服务，让顾客买得称心。

五、在活动中还需要保持义卖点的卫生，不乱丢垃圾，各展台活动结束后搞好场地卫生。红领巾志愿者将对整个活动过程进行卫生监督，对有不讲卫生行为的个人或展台予以取消参评爱心中队的处罚。

六、各组选出本班安保人员在义卖过程中维护好秩序。

总结评比：

一、义卖活动结束后，请各组统计好义卖钱款，派代表上台宣布本班的义卖钱款数。所得义卖钱款将全部捐赠给学校对接的留守儿童或贫困学生，用以购买学习用品。

二、各组上交爱心义卖活动统计表，根据活动情况评比出若干个"最佳创意奖""最佳组织奖""爱心小组"等，各组组织成员评选出 3 名"爱心大使"。

教师根据学生的设计汇报情况进行有针对性的指导。

教师根据学生的综合小组评价，评选出若干个"最佳创意奖""最佳组织奖""爱心小组"等。

"蔬菜义卖会"子项目六小组自评及互评表

( )组

评价要素	评价细则	星级	自评	互评
信息收集能力	能通过调查了解蔬菜的分类及价格，运用所学知识核定成本、计算单价	★★★		
	能通过调查了解蔬菜的价格，运用所学知识核定成本、计算单价，但对蔬菜分类还不够熟悉	★★		
	能通过调查了解蔬菜的价格，对如何核定成本、计算单价及对蔬菜分类还不够了解	★		
动手能力与合作能力	熟悉义卖会的流程，了解蔬菜的挑拣、称重、打包等工作	★★★		
	明白义卖会的流程，对蔬菜的挑拣、称重、打包等工作还不够熟练	★★		
	对义卖会的流程及蔬菜的挑拣、称重、打包等工作都还不够熟练	★		
归纳与表达能力	能对活动过程作出全方位评价，分析其优缺点并找出解决方法	★★★		
	能对活动过程作出基本评价，并找出有待改进和优化的地方	★★		
	能对活动过程作出点评，但找不出有待改进和优化的地方	★		

06 # 中医药进校园

一、项目简述

过去,中华民族几千年都是靠中医药治病救人。特别是经过抗击新冠肺炎疫情、非典等重大传染病之后,我们对中医的作用有了更深的认识。中医药学包含着中华民族几千年的健康养生理念及其实践经验,是中华民族的伟大创造和中国古代科学的瑰宝,要做好守正创新、传承发展工作。本项目通过"绘中草药画册""采中草药材""做中医药膳食""访中医药名馆""创中医药长廊""演中医药故事"六大综合实践活动,整合语文、美术、音乐、思政、劳动实践等课程,通过跨学科项目化学习,培养学生对我国中医传统文化的归属感,从而营造"信中医,爱中医,用中医"的人文氛围,培育文化自信的公民。

二、核心知识

1. 相关学科涉及的主要知识

综合实践:通过综合实践课程认识并采集中草药、访问中医药馆。

语文:调查、收集、整理中医药资料,深入了解中医药的历史文化,提高语文表达和写作能力。

美术:能用绘画、手工制作及摄影等表现手法表现中医药文化,具有一定的美术鉴赏能力。

音乐:能通过舞台剧等音乐活动展示和宣扬中医药文化。

思政:了解中医药历史,培养学生热爱祖国、传承中华传统文化的美好品德。

劳动实践:学泡药茶、做中医药膳、做中医药文化长廊,在活动中锻炼动手能力,体会劳动带来的乐趣。

2. 关键概念或能力

常见中医药特征、中医药故事、中医药应用等知识。

培养学生筛选和提取信息的能力，培养创造性思维，提升团结合作能力，提高综合实践应用水平。

三、驱动性问题

1.本质问题

中医药文化为什么值得我们传承？它在我们生活中的应用有哪些？我们可以通过哪些方式进行传承？

2.驱动性问题

中医药在治疗新型冠状病毒肺炎中起到了非常重要的作用，是中华民族的瑰宝。你将如何把中医药"请进"校园？

四、成果与评价

个人成果：	评价内容：
收集中医药相关资料，绘制中草药画册，认识、采集中草药，给中医药馆馆长写一封信。在项目过程中了解中医药的价值	●能对收集到的资料进行归纳整理。 ●能正确表达自己的观点。 ●能通过实地走访，学习中医药的相关知识并提出自己的想法
团队成果：	评价内容：
以小组为单位，完成中草药画册；完成中草药采集，对中草药进行加工处理并保存；完成中医药膳食；全班完成中医药文化宣传长廊；合作完成中医药故事的演绎；以团队合作的方式制订各项计划并执行，学会总结和反思活动完成情况	●积极主动参与小组合作，共同完成中草药画册、中草药采集、中医药故事演绎。 ●能结合美术知识和概念，绘制精美的中医药绘本，建设中医药文化宣传长廊。 ●能合作设计活动方案并根据实际情况对方案进行修改和完善，会总结反思项目实施情况
公开方式：	
1.完成中草药画册； 3.举办中医药膳食分享会； 5.建设中医药文化宣传长廊；	2.采集中草药材并进行加工处理、保存； 4.给中医药馆长写一封信； 6.进行情景剧演绎

五、高阶认知

主要高阶认知策略：

问题解决　决策　创见

系统分析　实验　调研

六、实践与评价

涉及的学习实践： 　　1.探究性实践：探究中医药的历史文化。 　　2.社会性实践：能够发起或者参与计划的制订和实施；能够根据特定的项目目的、任务要求来呈现计划。 　　3.调控性实践：坚持完成项目；制订项目完成的计划；进行实践管理。 　　4.审美性实践：图文并茂地呈现中草药画册；建设中医药文化长廊，精准把握故事，做好舞台效果；中医药膳赏心实用。 　　5.技术性实践：在采集中草药和保存的过程中正确合理运用各项工具，体验中医治疗的手段和方法	**评价的学习实践：** 探究性实践（ √ ） 社会性实践（ √ ） 调控性实践（ √ ） 审美性实践（ √ ） 技术性实践（ √ ）

七、项目实施

项目过程	评价要素
（入项活动）子项目一：绘中草药画册 　　1.学习目标：认识自然界中的一些常见中草药，初步了解中草药防病、治病的功效及其服用方法；培养学生收集资料、整理数据的能力；激发学生绘制中医药画册的兴趣。 　　2.核心问题：你发现了哪些常见的中草药？它是什么样子的？什么味道？药用价值怎样？你能用画册的方式表现出来吗？ 　　3.学习活动：认识常见的中草药，了解中草药防病、治病的功效，让学生品尝药茶，介绍一款药茶，绘制一本中草药画册。 　　4.成果形式：中草药画册	1.信息收集能力 2.动手能力 3.观察记录能力 4.合作探究能力

项目过程	评价要素
子项目二：采中草药材 　　1.学习目标： 　　(1)了解中草药的生存环境、生长过程； 　　(2)学会辨识常见中草药； 　　(3)采集中草药材并进行加工处理。 　　2.核心问题：辨认常见中草药。 　　3.学习活动： 　　(1)课前收集中草药种植的相关知识，了解中草药的主要特征； 　　(2)户外采集中草药，并对其进行分类整理； 　　(3)制作中草药材。 　　4.成果形式：收集中草药材	1.表达能力 2.动手操作能力 3.合作能力 4.探究能力 5.综合实践能力
子项目三：做中医药膳食 　　1.学习目标： 　　(1)了解中医药膳食文化； 　　(2)懂得四季养生常识，了解如何进补； 　　(3)完成一款中医药膳食。 　　2.核心问题：如何根据四季的不同进行药膳养生，从而吃出健康？ 　　3.学习活动： 　　(1)中医药膳食鉴赏； 　　(2)了解如何通过膳食进补； 　　(3)确定制作药膳的方案； 　　(4)制作中医药膳食。 　　4.成果形式：视频及记录表	1.表达能力 2.合作能力 3.创新能力 4.审美能力
子项目四：访中医药名馆 　　1.学习目标：通过走访名中医馆，了解中医药治疗手段；让学生热爱中医，建立文化自信。 　　2.核心问题：中医药养生馆里藏着哪些中医药知识？ 　　3.学习活动： 　　(1)走访中医药馆。 　　(2)汇报走访体验。 　　4.成果形式：写一封给中医药馆馆长的信	1.表达能力 2.社会实践能力 3.创新能力 4.写作能力

项目过程	评价要素
子项目五：创中医药文化长廊 1.学习目标： （1）了解中医药文化的起源、发展、意义及其常见的典著、中医药名家； （2）培养学生传承中医药文化的意识。 2.核心问题：中医药文化历史悠久，你会如何设计中医药文化长廊去宣传它呢？ 3.学习活动：了解中医药文化，感受中医魅力，了解中医药文化的起源与发展，设计中医药文化宣传长廊。 4.成果形式：设计中医药文化宣传长廊	1.表达能力 2.学习能力 3.合作能力 4.分析能力 5.创新能力
子项目六：演中医药故事 1.学习目标： （1）能够根据"时间、人物、地点、怎么样、做什么、结果"六要素，写出生动、有画面感的中医药故事； （2）小组合作完成中医药故事片段表演。表演时能充分借助丰富的表情和适当的肢体语言； （3）体会治病救人、救死扶伤的美德。 2.核心问题：如何演绎一段中医药故事？ 3.学习活动： （1）我来做小编剧：收集相关中医药故事，根据六要素写出表演过程； （2）我来做小演员：对合作完成的剧本进行演绎； （3）我来写影评：对同学表演进行评价并给出建议。 4.成果形式：演出一个关于中医药的故事	1.表达能力 2.合作能力 3.表演能力

八、所需资源

中医药文化的相关书籍；常见中草药材；药膳材料；设计所需各项美术材料；舞台剧所需道具；各种视频、表格及相关资料。

九、反思与迁移

　　本项目围绕六个跨学科主题的学习设计开展，每个学习主题安排一个课时学习，在学习中，学生要立足于综合实践学科的基础素养，跨学科综合运用语文、音乐、美术、思政、劳动实践等学科的知识与技能，进行探究式、体验式的项目活动学习，在项目化的学习过程中，提升学生的民族自豪感。通过在体验中学习、在实践中运用、在迁移中创新的学习理念，增进学生对中华优秀传统文化中医药的了解和认同，鼓励学生学以致用，将中医药知识运用到生活中去，做一名中医药文化的传播者。

"中医药进校园"跨学科项目化学习案例

子项目一："绘中草药画册"教学设计实施

建议时间：1课时	项目化单元主题：中医药进校园	项目活动：绘中草药画册
项目说明：通过认识中医药材，提高观察意识、绘画能力，培养敬畏生命、热爱生命的观念		
主要关联技能：信息收集能力、动手能力、观察记录能力、合作探究能力		
主要关联学科：综合实践、语文、美术、思政		
项目目标：认识自然界中一些常见的中草药；培养学生收集资料、整理数据的能力；激发学生绘制中医药画册的兴趣，并展示画册成果		
材料准备：PPT、中草药、药茶原料、马克笔、纸		
驱动性问题：常见的中草药有哪些？它是什么样子的？什么味道？有怎样的药用价值？你能用画册的方式表现出来吗？		
成果呈现形式：绘制一本中草药画册		

项目步骤	教师支持
一、谈话，引出课题 　1.提问：同学们，你们以前生过病吗？生病了该怎么办？吃过什么药？ 　2.介绍枇杷叶，让学生知道枇杷叶可以做药。	出示生病的图片、喝中药的图片。 出示枇杷叶，讲解枇杷叶的特点及功效。
二、出示PPT，帮助学生初步认识生活中几十种比较常见的中草药 　1.引导学生观察中草药，认识中草药的特征。 　2.组织交流。(出示PPT)现在谁来告诉大家，你发现了什么？能把你认识的中草药找出来吗？ 　3.引导学生归纳。 　4.运用多种感官探究菊花、枸杞、胖大海等几种生活中常见的中草药，了解它们的名称、特征及产地。 　(1)请学生运用看、捏、闻、尝等方法观察中草药，引导学生说出中草药的名称、外形、味道、药用价值等。 　(2)结合课件《常见的中草药》相互交流自己的发现，讲述菊花、枸杞、胖大海等中草药的简单特征。	出示多种中草药材，学生辨别并说自己的理由。 教师要对学生设计的方案进行点评，及时修正不合理的地方。

提出驱动性问题：你发现了哪些常见的中草药？它是什么样子的？什么味道？有怎样的药用价值？（学生讨论，思考如何用画册的方式去体现中草药）

（3）小组分享成果。

三、了解中草药的防病、治病功效

1. 除了我们刚才认识的中草药，你们还知道哪些中草药？

2. 中草药能随便乱吃吗？学生交流注意事项。

教师根据学生的回答进行适当补充，帮助学生梳理知识。

四、让学生品尝药茶

1. 学生边听音乐边品尝各种药茶，自由交谈。

2. 把自己最喜欢的一种药茶介绍给家人、朋友、老师。

"绘中草药画册"子项目一小组自评及互评表

( )组

评价要素	评价细则	星级	互评分	自评分
信息收集能力	能收集有关中医药材的资料,且资料具有权威性,会对资料进行归纳整理	★★★		
	能收集一些身边常见的中医药材的资料,较好地对资料进行归纳整理	★★		
	基本能完成收集中医药的相关资料,但归纳整理欠规范	★		
动手能力	能绘制精美的中草药画册,画册构图、排版、绘制美观,可长时间保存	★★★		
	能较好地绘制中草药画册,画册构图、排版、绘制比较美观,可较长时间保存	★★		
	完成了中草药画册,画册构图、排版、绘制基本合格	★		
观察记录能力	在绘制过程中能够做到细心观察,并能记录下生活中常见的中医药材,在课堂上能够向老师和其他同学进行分享,详细说明画册成果,表述流利清晰、有条理	★★★		
	在绘制过程中能够做到细心观察,对常见的中医药材绘制较详细,课堂上交流分享画册内容较丰富,表述较清楚	★★		
	能较认真地进行画册绘制,课堂上成果表述不太清楚	★		
合作探究能力	小组内每个成员都能积极主动地参加活动,分工明确,能有组织、有计划地进行调查	★★★		
	组内成员能较积极地参与调查活动,小组分工较明确,团队意识较强	★★		
	小组合作较少,团队合作意识较弱	★		

"中医药进校园"跨学科项目化学习案例

子项目二："采中草药材"教学设计实施

建议时间：1课时	项目化单元主题：中医药进校园	项目活动：采中草药材
项目说明：通过课堂授课和实践活动学习中草药知识、采集常见的中草药，能将中医药材相关知识运用到生活中		
主要关联技能：表达能力、动手操作能力、合作探究能力、综合实践能力		
主要关联学科：综合实践、思政、劳动实践		
项目目标： 1.了解中草药生长所需要的条件、采集季节以及采集部位。 2.通过小组讨论，共同制订采集计划。 3.让学生体会到劳动的乐趣，在活动中得到锻炼和发展。 4.能将中医药材相关知识运用到生活中		
材料准备：常见中草药图鉴、采集工具、评价表		
驱动性问题：你知道植物的哪些部位可以做中草药吗？如何辨识、采集、处理、保存中草药呢？		
成果呈现形式：收集中草药材		

项目步骤	教师支持
一、收集资料，通过走访得出身边有哪些常见的中草药 　　分小组进行汇报。	
二、制订中草药采集计划 　　1.以小组为单位讨论并制订采集计划。 　　2.小组讨论，对计划进行修正、调整。	课前复习常见中草药。
三、实践采集计划 　　1.以小组为单位，到熟悉的周边地区采集常见中草药。 　　2.将采集到的中草药进行加工处理。	利用常见中草药图鉴对照寻找中草药。
四、收集中草药材 　　1.学习中草药材的制作过程。 　　(1)采集中草药材；	可寻求中医的帮助，了解本小组所采集的中草药。

(2)加工中草药材；

(3)保存贴标签。

2.学习在生活中如何运用中草药材。

五、成果展示及评价

1.小组间参观各自采集到的中草药材并予以评价。

2.完成评价表。

3.结合整个项目实施过程的表现，评选出"最佳小组"。

"采集中草药"子项目二小组自评及互评表

(   )组

评价要素	评价细则	星级	自评分	互评分
表达能力	能详细地对走访收集到的资料进行说明，表述流利清晰、有条理	★★★		
	能较详细地对走访收集到的资料进行说明，表述较流利	★★		
	能将走访收集得到的资料进行说明，但表述不够清晰	★		
动手操作能力	能熟练使用采集工具，采集过程中动作规范，完成效率高	★★★		
	能较熟练地使用采集工具，采集过程中，动作较为规范，能较好地完成采集任务	★★		
	会使用采集工具，能完成采集任务	★		
合作探究能力	有团队意识和合作精神，分工明确，能齐心协力共同完成采集和制作标本的任务	★★★		
	基本能够全员参与讨论活动，小组分工较明确，团队精神尚可	★★		
	部分组员能配合小组进行讨论，基本可以完成本队任务	★		
综合实践能力	能在劳动实践过程中非常好地提出问题并组织队员解决问题	★★★		
	能在劳动实践过程中提出问题，在遇到困难时能通过寻求帮助的方式解决该问题	★★		
	能在队员的帮助下完成各项任务	★		

"中医药进校园"跨学科项目化学习案例

子项目三："做中医药膳食"教学设计实施

建议时间：1课时	项目化单元主题：中医药进校园	项目活动：做中医药膳食

项目说明：针对现在越来越多的人身体出现亚健康的情况，可以通过膳食去调理，使人们掌握健康的饮食养生之道

主要关联技能：表达能力、合作能力、创新能力、审美能力

主要关联学科：语文、美术、劳动实践

项目目标：

　　1.了解中医药膳食文化。

　　2.懂得四季养生常识，了解如何进补身体。

　　3.能根据驱动性任务确定制作药膳的方案，通过实践完成一款中医药膳食

材料准备：食材、药材；活动方案、活动记录表

驱动性问题：如何通过四季的不同进行药膳养生，从而吃出健康？

成果呈现形式：视频及记录表

项目步骤	教师支持

一、中医药膳食鉴赏

　　1.我是中医药膳食宣讲员：学生分组上台宣讲中医药膳食文化，准备充分的学生可以利用自制的PPT进行宣讲。

　　2.学生探讨交流，总结出药膳的起源和发展，并对中医药膳食文化进行总结。

　　3.学生了解药膳分类：流体类、半流体类、固体类。

　　4.PPT出示中医药膳食图片，刺激学生对中医药膳食的味蕾。视频欣赏中国三月三特色药膳地菜煮鸡蛋、艾叶煮鸡蛋及郴州特色药膳甜酒猪脚。

　　5.出示四季养生常识，了解如何进补身体。

　　6.民间最初的药膳大多与节气、传统习俗相关联，引导学生根据自己的经验填写如下表格。

教师支持：

针对宣讲员的陈述，教师提出疑惑，学生交流探讨、解疑。

欣赏中医药膳食图片时播放背景音乐，鼓励学生多宣传中医药膳食。

观看和了解郴州当地有名的中医药膳食风俗，激发学生的兴趣。

教师布置学生收集四季养生食谱。

药膳与节气、传统习俗表格

节气	药膳	习俗依据

引导学生根据自己的经验填写好表格，了解各个节气习俗，以及在该节气民间食用哪些药膳。

二、小组讨论，确定制作药膳的方案

1. 沟通交流：学生交流课前收集到的养生食谱。

小组分任务交流、讨论春夏秋冬四季的中医药膳食有哪些。

2. 出示任务：确定制作中医药膳食的名称。

3. 出示要求：需要体现制作步骤，并对制作的中医药膳食进行简要说明。食谱文字排版要设计美观。

4. 汇报和建议：组长汇报本组负责的主题、表现形式及所需特色材料，其他小组给出建设性意见。

5. 小组根据其他小组的建议，调整制作方案。

教师指导学生以最精练的语言进行说明。

三、制作中医药膳食食谱

1. 根据养生主题特点，制作中医药膳食。（拍摄好视频）

2. 对膳食主题进行文字说明，撰写制作步骤，记录好过程。

3. 将制作步骤拍摄成视频，并对视频进行编辑。

4. 对养生中的饮食注意事项进行收集、记录。

5. 图片文字排版要合理，食谱要美观。

引导学生正确科学地了解药膳，掌握养生之道。

四、展示与评价

展示各组制作的本季中医药膳食，并相互评价。

"做中医药膳食"子项目三小组自评及互评表

（　　　　）组

评价要素	评价细则	星级	自评分	互评分
表达能力	能进行小组高效讨论，在课堂上进行分享时表述清晰流利、有条理，能详细阐述中医药膳食文化	★★★		
	能进行小组有效讨论，向老师和其他同学进行分享，能基本阐述中医药膳食文化	★★		
	小组有进行讨论，但分享中医药膳食文化时说得较为片面	★		
合作能力	每个人都能积极主动地参加活动、融入小组工作，团队意识强烈	★★★		
	大部分组员有参与到整个探究活动中，小组分工较明确，团队意识较强烈	★★		
	能进行小组合作，但团队合作意识较弱	★		
创新能力	食谱美观，中医药膳食有亮点，实用性强	★★★		
	食谱较美观，中医药膳食具有实用性	★★		
	能完成作品，但是美观度和创新能力不足	★		
审美能力	食谱呈现效果完整，欣赏、学习价值高，好评不断	★★★		
	食谱呈现效果不错，欣赏、学习价值较高	★★		
	食谱呈现效果一般，欣赏、学习价值一般	★		

"中医药进校园"跨学科项目化学习案例

子项目四："访中医药名馆"教学设计实施

建议时间：1课时	项目化单元主题：中医药进校园	项目活动：访中医药名馆
项目说明：通过参观中医馆，让学生认识常见的中草药、简单的穴位，培养健康的生活习惯		
主要关联技能：表达能力、社会实践能力、创新能力、写作能力		
主要关联学科：综合实践、语文、劳动实践		
项目目标： 　　1.通过走访名中医馆活动进一步激发学生对中医药文化知识的兴趣，增强学生的文化自信。 　　2.了解和学习常见中医药疗法，将所学运用到日常生活中。 　　3.通过"做一次研学汇报"和写一封"研学感想"的形式，提高学生的写作和思维能力		
材料准备：笔、本子、评价表		
驱动性问题：中医药养生馆里有哪些秘密呢？		

项目步骤	教师支持
一、引出驱动性问题 　　师：同学们，你们想知道中医药养生馆里有哪些秘密吗？ 　　今天我们一起去感受一下。在出发之前，请各小组对此次行程提出建议和想法，小组讨论，将认为合理的建议和想法整理好后汇报。	课前布置收集有关中医药馆知识的任务，并和同学们分享自己最感兴趣的事。
二、小组汇报，其他小组进行补充，最后形成一个研学实施方案	对方案的合理性进行交流和讨论，让学生修正方案。
三、实践体验 　　1.听讲解员讲述，做好笔记，写下你的问题和思考。 　　2.了解中医工具和它们的演变过程。 　　3.了解人体的穴位。 　　4.体验砭石疗法和中医推拿。 　　5.动手制作艾塔和艾饼。	组织学生有序开展活动，引导学生思考。 展示研学报告的模板。

四、撰写研学报告或者"给馆长的一封信"

五、教师总结

"访中医药名馆"子项目四小组自评及互评表

（　　　　）组

评价要素	评价细则	星级	自评分	互评分
表达能力	能流利、有效地和组员分享课前收集到的有关中医药馆的资料，并能清楚地介绍自己最感兴趣的或者有疑问的地方	★★★		
	能完整地说出自己收集到的资料，能介绍自己最感兴趣的知识和存在的困惑	★★		
	课前认真收集了资料，能基本按照自己收集的资料完成分享	★		
社会实践能力	研学过程中秩序井然，能做到认真倾听，动手能力强，并能将现场所学灵活运用到日常生活中	★★★		
	研学过程中秩序良好，能做到坚持倾听，动手能力较强，并能将现场所学运用到日常生活中	★★		
	研学过程中秩序较好，能认真学习	★		
创新能力	研学报告新颖，具有时代感	★★★		
	研学报告完成得较为出色，有自己的思考和想法	★★		
	能独立完成研学报告，报告中有对本次实践活动的反思	★		
写作能力	能出色地完成研学报告，通篇报告文采很好，思路清晰，结构合理，结论科学、有理有据	★★★		
	能较好地完成研学报告，通篇报告文采较好，思路较清晰，结构较合理，结论较科学	★★		
	基本能完成研学报告，报告完整	★		

研学活动笔记	
学习过程	
我的心得	

"中医药进校园"跨学科项目化学习案例

子项目五："创中医药文化长廊"教学设计实施

建议时间：1 课时	**项目化单元主题**：中医药进校园	**项目活动**：创中医药文化长廊

项目说明：通过建设中医药文化宣传长廊的方式宣传中医药文化，让学生感受中医药文化的独特魅力

主要关联技能：表达能力、学习能力、合作能力、分析能力、创新能力

主要关联学科：综合实践、语文、美术、劳动实践

项目目标：

　　1. 了解中医药文化的起源、发展、意义及其常见典著、中医药名家等。

　　2. 培养学生的动手能力，不断提高学生整理、分析、处理信息的能力。

　　3. 培养学生传承中医文化的意识，培养团队合作精神，弘扬中华传统文化

材料准备：PPT、中医药书籍、中医药相关图片资料、环创材料

驱动性问题：中医药文化历史悠久，假如你是中医药文化宣传大使，你会如何设计中医药文化长廊呢？

作品结果呈现形式：中医药文化宣传长廊

项目步骤	教师支持
一、创设情境，引入话题 　　1. 师：同学们，明明生病了，爷爷奶奶说去看中医，副作用小，爸爸妈妈说去看西医，治疗速度快，一家人争执不休。大家能提出自己的想法吗？ 　　2. 初步了解中医药文化，感受中医的魅力。	教师创设情境，提出问题。 播放中医看病过程的视频。
二、提出驱动性问题 　　1. 师：中医药文化历史悠久，假如你是中医药文化宣传大使，你会如何设计中医药文化长廊呢？ 　　2. 学生讨论并分享需要准备的环创材料。	学生自主分享，教师及时纠正和补充。
三、认识中医药文化 　　1. 学习中医药文化的起源与发展。 　　2. 学生对提前收集的中医药学家所在朝代、主要贡献及治疗方法等进行汇总，完成表格。	教师提供环创材料，指导学生制作视频。制作时提醒学生注意安全。

3. 学生进行分享。

4. 了解中医药文化的意义。

教师对学生制作的文化长廊进行公平、公正的评比。

四、设计宣传中医药文化长廊

请你当一个中医药文化的传承者，设计班级走廊文化墙，用于宣传中医药文化。

"创中医药文化长廊"子项目五小组自评及互评表

（　　　　　）组

评价要素	评价细则	星级	自评分	互评分
表达能力	小组能进行高效讨论，在课堂上进行分享时表述清晰流利、有条理，能说出不同的中医药文化知识	★★★		
	在课堂上，小组能进行有效讨论，并向老师和其他同学进行分享，能较清楚地说出中医药文化的相关知识	★★		
	能较认真地进行讨论，分享时表述略弱	★		
学习能力	了解中医药文化的起源、发展及其意义，了解中医药书籍、中医药学家、中医治疗方式	★★★		
	大致了解中医药文化的起源、发展及其意义，了解部分中医药学家、书籍、治疗方式	★★		
	不太了解中医药文化的起源、发展及其意义	★		
合作能力	每个人能积极主动地参加到中医药文化长廊的制作中，融入小组工作，能够将建设的文化长廊进行改进优化	★★★		
	大部分学生能参与作品创造，小组分工较清楚，具有合作精神	★★		
	少部分同学能参与作品创造，小组合作意识较弱，团队协作能力一般	★		

评价要素	评价细则	星级	自评分	互评分
分析能力	能通过作品从多方面宣传中医药文化知识，能发现有待改进或优化的地方，并找出解决方法	★★★		
	能对中医药文化知识进行展示，但进一步改进或优化做得不够好	★★		
	不能全面、美观地设计文化长廊，整体效果欠佳	★		
创新能力	能设计一个主题鲜明且内容丰富的中医药文化长廊，有自己独特的想法，作品赏心悦目，具有创新意义	★★★		
	根据团队想法，设计的文化长廊内容较全面，但呈现作品质量较为一般	★★		
	能基本完成文化长廊作品	★		

"中医药进校园"跨学科项目化学习案例

子项目六："演中医药故事"教学设计实施

建议时间：1课时	项目化单元主题：中医药进校园	项目活动：演中医药故事
项目说明：通过演故事的方式，提高学生对中医药文化的认识能力、感知能力、运用能力、表达能力，激发学生对中医药文化的兴趣，丰富学生的健康生活方式		
主要关联技能：表达能力、合作能力、表演能力		
主要关联学科：语文、音乐、思政、综合实践		
项目目标： 1.收集历史上和中医药相关的故事，了解故事的内容。 2.能够根据"时间、地点、人物、经过、结果"写出故事具体内容。 3.引导学生理解故事里面人物的形象，小组合作完成中医药故事片段表演。 4.体会治病救人、救死扶伤的美德		
材料准备：故事表演背景音乐、故事人物头饰、中草药道具、评价表		
驱动性问题：你最喜欢哪个中医药故事？		
成果呈现形式：故事表演		

项目步骤	教师支持
一、我来讲中医药故事（提出驱动性问题） 　　师：同学们，你们最喜欢哪个中医药故事？ 　　每个组汇报提前收集到的中医药故事。	提前布置任务让学生收集中医药故事，组内统一意见选择其中一个。
二、我来写剧本 　　师：你想将你喜欢的故事通过表演的方式呈现出来吗？ 　　小组合作，根据"时间、地点、人物、经过、结果"写出喜欢故事的具体内容。	巡视小组讨论，给予适当帮助和指导。
三、我来演故事 　　1.组员之间确定好角色，根据故事情境补充人物角色的对话。 　　2.组员在确定人物形象特征的情况下，能够做出与之匹配的动作。	对学生的讲述、演出给予充分肯定和鼓励。

3.各组进行表演。(对于小学生的表演要求:只要他们能够讲解出来,并配上一些动作即可)

四、我来当影评员

师:从这些中医药故事里,你学到了什么?你对各个小组的表演评价是怎样的呢?一起讨论一下,然后完成汇报。

五、教师总结

师:同学们今天都能够大胆地讲故事、演故事,把中医药文化在我们的课堂上展现得淋漓尽致,老师为你们鼓掌。请还想完善的小组课后继续完善你们组的故事。

引导学生深入学习中医药故事中所蕴含的美德并对其进行传承。

我的故事是怎样的?

时间	地点	人物	经过	结果

"演中医药故事"子项目六小组自评及互评表

（　　　　）组

评价要素	评价细则	星级	自评分	互评分
表达能力	能非常流利地讲述中医药故事。能出色地完成分工安排，并对小组的整个表演提出建设性意见	★★★		
	能较流利地讲述中医药故事。能完成分工安排，对小组的整个表演有提出意见	★★		
	能简单讲述中医药故事	★		
合作能力	能出色地做好分工安排，高效地完成任务	★★★		
	能较好地做分工安排，较好地完成任务	★★		
	基本能配合分工安排，完成小组的分工任务	★		
表演能力	故事选取得当，能自然、流畅，带有感情地完成故事的表演	★★★		
	能读懂故事的内涵，运用多种表演方式完成故事的表演	★★		
	基本了解故事情节，能完整进行故事的表演	★		

跨学科项目化学习案例

人文科学类

主 编 袁红梅

中南大学出版社
www.csupress.com.cn
·长沙·

图书在版编目(CIP)数据

跨学科项目化学习案例/袁红梅主编.—长沙：
中南大学出版社，2023.8(2024.1 重印)
ISBN 978-7-5487-5307-0

Ⅰ．①跨… Ⅱ．①袁… Ⅲ．①教学研究 Ⅳ.
①G420

中国国家版本馆 CIP 数据核字(2023)第 049445 号

跨学科项目化学习案例
KUAXUEKE XIANGMUHUA XUEXI ANLI

袁红梅　主编

□责任编辑	张　倩　梁　甜　谢贵良
□封面设计	周素华
□责任印制	李月腾
□出版发行	中南大学出版社
	社址：长沙市麓山南路　　邮编：410083
	发行科电话：0731-88876770　　传真：0731-88710482
□印　　装	长沙创峰印务有限公司

□开　　本	787 mm×1092 mm 1/16	□印张 22.25	□字数 487 千字
□版　　次	2023 年 8 月第 1 版	□印次 2024 年 1 月第 3 次印刷	
□书　　号	ISBN 978-7-5487-5307-0		
□定　　价	79.00 元(共两册)		

图书出现印装问题，请与经销商调换

编 委 会

主　　编　袁红梅

副 主 编　许永江　李保田　欧小华
　　　　　胡路波

本册编委　(按目录排序)
　　　　　段文灿　胡琼锦　秦　维
　　　　　邓美丽　任黎淼　曾桂丽
　　　　　曹毅慧

前　言

　　跨学科学习（Science Technology Engineering Mathematics，STEM）是基于跨学科意识，运用两种或两种以上的学科观念以及跨学科观念，解决真实问题的课程与学习取向。项目式学习（Project-based Learning，PBL）则是一种以培养学生主动探索能力为方法，以发展学生综合素养为目的的教学模式。

　　这两种学习模式在欧美国家被中小学校普遍采用，锻炼了学生的创造力、团队合作能力和领导力、动手能力、计划以及执行项目的能力。而这些能力正是中国处于长久应试教育的孩子所缺乏并亟待提高的，应对来自世界、面向未来挑战的能力。

　　近年来，国际形势的不稳定性、不确定性更加突出，人类面临的全球性挑战更加严峻，各国遭遇的多样化困难更加复杂，经济科技力量作为"杀手锏"频繁显示出其无比强大的威力。调整结构、转型升级、提质增效刻不容缓，劳动密集型经济正在向知识密集型经济转变，社会发展急需一大批具备良好科学素养、拥有特定技术专长，并善于解决实际问题的复合型创新人才。

　　2020 年 9 月 11 日，习近平总书记在科学家座谈会上的讲话中提到：十年树木，百年树人。要把教育摆在更加重要的位置，全面提高教育质量，注重培养学生创新意识和创新能力。2021 年 3 月，总书记在看望参加全国政协十三届四次会议的医药卫生界、教育界委员时又再次强调：要增强教育服务创新发展能力，培养更多适应高质量发展、高水平的、自立自强的各类人才。

　　基于此，我们决心开发出一套适用于小学不同年级的、融合 STEM 与 PBL 两项先进教学理念的活动方案。从最初的定项、设计，到多位小学一线教师的实践、修订，再到形成书面稿件、集体核定，我们最终整理形成了这套《跨学科项目化学习案例》活动方案，由"自然科学"和"人文科学"两册组成。本册即是其中的"人文科学"一册。

　　人文科学即人文社会科学，它是研究各种社会现象的科学，比如社会学研究人类社会（主要是当代）等。本册书中，我们收录了"垃圾分类——你我在行动""传承红色精神，践行爱国主义""知春节　寻春味""迎玉兔　闹元宵""感怀清明　遥寄相思""浓情五月　古韵端午""饼表亲情　月圆中秋""爱在重阳　孝在平时"八个跨学科项目，其中"知春节　寻春味""迎玉兔　闹元宵""感怀清明　遥寄相思""浓情五月　古韵端午"

"饼表亲情 月圆中秋""爱在重阳 孝在平时"六个项目同属于《传统节日》这一项目主题。八个项目以人文科学中的历史学、社会学为主题背景，横跨、融合多学科的知识与技能，以期呈现出一套可供广大教师朋友借鉴的跨学科项目化学习活动方案。

"垃圾分类——你我在行动"项目，是以国家关于垃圾分类的政策法规的推行为背景，以"垃圾中还有大量可以利用的资源，那么我们该如何收集、处理和利用垃圾?"为驱动性问题而开发设计的。该项目整合了科学、语文、数学、美术、思政等多学科的相关知识，通过社会调查活动，引导学生思考如何解决身边的垃圾堆放问题并设计制作一个校园垃圾分类箱。帮助学生建立良好的生活习惯和生活态度，形成垃圾废物再次利用的概念，积极参与绿色文明社会的建设，增强学生的社会责任感和使命感。

"传承红色精神，践行爱国主义"项目，是以加强学校爱国主义教育为背景，以"学校为了学习党的二十大精神，成立了红领巾红色宣讲团，你作为其中的一员，将如何向少先队员们宣讲?"为驱动性问题进行开发设计的。该项目整合了思政、语文、艺术等多学科的相关知识，结合郴州本地的红色文化资源，在丰富多彩的活动中实现立德树人目标，加强政治教育、品德教育，加强社会主义核心价值观教育，不断提高学生的思想水平、政治觉悟、道德品质，让学生争做新时代的红色少年。

而以《传统节日》为主题的六个项目，则是分别以中华民族传统节日为背景，根据不同的节日分别以"中国年的来历及文化有哪些? 从哪些方面能体现出中国年味""元宵节的来历及文化，从哪些方面能感受到元宵节的氛围"等为驱动问题开发设计。该主题项目整合了语文、美术、思政、数学等多学科的相关知识，通过在课堂上再现真实生活情景，激发学生的探究式学习兴趣，充分发挥学生的主观能动性，并针对学习结果进行交流分享，从而培养学生高阶思维。让学生全面了解中国传统节日，增强学生文化自信，继承与发扬中国传统文化。

本册中的所有项目都以学生的生活背景及现实问题为出发点，具有极高的操作性及社会价值。在每一个特定的项目中，学生都将经历较为系统的运用综合素养进行研究的学习过程，必然会对学生的创新能力、合作能力、动手能力、计划执行能力等多方面的能力有所帮助与提高。一线教师的实施与打磨证明了这是一套切实可行且行之有效的跨学科项目化学习方案，希望可以为学生的学习及教师的教学提供更多的帮助。

编 者

目　录

01　垃圾分类——你我在行动

一、项目简述

　　2019 年起，从国家政策法规的推行，到全国 46 个城市试点，推动着整个社会走进全面开启生活垃圾分类的新时代。因此，本项目结合教科版科学六年级下册《环境和我们》单元，以"垃圾分类"为主题，从跨学科的视角让学生认识、了解垃圾分类的相关知识。通过社会调查活动，引导学生思考如何解决身边的垃圾堆放问题，帮助学生建立良好的生活习惯和生活态度，使其能设计制作堆肥箱，形成垃圾废物再次利用的概念，并积极参与到绿色文明社会的建设中来，增强学生的社会责任感和使命感。

　　该项目在六年级实施，时长 7 周，涉及学科有科学、语文、数学、美术、思政。

二、核心知识

1. 相关学科涉及的主要知识点

　　科学：认识垃圾对生活的危害，知道生活垃圾的四种分类，并能对生活垃圾进行正确分类。了解一些处理垃圾的方式，知道回收利用能在一定程度上减少垃圾的产生。

　　语文：归纳总结关于生活垃圾的一些调研数据，并整理成调查报告。认可垃圾分类的益处，撰写宣传标语向大众宣传。

　　数学：能够正确计算有关垃圾重量的数据。

　　美术：能绘制精美的宣传海报，为制作的产品设计合理的结构、精美的外观、丰富的功能。

　　思政：培养学生的社会调查能力，树立正确的环保价值观念，养成节约资源的意识。

2. 关键概念或能力

　　生活垃圾一般分为可回收物、厨余垃圾、有害垃圾、其他垃圾四类；二次利用能有效减少垃圾数量。

能正确地对垃圾进行分类；能动手将可回收物进行二次改造利用；能设计制作堆肥箱。

三、驱动性问题

1. 本质问题

垃圾该怎样处理？什么是垃圾分类？垃圾分类对保护环境有什么好处？

2. 驱动性问题

据统计，我国约有 2/3 的城市陷入垃圾围城的困境，城市垃圾年产量近 1.5 亿吨。在城市垃圾中，被丢弃的可再生资源价值高达 205 亿元，可见垃圾中还有大量可以利用的资源。我们该如何正确处理垃圾？不同种类的垃圾该如何实现资源利用最优化？

四、成果与评价

个人成果： 　　收集生活中有关垃圾种类的数据，能够对垃圾进行正确分类，撰写垃圾分类宣传标语	**评价内容**： 　●调查生活垃圾种类的途径和方法，观察记录数据的详细程度。 　●收集生活垃圾的来源和种类、数量。 　●能否正确区分可回收物、厨余垃圾、有害垃圾、其他垃圾。 　●垃圾分类宣传标语的创新性
团队成果： 　　以小组为单位，撰写生活中的垃圾调查报告，绘制垃圾分类的宣传海报。画出结构设计图，利用可回收物制作一个变废为宝的作品以及堆肥箱	**评价内容**： 　●调查报告内容的丰富程度和归纳总结的完整性。 　●垃圾分类宣传海报绘画的精美程度和排版的美观程度。 　●变废为宝作品和堆肥箱的设计单完成度。 　●变废为宝作品和堆肥箱的实用性与创新性。 　●能否找出产品的优缺点，是否具备优化或改进的能力
公开方式： 　　网络发布(　　)成果展示(　√　)张贴(　√　)	

五、高阶认知

主要高阶认知策略：

调研：能根据收集的资料、调查的结果制订合理详细的方案。

系统分析：分析相关数据，归纳总结出规律和结果。

问题解决：能发现问题及有待改进或优化的地方，进行分析并找到解决方法。

创见：有独特的想法进行创新，设计并制作出垃圾变废为宝的产品和堆肥箱。

六、实践与评价

涉及的学习实践：	评价的学习实践：
1. 探究性实践：探究垃圾分类与人类生产生活的关系。	探究性实践（✓）
2. 社会性实践：通过走访、询问的方法，收集相关数据。	社会性实践（✓）
3. 调控性实践：在设计、制作的过程中遇到困难时能很好地调节情绪，克服困难。	调控性实践（✓）
4. 审美性实践：能对设计的方案或制作的产品进行客观评价。	审美性实践（✓）
5. 技术性实践：能利用废弃材料制作一个堆肥箱和变废为宝的产品	技术性实践（✓）

七、项目实施

项目过程	评价要素
（入项活动）子项目一：生活中的垃圾 　　1. 学习目标：就身边的垃圾进行交流，讨论垃圾的来源，分析垃圾与生活的联系，引导学生提出问题，归纳整理出研究调查的主题。 　　2. 核心问题：生活中的垃圾随处可见，都有什么垃圾？这些垃圾是从哪里来的？ 　　3. 学习活动：小组讨论制订关于生活中的垃圾调查方案，展开实地调查，并归纳数据，整理成调查报告。 　　4. 成果形式：《生活中的垃圾》调查报告	1. 信息收集能力 2. 调查能力 3. 设计能力 4. 观察记录能力 5. 合作能力 6. 评价优化能力

项目过程	评价要素
子项目二：垃圾的危害 　　1.学习目标：了解生活中垃圾混放的危害和垃圾处理的意义。 　　2.核心问题：垃圾全部堆放在一起会产生什么危害？怎样处理比较好？ 　　3.学习活动：认识垃圾堆放的危害，小组合作设计并完成《垃圾的危害》宣传报。 　　4.成果形式：《垃圾的危害》宣传报	1.表达能力 2.创新能力 3.合作能力 4.评价优化能力
子项目三：垃圾的分类 　　1.学习目标：了解目前垃圾处理的现状和先进经验，掌握常见的生活垃圾的分类方法。 　　2.核心问题：生活垃圾种类繁多，堆放在一起危害更大，你认为哪些垃圾进行分类处理比较好？ 　　3.学习活动：了解生活垃圾的四种分类，设计一条呼吁人们实行垃圾分类的宣传标语。 　　4.成果形式：《垃圾分类》宣传标语	1.表达能力 2.分类能力 3.合作能力 4.写作创新能力 5.评价优化能力
子项目四：垃圾寻宝 　　1.学习目标：使学生意识到要解决垃圾堆放的问题，不仅要学会对垃圾进行分类，还要从源头上减少垃圾数量。 　　2.核心问题：虽然垃圾分类是处理垃圾的好办法，但为了保护环境，我们应该怎样从源头上减少垃圾？ 　　3.学习活动：通过寻宝活动，让学生从生活垃圾中找出可回收利用的垃圾，并称重对比前后数据。 　　4.成果形式：减少垃圾危害、垃圾循环利用的方法	1.计算能力 2.合作能力 3.表达能力
子项目五：垃圾变废为宝 　　1.学习目标：收集各种废弃材料，了解其材质和特征，并将废旧材料加工成各种艺术品。 　　2.核心问题：怎样将家里的垃圾变废为宝，循环利用？ 　　3.学习活动：讨论如何将一些可回收物再次循环利用，设计并制作一个实用的变废为宝的作品。 　　4.成果形式：变废为宝作品	1.设计能力 2.创新能力 3.合作能力 4.评价优化能力

项目过程	评价要素
子项目六：厨余垃圾大变身 　　1.学习目标：学习厨余垃圾堆肥的方法，知道厨余垃圾堆肥后对植物生长、土壤环境的益处。 　　2.核心问题：对于可回收物，我们能够通过改造进行资源二次利用，那数量庞大的厨余垃圾有办法变废为宝吗？ 　　3.学习活动：通过了解厨余垃圾堆肥的方法，讨论怎样选择厨余垃圾进行堆肥。 　　4.成果形式：厨余垃圾堆肥的方法	1.合作能力 2.表达能力
(出项活动)子项目七：制作环保堆肥箱 　　1.学习目标：锻炼学生的动手能力，小组合作，共同制作一款具有实用性的堆肥箱。 　　2.核心问题：怎样选择废弃物品进行适当改造，制作一个堆肥箱？ 　　3.学习活动：利用一些废弃材料，设计并动手制作一款堆肥箱。 　　4.成果形成：环保堆肥箱	1.设计制作能力 2.创新能力 3.合作能力 4.评价优化能力
评价与修订 　　在开展项目的过程中，各小组根据他人意见修订自己的成果，对照评价标准来查看自己是否达到目标	
公开成果 　　《垃圾分类》宣传标语和宣传报、变废为宝作品、堆肥箱	

八、所需资源

　　有关垃圾危害、垃圾分类条例、垃圾处理方式的图片资料，制作堆肥箱的材料工具等。

九、反思与迁移

　　让学生了解垃圾的分类方法及危害，并通过活动让学生知道垃圾的处理方式有哪些，要让学生多思考这些方式是否能达到预期效果。在校内还需要多开展宣传教育活动，使学生深刻认识到周围垃圾问题的严重性，理解垃圾分类回收的重要性和迫切性，能对垃圾"变废为宝"产生兴趣,从自身出发思考垃圾的"来"和"去",提高学生获取知识的能力。在设计堆肥箱时,学生要先了解市面上常见的堆肥工序是怎样的,怎样改进会更好。还可在校内多开展科学实践活动,去调查食堂、实验室、文印室等地方的"特殊垃圾"是如何处理的,学生和教师对于垃圾分类回收有什么想法和意见等。实地考察周围的垃圾处理厂,不仅进一步锻炼了学生搜集和处理信息的能力,还提高了小组之间团结协作、交流沟通的能力。

"垃圾分类——你我在行动"跨学科项目化学习案例

子项目一: "生活中的垃圾"教学设计实施

建议时间: 1 小时	项目化单元主题: 垃圾分类——你我在行动	子项目活动: 生活中的垃圾
项目说明: 通过讨论制订关于生活中的垃圾的调查方案,学生展开实地调查,并归纳数据,整理成调查报告		
主要关联技能: 制订方案的能力、分享交流的能力、动手能力、信息收集能力		
主要关联学科: 科学、实践		
项目目标: 1.就身边的垃圾进行交流,讨论垃圾的来源,认识到垃圾与人类的生存、发展密切相关。 2.积极引导学生提出问题,提高学生的口语表达能力和倾听能力,并根据问题归纳和整理出研究调查的主题。 3.教育学生要珍爱生命,培养他们的环境保护意识,懂得保护环境的重要性		
材料准备: PPT、垃圾图片、《生活中的垃圾》表格		
作品结果呈现形式:《生活中的垃圾》调查报告		
驱动性问题: 生活中的垃圾随处可见,都有什么垃圾? 这些垃圾是从哪里来的?		

项目步骤	教师支持
一、观察图画,引入话题 师:你们喜欢这些图片吗? 为什么? (学生观看美丽校园的图片) 师:在整洁美丽的校园中上课,我们每天都非常快乐,但有一天,美丽的校园变脏了。 学生观察后交流。教师提问:你们还喜欢那些图片吗? 为什么? 图片里有什么? 师:这些都是我们身边的垃圾。(出示课题)	出示学校美丽整洁的图片和脏乱的图片。
二、提出驱动性问题 1.生活中的垃圾随处可见,都有什么垃圾? 这些垃圾是从哪里来的? 2.在家里、校园里、城市里或其他地方,你发现了什	每组发放《生活中的垃圾》表格。

么垃圾？这些垃圾是怎样产生的？

（学生讨论，完成《生活中的垃圾》表格）

3.小组分享。

三、分组讨论，制订调查方案

1.教师介绍调查研究的基本过程，需要学生具备观察、访谈、记录、分析、提出建议等社会实践技能。

2.调查范围如何确定？用什么方法实施调查？如何记录、归纳调查数据？

3.请你们小组讨论并选定地点进行调查研究，制订详细的调查方案。

要求：选定一个具有代表性的地点，保证调查数据的真实、全面；要有详细的调查步骤，选择正确的调查方法；利用统计图或统计表对数据进行分析整理。

教师要对学生设计的方案进行点评，及时修正不合理的地方。

四、展示计划，互相评价

1.学生以小组为单位展示调查方案。

2.小组之间互相评价。

3.教师总结。

提示学生调查报告的形式是多样化的。

五、优化方案，课后实践

请课后按方案进行调查，完成生活中的垃圾调查报告。

"生活中的垃圾"子项目一小组自评及互评表

（   组）

评价要素	评价细则	星级	自评	互评
信息收集能力	能从多种途径、不同方面收集资料，且资料具有权威性，并进行归纳整理	★★★		
	能收集一些资料，并进行归纳整理	★★		
	能收集到一些简单的资料，但不太会对资料进行归纳整理	★		

评价要素	评价细则	星级	自评	互评
调查能力	能通过多种方法调查常见的生活垃圾种类及其数量，撰写详细的调查报告	★★★		
	能调查到生活垃圾的相关数据，并归纳总结出相应的调查报告	★★		
	能进行调查，但得到的相关数据比较少，调查报告内容比较单一	★		
设计能力	能制订合理、详细的调查方案，从多个方面对生活垃圾进行调查	★★★		
	能制订方案，但方案没有详细步骤，不便于实施，调查方向不够全面	★★		
	制订的调查方案比较简单，调查内容比较局限	★		
观察记录能力	能够细心观察，并记录下不同种类的生活垃圾，有条理	★★★		
	能认真观察，完成记录，但不够细致	★★		
	能完成基本的观察任务，但记录不够详细，表述不够清晰	★		
合作能力	小组每个成员都能积极主动地参加活动，有组织、有计划地进行调查	★★★		
	小组内分工不够明确，合作成效不高	★★		
	部分学生在调查活动中不够积极，团队意识薄弱	★		
评价优化能力	能对调查方案进行全方位评价，分析优缺点并找出解决方法	★★★		
	能对调查方案进行基本评价，并找出有待改进或优化的地方	★★		
	能对调查方案进行点评，但找不出有待改进或优化的地方	★		

"垃圾分类——你我在行动"跨学科项目化学习案例

子项目二："垃圾的危害"教学设计实施

建议时间：1 小时	项目化单元主题： 垃圾分类——你我在行动	项目活动：垃圾的危害
项目说明：认识垃圾堆放产生的危害，小组合作设计并完成《垃圾的危害》宣传报		
主要关联技能：交流分享能力、设计能力、绘画能力		
主要关联学科：科学、美术		

项目目标：
  1. 了解生活中垃圾混放的危害和垃圾处理的意义。
  2. 培养学生分析问题的能力，不断提高学生整理、分析、处理信息的能力。
  3. 树立必须处理垃圾、保护环境的生态意识，培养合作精神和环保意识		

材料准备：PPT、垃圾危害相关图片资料、图画纸		
驱动性问题：垃圾全部堆放在一起会产生什么危害？怎样处理比较好？		
成果呈现形式：《垃圾的危害》宣传报		

项目步骤	教师支持

一、分享调查报告，引入话题
  1. 学生分享生活中的垃圾调查数据。
  2. 哪里堆放的垃圾最多？哪种类型的垃圾最多？
	对学生的调查数据进行总结分析。

二、提出驱动性问题 通过调查，我们发现人类生活产生的垃圾种类繁多，那把它们全部堆放在一起会产生什么危害？怎样处理比较好？	

三、认识垃圾的危害
  1. 小组讨论，分享交流。
  2. 教师介绍垃圾的危害及处理方法。	

四、小组设计并绘制宣传报 1. 要求：选择适合的主题，向大众宣传垃圾堆放的危害；版式设计美观大方，标题要醒目。	发放垃圾危害的相关图片资料、图画纸。

2. 小组设计宣传报的版式。
3. 动手剪贴并绘制宣传报。

五、分享交流，相互点评

1. 小组按顺序介绍作品。
2. 师生互动，进行评选。
3. 教师总结。

"垃圾的危害"子项目二小组自评及互评表

（　　　　组）

评价要素	评价细则	星级	自评	互评
表达能力	能向老师和其他同学进行分享，详细说明调查的结果，表述流利清晰	★★★		
	能在课堂上与大家积极交流，但分享的内容不够全面	★★		
	能在课堂上进行分享交流，但表述不够清晰	★		
创新能力	在拼贴宣传报的基础上，能够进行手工绘制，加入一些有创意的图画	★★★		
	能自己创造拼贴有创意的宣传报，但没有进行绘画加工	★★		
	照搬范例的版式，只进行一点修改、加工	★		
合作能力	有团队意识和合作精神，分工明确，能齐心协力共同完成宣传报	★★★		
	小组成员都能参与活动，但组内分工不够明确，合作成效不高	★★		
	部分学生在动手制作中不够积极，参与度不高，团队意识薄弱	★		
评价优化能力	能对制作的宣传报进行有效评价，对有待改进的地方进行进一步优化	★★★		
	能进行有效评价、指出宣传报的优缺点，但不够全面、客观	★★		
	能对制作的宣传报进行评价，但找不到进一步改进或优化的方法	★		

"垃圾分类——你我在行动"跨学科项目化学习案例

子项目三："垃圾的分类"教学设计实施

建议时间：1 小时	项目化单元主题： 垃圾分类——你我在行动	项目活动：垃圾的分类
项目说明：了解生活垃圾的四种分类，设计一条呼吁人们进行垃圾分类的宣传标语		
主要关联技能：交流分享能力、分类能力、写作能力		
主要关联学科：科学、语文		
项目目标： 　　1.学会垃圾分类的基本知识，了解目前垃圾处理的现状和先进经验。 　　2.通过活动掌握常见的生活垃圾分类方法，理解常见垃圾分类中的误区。 　　3.关心身边的事物，认识到生活垃圾分类处理的必要性，关注社会生活和居住地的环境质量		
材料准备：PPT、垃圾再次利用的图片、电池、垃圾分类表格		
驱动性问题：生活垃圾种类繁多，堆放在一起危害很大，你认为哪些垃圾需要做分类处理？		
成果呈现形式：垃圾分类宣传标语		

学生活动	教师支持
一、观察图画，引入话题 　　师：我们知道，有的垃圾例如废纸、塑料瓶等丢弃了比较浪费，可以进行资源化处理。有的垃圾例如电池不能随意丢弃，会污染环境，应做无害化处理。	出示垃圾再次利用的图片，手拿一节电池。
二、提出驱动性问题 　　1.师：根据之前的生活垃圾调查报告，我们发现生活垃圾种类繁多，堆放在一起危害很大，你认为哪些垃圾要进行分类处理？ 　　2.学生讨论并分享。	学生进行分类时，教师要及时指导。
三、学会垃圾分类 　　1.明确生活中的垃圾主要分四类，简单介绍四类如何区分。	教师要对学生自创的标语及时进行点评。

2. 教师强调易分错的垃圾。

3. 请学生对之前调查过的生活垃圾进行分类，完成表格。

4. 学生进行分享。

四、设计宣传标语

1. 请你当一个环保卫士，设计一句标语向大家宣传垃圾分类的重要性。

2. 小组之间互相评价。

3. 教师总结。

"垃圾的分类"子项目三小组自评及互评表

（　　　　组）

评价要素	评价细则	星级	自评	互评
表达能力	小组能进行高效讨论，表述清晰流利，能说出多种需要分类处理的垃圾	★★★		
	在课堂上，小组能进行有效讨论，能说出常见的需要分类处理的垃圾	★★		
	能向老师和其他同学进行分享，但只能说出几种需要分类处理的垃圾	★		
分类能力	清楚地知道垃圾的四种分类，并能够对生活中的垃圾进行正确分类	★★★		
	大致清楚垃圾的四种分类，但在分类时对少部分垃圾会出现混淆的情况	★★		
	知道生活垃圾的四种分类，但容易将垃圾分错种类	★		
合作能力	每个人都能积极主动地参加活动，融入小组工作，能对生活垃圾进行分类	★★★		
	小组内分工不够明确，合作成效不高	★★		
	部分学生在调查活动中不够积极，团队意识薄弱	★		

评价要素	评价细则	星级	自评	互评
写作创新能力	能设计出脍炙人口的宣传标语，有自己独特的想法，具有创新性	★★★		
	根据个人想法，参考已有的标语，进行修改并再次创作	★★		
	部分照搬已有标语，只进行一点点修改	★		
评价优化能力	能从多方面对设计的宣传标语进行评价，并提供优化方案	★★★		
	能对设计的宣传标语进行评价，找出优缺点	★★		
	能对设计的宣传标语进行点评，但找不出可进一步改进或优化的地方	★		

生活垃圾的分类

可回收物	厨余垃圾
有害垃圾	其他垃圾

"垃圾分类——你我在行动"跨学科项目化学习案例

子项目四:"垃圾寻宝"教学设计实施

建议时间:1小时	项目化单元主题:垃圾分类——你我在行动	项目活动:垃圾寻宝
项目说明:通过寻宝活动,让学生从生活垃圾中找出可二次利用的垃圾,并称好垃圾的重量,对比分析前后数据		
主要关联技能:称量计算能力、交流分享能力		
主要关联学科:科学、数学		
项目目标: 　　1.使学生认识到,解决垃圾堆放的问题,不仅要学会垃圾分类,还要从源头上减少垃圾的数量。 　　2.通过讨论交流,寻找一些减少垃圾危害、循环利用垃圾的好点子。 　　3.增强保护环境的责任感,养成良好的行为习惯		
材料准备:学生准备一些便于携带的生活垃圾		
驱动性问题:虽然垃圾分类是处理垃圾的好办法,但为了保护环境,我们应该怎样从源头上减少垃圾?		
成果呈现形式:减少垃圾危害、循环利用垃圾的方法		

学生活动	教师支持
一、回顾导入,提出驱动性问题 　　1.回顾上节课有关垃圾分类的知识。 　　2.引出"减少垃圾"的内容,揭示课题。 　　3.虽然垃圾分类是处理垃圾的好办法,但为了保护环境,我们应该怎样从源头上减少垃圾? **二、开展"垃圾寻宝"活动** 　　1.让学生把本组垃圾的重量称出来后向老师报告,老师在黑板上记录并算出全班的垃圾总量。 　　2.小组讨论,找出可以再次利用的垃圾。 　　3.汇报交流。 **三、归纳总结** 　　1.教师要求学生称出剔除了"宝贝"之后的垃圾重	

量，再次记录在黑板上，计算总量。

2. 总结：再利用是减少垃圾的有效方法。

四、分享交流，再次思考

1. 师：刚刚找到的"宝贝"，你想要怎样再次利用？

2. 总结：可以利用废旧物品制作出一些工艺品、工具等。

教师出示表格，提醒学生家里没带来的垃圾也可以利用。

"垃圾寻宝"子项目四小组自评及互评表

（　　　　组）

评价要素	评价细则	星级	自评	互评
计算能力	能对本组带来的垃圾进行称量计数，正确地减去可回收物，并算出剩余重量	★★★		
	会称量本组带来的垃圾，但是计数不够准确	★★		
	称量垃圾的数量误差很大	★		
合作能力	每个人都能积极主动地参加活动，融入小组工作，能够积极参与探究活动	★★★		
	小组内分工不够明确，合作成效不高	★★		
	部分学生在探究活动中不够积极，团队意识薄弱	★		
表达能力	小组能进行高效讨论，表述清晰流利，能找出多种可以再次利用的垃圾	★★★		
	小组能进行有效讨论，但只能找出一些常见的可再次利用的垃圾	★★		
	小组能进行讨论，但不够积极认真，分享时表述不够清晰	★		

"垃圾分类——你我在行动"跨学科项目化学习案例

子项目五:"垃圾变废为宝"教学设计实施

建议时间:1小时	项目化单元主题: 垃圾分类——你我在行动	项目活动:垃圾变废为宝
项目说明:讨论如何将一些可回收物再次循环利用,设计并制作一个实用的变废为宝的作品		
主要关联技能:设计能力、分享交流能力、动手能力		
主要关联学科:科学、美术		
项目目标: 1.收集各种废弃材料,了解其材质和特征。 2.引导学生发挥想象,将各种废旧材料加工成各种艺术品。 3.通过制作,培养学生的创造精神和保护环境的意识		
材料准备:一些可回收利用的垃圾、胶枪、剪刀、双面胶		
驱动性问题:怎样将家里的垃圾变废为宝循环利用		
成果呈现形式:变废为宝作品		

学生活动	教师支持
一、观察图画,引入话题 师:同学们,看了这些变废为宝的作品,你们有什么感想?	出示垃圾变废为宝的图片。
二、提出驱动性问题 师:怎样将家里的垃圾变废为宝、循环利用?	
三、分组讨论,完成设计单 让学生确定好要使用的材料,把设计图画出来。	发放设计单。

四、展示设计图
    1.学生以小组为单位向大家详细介绍作品所需材料、功能等。
    2.小组之间互相评价,优化方案。
    3.教师总结。	

五、介绍作品

1. 学生以小组为单位向大家详细介绍作品的功能等。
2. 小组之间互相评价。
3. 教师总结。

"垃圾变废为宝"子项目五小组自评及互评表

（　　　　组）

评价要素	评价细则	星级	自评	互评
设计制作能力	根据想法绘制设计图，并动手制作一个实用性较强的垃圾变废为宝的作品	★★★		
	能绘制设计图，制作垃圾变废为宝的作品，但不够实用、美观	★★		
	能绘制设计图，但设计图不够合理，导致制作出的作品不实用	★		
创新能力	有独特的想法，利用可回收物成功设计一款新型变废为宝的作品	★★★		
	根据个人想法，对市面上变废为宝的案例进行修改，再次创新加工	★★		
	照搬已有的变废为宝作品，只进行小幅度的修改、加工	★		
合作能力	每个人都能积极主动地参加活动、融入小组工作，能够积极动手制作	★★★		
	小组内分工不够明确，合作成效不高	★★		
	部分学生在探究活动中不够积极，团队意识薄弱	★		
评价优化能力	能对制作的垃圾变废为宝的作品进行评价，并提供优化方案	★★★		
	能对制作的垃圾变废为宝作品进行评价，找出优缺点	★★		
	能对制作的垃圾变废为宝作品进行点评，但找不到可以改进或优化的地方	★		

"变废为宝"设计单

所需材料：
主要功能：
简易草图：

"垃圾分类——你我在行动"跨学科项目化学习案例

子项目六:"厨余垃圾大变身"教学设计实施

建议时间:1小时	项目化单元主题: 垃圾分类——你我在行动	项目活动:厨余垃圾大变身
项目说明:知道厨余垃圾能二次利用变成堆肥资源,学习厨余垃圾的堆肥方法		
主要关联技能:交流分享能力、总结归纳能力		
主要关联学科:科学、美术		
项目目标: 　1.知道厨余垃圾能再次利用变成堆肥资源。 　2.学习厨余垃圾的堆肥方法,知道厨余垃圾堆肥后对植物生长、土壤环境的益处。 　3.形成珍惜资源、物尽其用的环保观念		
材料准备:PPT、厨余垃圾、表格		
驱动性问题:人们每天会产生数量庞大的厨余垃圾,你有办法让它们也变废为宝吗		
成果呈现形式:厨余垃圾堆肥处理的方法		

项目步骤	教师支持
一、回顾导入,提出驱动性问题 　1.上节课我们学会了可以通过改造可回收物进行资源二次利用,减少一些生活垃圾的数量。可除此之外,我们每天还会产生数量庞大的厨余垃圾,你有办法让它们也变废为宝吗? 　2.为什么选择堆肥这种方式处理厨余垃圾?	
二、小组讨论分析 　1.哪些厨余垃圾适合进行堆肥处理? 　2.该怎样进行堆肥?怎样处理厨余垃圾? 　3.学生进行分享,教师进行修正。	出示实验记录单
三、了解堆肥的不同方法 　1.教师一一介绍几种不同的堆肥方法。 　2.讨论:不同的堆肥方式各有什么特点?你会选择	

哪一种方法进行堆肥?

四、学生汇报，教师总结

"厨余垃圾大变身"子项目六小组自评及互评表

（　　　　组）

评价要素	评价细则	星级	自评	互评
合作能力	每个人都能积极主动地参加讨论活动，融入小组工作	★★★		
	小组内的讨论方向不够明确，合作成效不高	★★		
	部分学生参与不够积极，团队意识薄弱	★		
表达能力	小组能进行高效讨论，表述清晰流利，能找出多种可以再次利用的垃圾	★★★		
	小组能进行有效讨论，但只能找出一些常见的可再次利用的垃圾	★★		
	小组能进行讨论，但不够积极认真，分享时表述不够清晰	★		

厨余垃圾大变身

堆肥材料：
堆肥方法：

「"垃圾分类——你我在行动"跨学科项目化学习案例」

子项目七："制作环保堆肥箱"教学设计实施

建议时间：1 小时	**项目化单元主题：** 垃圾分类——你我在行动	**项目活动**：制作环保堆肥箱
项目说明：设计并动手制作一款厨余垃圾堆肥箱		
主要关联技能：交流分享、绘制设计图、动手制作		
主要关联学科：科学、实践		
项目目标： 　1.能够利用身边的废弃物品设计制作一款环保堆肥箱。 　2.锻炼学生的动手能力，通过小组合作的形式共同制作一款具有实用性的堆肥箱。 　3.培养热爱环境、保护环境的意识，自觉减少垃圾的产生		
材料准备：PPT、废弃纸盒、彩色卡纸、剪刀、双面胶、水彩笔、设计表格		
驱动性问题：怎样选择废弃物品进行适当改造，制作一个堆肥箱？		
成果呈现形式：环保堆肥箱		

项目步骤	教师支持
一、回顾导入 　1.回顾上节课学习的堆肥的相关知识。 　2.介绍市面上常见的堆肥箱类型。 **二、提出驱动性问题** 　怎样选择废弃物品进行适当改造，制作一个堆肥箱？ **三、绘制设计图** 　1.思考应选择什么材质的物品作为堆肥箱的外形。 　2.教师提出问题：哪里适合摆放堆肥箱？堆肥过程中要控制哪些因素？该怎样控制？ 　3.小组讨论并画出设计图。 　4.学生进行分享。 　5.师生点评并优化设计图。	 出示设计单

四、动手制作并分享

1.小组动手制作堆肥箱。

2.小组之间互相评价。

3.教师总结。

"制作环保堆肥箱"子项目七小组自评及互评表

（　　　　组）

评价要素	评价细则	星级	自评	互评
设计制作能力	能按照要求绘制设计图，并动手制作出一个实用性较强的堆肥箱	★★★		
	能绘制设计图，但制作的堆肥箱不够实用	★★		
	结构设计不够合理，制作的堆肥箱存在问题，还需改进	★		
创新能力	有自己独特的想法，能根据校园的特点设计一款创新的堆肥箱	★★★		
	能根据个人想法对市面上已有的堆肥箱进行修改，再次创新加工	★★		
	基本照搬市面上已有的堆肥箱，只进行小幅度修改、加工	★		
合作能力	每个人都能积极主动地参加活动，融入小组工作，能够积极动手制作	★★★		
	小组内分工不够明确，合作成效不高	★★		
	部分学生不够积极，团队意识薄弱	★		
评价优化能力	能对制作的堆肥箱进行评价，并提供优化方案	★★★		
	能对制作的堆肥箱进行评价，找出优缺点	★★		
	能对制作的堆肥箱进行点评，但找不出可以进一步改进或优化的地方	★		

环保堆肥箱

材料：	
摆放地点：	
使用说明：	

设计草图：

02 传承红色精神，践行爱国主义

一、项目简述

习近平总书记说："人无德不立，育人的根本在于立德。这是人才培养的辩证法。"党的二十大已经召开，为深入贯彻落实党的二十大精神，学校加强爱国教育，积极开展爱国教育活动。爱国教育是小学阶段德育教育中非常重要的一个方面，除了在课堂上利用各科教学进行教育，还可以利用主题活动、班会队课、走访体验等活动形式来开展，激发学生的爱国主义情怀，激励学生向优秀的先辈们学习。本项目是结合郴州本地的红色文化资源，融合语文、书法、绘画、音乐、思政、历史、信息技术等相关知识，开发设计的小学中高年级"传承红色精神，践行爱国主义"跨学科项目化学习课程。在丰富多彩的活动中立德树人，加强政治教育、品德教育，加强社会主义核心价值观教育，不断提高学生的思想水平、政治觉悟、道德品质，让学生争做新时代的红色少年。

该项目在六年级实施，时长4周，涉及了语文、书法、绘画、音乐、思政、历史、信息技术等内容。

二、核心知识

1. 相关学科涉及的主要知识点

思政：

(1)学习红色文化，了解红色精神的内涵，继承和发扬红色精神；

(2)与时俱进，了解新时代下具有"红色精神"的人物；

(3)思考在生活中如何践行爱国主义精神。

语文：

(1)调查搜集红色文化内容，加以选择和记录；

(2)能收集整理知识，积极表达，向他人介绍和讲解红色文化及其精神；

(3)学会评价——自我评价和评价他人。

绘画、书法：运用绘画和书法知识设计、制作美观实用的红色文化册、英雄人物谱等。

音乐：欣赏、学习红色歌曲，培养爱国主义情怀。

2.关键概念或能力

学习和掌握红色文化及其精神，制作实用的红色文化宣传品，自信清楚地讲解红色文化和精神。

三、驱动性问题

1.本质问题

如何弘扬红色文化，发扬红色精神。

2.驱动性问题

为学习党的二十大精神，弘扬红色文化，发扬红色精神，学校成立了红领巾红色宣讲团，你作为红领巾红色宣讲团的一员，将如何向少先队员们进行宣讲呢？

四、成果与评价

个人成果：	评价内容：
1.本土红色文化知识收集本。 2.制作属于自己的、有特色的红领巾红色宣讲团成员证。 3.制作红领巾优秀宣讲员签名本，即宣讲后，如果别人认同你的宣讲，则在宣讲本上签名	●能通过多种方式收集、整理、选择需要的信息。 ●掌握课堂上的知识，积极表达，能流畅地说出自己的想法。 ●能为团队提供自己的力量，服从团队的协作安排。 ●能对其他同学的表现进行多方面评价，对于他人对自己做出的有益评价能虚心接受并改正
团队成果： 1.红领巾红色宣讲团宣传册、手抄报、文化衫等。 2.宣讲团宣讲地点图册。 3.录制视频，拓展延伸，扩大影响	评价内容： ●能根据任务要求进行团队分工合作，根据团队个人的特长合理进行任务安排，遇到困难可以团结协作，遇到矛盾可以商量化解，共同完成任务要求

公开方式：

网络发布(   )成果展示(√)张贴(   )

五、高阶认知

主要高阶认知策略：

问题解决   决策   创见   调研

六、实践与评价

涉及的学习实践：	**评价的学习实践：**
1.社会性策略：能够发起或参与一定范围的讨论，能够根据特定目的、任务、要求、受众群体来展示信息。 2.调控性实践：坚持完成项目，制订项目完成的计划，进行时间管理，进行情绪调控。 3.审美性实践：能够根据要求设计、制作美观的红色文化宣传册、手抄报、文化衫等。 4.技术性实践：能够根据任务要求搜集资料，录制视频	探究性策略( ) 社会性策略(√) 调控性实践(√) 审美性实践(√) 技术性实践(√)

七、实践与评价

项目过程	评价要素
(入项活动)项目一：中国红，最美的颜色 1.学习目标： (1)认识五旗五徽，了解五旗五徽的相关知识，熟悉基础的红色文化； (2)小组合作交流，制作宣传手抄报； (3)争做红领巾宣讲员，向他人宣传红色文化知识； (4)培养学生解决问题的能力及团队协作的能力，以提升学生的综合素质。 2.核心问题：学习红色文化，利用宣传手抄报宣传红色文化。 3.学习活动： 任务一：确定课堂宣讲形式和内容(课前)。 任务二：课前信息收集与处理(五旗五徽)。 任务三：根据课堂所学知识开展小组讨论，合作制作手抄报，并进行课堂宣讲汇报。 任务四：评价与反思。 4.成果形式：课堂宣讲汇报、五旗五徽宣传册(小组整理的汇报册)	1.信息收集能力 2.表达能力 3.运用能力 4.合作能力 5.评价能力

项目过程	评价要素
项目二：中国红，革命的洪流 　1.学习目标： 　(1)学习党的历史，整合信息用时间轴表示出来，并整理为信息收集册； 　(2)通过多种形式(查资料、实地走访、采访相关人员)了解郴州本地的红色文化，整理成信息收集册； 　(3)演红色话剧《夜宿梨山》《半条被子》。 　2.核心问题：学习党的历史知识，综合运用，演红色故事话剧。 　3.学习活动： 　任务一：制作党的历史时间轴。 　绘制有特色的时间轴，根据时间轴讲解历史进程。 　任务二：了解本地红色文化。 　小队分工合作，了解郴州本地有名的红色文化。设计吸引人的、让人容易接受的宣讲方式，团队讨论，根据实际情况选择演出方式。 　任务三：红色话剧演出。 　(1)结合实际情况选择有表现力的故事，如《夜宿梨山》《半条被子》； 　(2)分工合作，把故事改编为话剧，准备服装和道具； 　(3)排练话剧； 　(4)课堂上进行话剧演出。 　任务四：评价与反思。 　(1)学生互评； 　(2)师评。 　4.成果形式：制作时间轴、进行话剧演出	1.信息收集能力 2.表演能力 3.合作能力 4.评价能力

项目过程	评价要素
项目三：中国红，英雄的本色 1. 学习目标： (1) 了解红色革命英雄、新时代英雄； (2) 选择2位红色革命英雄、2位新时代英雄制作红色英雄图谱； (3) 结合自己的红色英雄谱宣讲红色英雄故事。 2. 核心问题：学习英雄故事，感悟英雄品质，学习和传承英雄精神。 3. 学习活动： 任务一：课前调研。 提出自己最喜欢的红色革命英雄人物和新时代英雄人物。 任务二：英雄故事我知道。 (将课前收集的你喜欢的红色革命英雄、新时代英雄的简介、故事，整理在信息收集册里) 任务三：英雄图谱我制作。 选择自己最喜欢的2位红色革命英雄、2位新时代英雄，制作红色英雄图谱。(文图结合，可将学习心得记录在册) 任务四：英雄故事我宣讲。 小队内先交流，避免重复，之后班级内进行宣讲。 任务五：评价与反思。 (1) 互评； (2) 师评。 4. 成果形式：制作英雄纪念册	1. 信息收集能力 2. 表达能力 3. 运用能力 4. 合作用力 5. 评价能力

项目过程	评价要素
项目四：中国红，强大的自信 　1. 学习目标： 　(1)红色小队分工合作，设计制作小队文化衫； 　(2)小队分工合作，利用整个项目课程学到的知识制作的手抄报、英雄人物手册等资料进班级(进社区)进行宣讲； 　(3)传播红色文化，继承和发扬红色精神，争做小小红色宣传员。 　2. 核心问题： 　(1)学习红色文化，理解、传承和发扬红色精神； 　(2)结合实践，融合学科，提升学生思想道德水平。 　3. 学习活动： 　任务一：角色扮演，活动设计。 　小队分工，确定角色(军人、医生、科学家、老师、农民)，分工合作，确定内容，制作"以前-现在"对比表、时代明信片。 　任务二：角色扮演，宣讲交流。 　角色扮演，分类宣讲，其他队员发表收获与感想。 　任务三：立志向，筑梦想。 　(1)演唱歌曲《厉害了，中国》； 　(2)许愿墙贴梦想。 　任务四：录制视频、项目解说，并进行宣传。 　任务五：评价与反思。 　回顾所有活动，谈谈自己的感受，写下来。 　作为红领巾宣讲团的一员，继续学习红色文化及其精神，传承和发扬红色文化，为祖国的强大贡献力量。 　4. 成果形式：制作明信片，进社区宣讲	1. 信息收集能力 2. 表达能力 3. 运用能力 4. 合作能力 5. 评价能力
评价与修订 　在开展项目的过程中，根据小组实践情况进行修改	
公开成果 　成立宣传团，利用自己的资料向同学们进行宣讲	

八、反思与迁移

在设计项目的过程中，项目的驱动性问题构建了真实的生活情境，能激发学生的兴趣。通过各种宣传活动，将德育思想教育进行跨学科融合，让学生深刻感悟红色精神，并落实到宣传中。项目一中，学生虽然不太熟练，但是项目内容不难，学生通过合作就能完成；项目二与本地红色文化紧密结合，进行话剧表演，教师在其中只需做好引导和指导即可，让学生根据任务自行想办法完成；项目三增加了调研，根据学生的需求来调整宣讲的内容；项目四要求学生做对比表和明信片，感受时代的变化。光是直白地说红色精神是说不清楚的，学生也无法深刻体会，但在这样的项目活动中，学生会去想、去做、去宣讲，红色精神润物细无声地浸入学生的心里，同时也引导学生自发地继承和弘扬红色精神。

九、项目成效

1.学生在项目实施的过程中逐步掌握了红色文化知识，了解了红色精神的深刻内涵，明白了弘扬红色精神的重要性，培养了热爱祖国的高尚情感。

2.在项目实施过程中，学生的语言表达能力、艺术运用能力、团队协作能力等各方面的综合能力均有所提升。

"传承红色精神，践行爱国主义"跨学科项目化学习案例

子项目一："中国红，最美的颜色"教学设计实施

建议时间：1小时	项目化单元主题： 传承红色精神，践行爱国主义	项目活动：中国红，最美的颜色
项目说明：学习红色文化，了解红色精神的深刻内涵，红领巾宣讲员课堂宣讲		
主要关联技能：语言表达能力、团队协作能力、设计制作能力、收集整理能力		
主要关联学科：语文、书法、绘画、音乐、思政、历史、信息技术		
项目目标： 　1.认识五旗五徽，了解五旗五徽的相关知识，熟悉基础的红色文化。 　2.小组合作交流，制作宣传手抄报。 　3.争做小小红色宣传员，向他人宣传红色文化知识。 　4.培养学生解决问题的能力、团队协作的能力，提升学生的综合素质		
材料准备：手抄报纸、蜡笔、彩笔、尺子、双面胶、剪刀		
驱动性问题：红领巾宣讲团准备做一期关于旗帜类的红色文化宣讲，每个小组都要做好宣讲活动设计并进行宣讲，你作为小组的一员，该怎样配合小组做好准备呢？		
成果呈现形式：五旗五徽宣传手抄报、小队宣讲、信息收集册		

项目步骤	教师支持
任务一：宣讲方案与宣讲内容 　　各小组组内讨论，设计课堂宣讲方案和宣讲内容；班级调研确定宣讲方案和宣讲内容，即小组合作制作宣讲手抄报并进行课堂宣讲。	教师指出学生在设计活动方案时需要注意的地方，以及要根据活动形式选择合适的宣讲方式。
任务二：课前信息收集与处理(五旗五徽) 　　1.每位成员进行五旗五徽的信息收集，可以利用文字、表格和图画等方式处理信息，并将其制作成信息收集册。 　　2.小组整合信息收集册。	根据实际情况，教师适当引导学生清楚美观地处理收集到的信息。 教师准备希沃课件，播放音乐，组织学生听音识曲。
任务三：课堂宣讲 　　(一)听音识曲(爱国红色歌曲) 　　1.师生问好。	教师展示希沃课件。

2. 听音识曲(听爱国歌曲,说歌曲的名字)。

《我和我的祖国》《龙的传人》《歌唱祖国》

(二)认识五旗五徽

学习、巩固五旗五徽的知识。

(三)绘五旗五徽宣讲手抄报

分成五个宣传小队,小队合作制作一旗一徽宣传手抄报,确定红色小队队名、口号。

(四)课堂宣讲

红领巾红色宣讲团小队进行宣传汇报。

(五)五旗五徽知识竞赛

分成两大组,运用希沃课件进行小组 PK,巩固、检测学生掌握的五旗五徽知识。

(六)国旗的故事

观看《国旗的由来》视频,引发学生思考,激发学生热爱祖国、热爱党和人民的情感。

(七)重温升旗仪式

让我们重温天安门隆重、庄严、肃穆的升旗仪式吧!全体起立!从自己做起,做一个小小红色文化宣传员,继承和发扬红色精神!

任务四:评价与反思

1. 小组内互相评价,填好评价表。

2. 班级内互相评价。

3. 教师评价。

教师提供手抄报纸、绘制工具、汇报表。教师巡视,进行针对性指导,利用计时器帮助学生进行时间管理。

教师利用希沃交互式课件展开游戏比赛,组织学生答题。

教师播放视频,逐步提问,引导学生深入理解红色文化所蕴含的红色精神,体会强烈的爱国情感。

教师播放视频,组织学生重温升旗仪式。

教师引导评价的内容和方向,给予学生肯定,提出改进意见,激发学生的兴趣。

"中国红，最美的颜色"子项目一小组自评及互评表

（　　　　　）组

评价要素	评价细则	星级	自评	互评
信息收集能力	能通过多种方式收集、整理、选择课堂需要的信息。信息收集记录得较准确、完整	★★★		
	能收集课堂需要的信息，有初步选择、整理的能力，会记录信息	★★		
	会收集信息，能记录收集的信息	★		
表达能力	能掌握课堂上的知识，积极表达，能流畅地说出自己的想法	★★★		
	对课堂上的知识有印象，有一些自己的感受，能表达	★★		
	对课堂上的知识有初步印象，有一些自己的感受，并能试着去表达	★		
运用能力	能根据任务要求(制作宣传手抄报)，综合运用各方面的知识和能力完成任务。(手抄报有特色，较精美)	★★★		
	能完成任务，手抄报有特色	★★		
	能基本完成任务，手抄报完成得一般	★		
合作能力	能根据任务要求进行团队分工合作，根据团队个人的特长合理进行任务安排，遇到困难可以团结协作，遇到矛盾可以商量化解，能很好地完成任务	★★★		
	根据任务要求进行分工合作，能较好地完成任务	★★		
	有分工合作的意识，能基本完成任务	★		

评价要素	评价细则	星级	自评	互评
评价能力	能对其他同学的表现进行多方面评价，对于他人做出的对自己有益的评价能虚心接受并改正	★★★		
	能对其他同学的表现进行评价，能接受别人正确的意见	★★		
	能感知其他同学的表现，能接受别人正确的意见	★		

汇报参考表

队长介绍：

1.介绍小队名称、口号及成员

大家好！我们是_____旗_____徽红色文化宣传小队，我们小队的队名是_____（队名齐说），我们小队的口号是_____（口号齐说）_____。

我们小队有6名队员，分别是_____（可以队长说，也可以队员自己说）____。

2.介绍一旗一徽的相关知识

下面让我为大家介绍_____旗_____徽的知识。（介绍自己小队之前收集到的知识）

3.简单说一说你们宣传手抄报的设计

如：谁做了哪些事？是怎样完成的？

4.汇报完毕结束语

例：谢谢大家，我们_____小队汇报完毕，关于_____旗_____徽的知识，你记住了吗？（你掌握了吗？）

"传承红色精神，践行爱国主义"跨学科项目化学习案例

子项目二："中国红，革命的洪流"教学设计实施

建议时间：1 小时	项目化主题单元： 传承红色精神，践行爱国主义	项目活动：中国红，革命的洪流
项目说明：学习党的历史，绘制时间轴。了解郴州本地有名的红色故事，演红色话剧			
主要关联技能：语言表达能力、数学思维能力、艺术表演能力		
主要关联学科：语文、音乐、思政、历史、数学		
项目目标： 　1.学习党的历史，并整合信息用时间轴表示出来，整理为信息收集册。 　2.通过多种形式(查资料、实地走访、采访相关人员)了解郴州本地的红色文化，整理成信息收集册。 　3.演红色话剧《夜宿梨山》《半条被子》		
材料准备：演出道具、资料、摄像机		
驱动性问题：红领巾宣讲团为了让少先队员了解党的历史和故事，决定结合本地的资源来进行宣讲，你将和团队怎样展示呢		
成果呈现形式：党的历史时间轴收集册、话剧演出		

项目步骤	教师支持
任务一：制作党的历史时间轴 　1.通过各种方式学习党的历史，绘制有特色的时间轴。 　要求：时间要记录清楚、主要事件要记录明白，还可以适当加上图片(手绘或者贴画)。 　2.根据时间轴讲解历史进程。	当学生遇到困难时，教师适当补充制作时间轴的方法和注意事项。
任务二：了解本地红色文化 　小队分工合作了解郴州本地有名的红色文化。设计吸引人的、让人容易接受的宣讲方式，团队讨论，根据实际情况选择演出方式。	教师安排红领巾宣讲团的团长主持交流，教师适当管理纪律，做好引导。
任务三：红色话剧演出 　1.结合实际情况选择有表现力的故事，如《夜宿梨	

山》《半条被子》。

2.分工合作，把故事改编为话剧，准备服装和道具；

3.排练话剧；

4.话剧演出。

(1)主持报幕；

(2)话剧表演《夜宿梨山》；

(3)歌曲《没有共产党就没有新中国》；

(4)话剧表演《半条被子》。

教师审核剧本，适当指导学生表演。

教师表扬学生，激发学生兴趣，指出优点，引导思考。

任务四：评价与反思

1.互评。

(1)选择最喜欢的时间轴设计方案，在他的信息收集册上签名；

(2)选择喜欢的话剧投票；

(3)选择喜欢的话剧演员。

2.师评。

"中国红，革命的洪流"子项目二小组自评及互评表

（　　　　　）组

评价要素	评价细则	星级	自评	互评
信息收集能力	能通过多种方式收集、整理、选择课堂需要的信息。信息收集记录得比较准确、完整	★★★		
	能收集课堂需要的信息，有进行初步选择、整理的能力，会记录信息	★★		
	会收集信息，能记录收集到的信息	★		
表演能力	能生动形象地表现人物角色，有感情地表现人物语言	★★★		
	能表现人物角色和人物语言，有一定的表现力	★★		
	能基本表现人物角色和人物语言	★		
合作能力	能根据任务要求进行团队分工合作，根据团队个人的特长合理进行任务安排，遇到困难可以团结协作，遇到矛盾可以商量化解，能很好地完成任务	★★★		
	能根据任务要求进行分工合作，较好地完成任务	★★		
	有分工合作的意识，能基本完成任务	★		
评价能力	能对其他同学的表现进行多方面评价，对于他人对自己做出的有益评价能虚心接受并改正	★★★		
	能对其他同学的表现进行评价，能接受别人正确的意见	★★		
	能感知其他同学的表现，能接受别人正确的意见	★		

"传承红色精神，践行爱国主义"跨学科项目化学习案例

子项目三："中国红，英雄的本色"教学设计实施

建议时间：1小时	项目化主题单元： 传承红色精神，践行爱国主义	项目活动：中国红，英雄的本色
项目说明：学习红色文化，了解英雄人物事迹，学习传承英雄精神		
主要关联技能：语言表达能力、团队协作能力、设计制作能力、收集整理能力		
主要关联学科：语文、美术、思政、历史、数学		
项目目标： 　1.了解英雄人物的光辉事迹，熟悉本地的英雄人物。 　2.小组合作交流，以诗朗诵、小话剧、歌曲、讲故事、手抄报等多种形式宣讲英雄事迹。 　3.争做小小红色宣传员，向他人宣传红色文化知识。 　4.培养学生解决问题的能力、团队协作的能力，提升学生综合素质		
材料准备：收集本地英雄人物的事迹，整理课前调研表		
驱动性问题：如果你是学校红领巾宣讲团的一员，本期要宣讲的是英雄人物，你将怎样宣讲呢？		
成果呈现形式：设计英雄人物介绍卡片、诗朗诵、小话剧、歌曲、讲故事、手抄报		

项目步骤	教师支持
任务一：课前调研 　宣讲团对学校的少先队员进行调研。 （1）调研问题 你最喜欢或最想了解的红色革命英雄是谁？（2位） 你最喜欢或最想了解的新时代英雄是谁？（2位） （2）数据整理 根据调研结果，整理喜爱度排名表。	教师将调研表分发给队员。 教师引导学生有条理地整理数据，生成喜爱度排名。
任务二：英雄故事我知道 　根据调研结果，课前收集喜欢的红色英雄、新时代英雄的简介、故事、诗歌、影视等资料，整理在信息收集册里。	教师引导学生从本地资源入手，找一找本地的红色人物。

任务三：英雄图谱我制作

根据调研结果，选择自己最想宣讲的 2 位红色革命英雄、2 位新时代英雄，用以制作丰富多彩的英雄图谱。（通过文字、图片、绘画、音乐、诗歌、影视等方式）

引导学生用多种方法制作。可以做成书本样、画卷样、奏折样等，尽可能让英雄人物图谱更加丰富多彩。

任务四：英雄故事我宣讲

1. 宣讲团成员主持活动。

2. 小队内相互交流展示，避免宣讲内容重复，取长补短。

3. 课堂宣讲。

结合自己的英雄人物图谱，有创意地介绍和宣讲。（可以用唱歌、跳舞、朗诵等多种方式配合宣讲）

教师将宣讲交给学生，适当管理课堂纪律，修正不足之处。

任务五：评价与反思

1. 互评。

2. 师评。

表扬学生，并引导学生进行自我反思：这次宣讲是否达了预期？还有哪些不足？

"中国红，英雄的本色"子项目三小组自评及互评表

（　　　　）组

评价要素	评价细则	星级	自评	互评
信息收集能力	能通过多种方式收集、整理、选择课堂需要的信息。信息收集记录得较准确、完整	★★★		
	能收集课堂需要的信息，有初步的选择、整理能力，会记录信息	★★		
	会收集信息，能记录收集到的信息	★		
表达能力	能利用收集册上的知识和课堂所学知识积极表达，能流畅地说出自己的想法	★★★		
	对收集册上的知识和课堂所学知识有印象，有一些自己的感受，能表达	★★		
	对收集册上的知识和课堂所学知识有初步印象，有一些自己的感受，并能试着去表达	★		

续表

评价要素	评价细则	星级	自评	互评
运用能力	能根据任务要求完成调研表，做好数据整理，制作丰富多彩的英雄人物图谱，有声有色地宣讲英雄人物	★★★		
	能根据任务要求完成调研表，做好数据整理，制作较美观的英雄人物图谱，能清楚地宣讲英雄人物	★★		
	能根据任务要求完成调研表，做好数据整理，制作英雄人物图谱，能宣讲英雄人物	★		
合作能力	能根据任务要求进行团队分工合作，根据团队个人的特长合理进行任务安排，遇到困难可以团结协作，遇到矛盾可以商量化解，能很好地完成任务要求	★★★		
	能根据任务要求进行分工合作，较好地完成任务	★★		
	有分工合作的意识，能完成任务	★		
评价能力	能对其他同学的表现进行多方面的评价，对于他人对自己做出的有益评价能虚心接受并改正	★★★		
	能对其他同学的表现进行评价，能接受别人正确的意见	★★		
	能感知其他同学的表现，能接受别人正确的意见	★		

"传承红色精神，践行爱国主义"跨学科项目化学习案例

子项目四："中国红，强大的自信"教学设计实施

建议时间：1小时	项目化主题单元： 传承红色精神，践行爱国主义	项目活动：中国红，强大的自信
项目说明：从军事、医疗、科技等多方面感受祖国的繁荣，树立强大的自信		
主要关联技能：语言表达能力、团队组织协作能力、收集整理能力		
主要关联学科：语文、音乐、思政、历史、数学		
项目目标： 　1.了解中国的变化，培养爱国情感。 　2.完成"角色扮演"宣讲，从各方面感悟中国的强大。 　3.树立远大志向，继续做红色文化宣讲员		
材料准备：角色扮演道具、许愿墙		
驱动性问题：中国由落后变得富强。红领巾宣讲团最近设置"角色扮演"宣讲交流会，打算从军事、医疗、科技、教育等方面探究中国的变化，你作为其中的一员，该怎样宣讲呢？		
成果呈现形式：信息收集册、变化对比表、许愿墙		

项目步骤	教师支持
任务一：角色扮演，活动设计 　1.小队分工，确定角色(军人、医生、科学家、老师、农民)。 　2.小队分工合作，确定内容。 　(1)通过书籍、影视等多种方式收集资料。 　(2)制作"以前–现在"对比表、时代明信片，清楚感受时代的变化。 　3.准备道具和服装。	教师引导学生合理分工。 教师指导对比表的制作方法，审核对比表。
任务二：角色扮演，宣讲交流 　1.红领巾宣讲团成员做主持人，对角色进行介绍。 　2.角色扮演，分类宣讲，其他队员发表收获与感想。	教师安排宣讲团成员做主持人，适当管理纪律，组织交流。

任务三：立志向，筑梦想

1. 演唱歌曲《厉害了，中国》。

2. 谈谈自己的梦想，为了实现中国梦，我们能做些什么呢？

3. 许愿墙，贴梦想。

教师引导学生说感想、谈收获。

任务四：录制视频——项目解说与宣传

介绍自己参加活动的过程、方法，宣传红色主题。

教师帮助学生录制视频。

任务五：总结与反思

1. 回顾所有的活动，谈谈自己的感受，写下来。

2. 作为红领巾宣讲团的一员，继续学习红色文化及其精神，传承和发扬红色文化，为祖国的强大贡献力量。

教师引导学生总结方法、过程、收获，培养学生的自信心。鼓励学生自己在生活中设计活动、解决问题。

"中国红，强大的自信"子项目四小组自评及互评表

（　　　　）组

评价要素	评价细则	星级	自评	互评
信息收集能力	能通过多种方式收集、整理、选择课堂需要的信息。信息收集记录得较准确、完整	★★★		
	能收集课堂需要的信息，有初步选择、整理的能力，会记录信息	★★		
	会收集信息，能记录收集的信息	★		
表达能力	能利用收集册上的知识和课堂所学的知识，积极表达，流畅地说出自己的想法	★★★		
	对收集册上的知识和课堂所学知识有印象，有一些自己的感受，能表达	★★		
	对收集册上的知识和课堂所学知识有初步印象，有一些自己的感受，能试着去表达	★		

续表

评价要素	评价细则	星级	自评	互评
运用能力	能根据任务要求完成对比表、明信片，做好数据整理，体会"角色扮演"，能生动有趣地表达不同行业的变化	★★★		
	能根据任务要求完成对比表、明信片，做好数据整理，体会"角色扮演"，能清楚地表达不同行业的变化	★★		
	能根据任务要求完成对比表、明信片，做好数据整理，体会"角色扮演"，能表达不同行业的变化	★		
合作能力	能根据任务要求进行团队分工合作，根据团队个人的特长合理进行任务安排，遇到困难可以团结协作，遇到矛盾可以商量化解，能很好地完成任务	★★★		
	能根据任务要求进行分工合作，能较好地完成任务	★★		
	有分工合作的意识，能基本完成任务	★		
评价能力	能对其他同学的表现进行多方面评价，对于他人对自己做出的有益的评价能虚心接受并改正	★★★		
	能对其他同学的表现进行评价，能接受别人正确的意见	★★		
	能感知其他同学的表现，能接受别人正确的意见	★		

03 知春节 寻春味

一、项目简述

百节年为首，春节与清明节、端午节、中秋节并称为中国四大传统节日，其中春节是中华民族最隆重的传统佳节。受到中华文化的影响，世界上一些国家和地区也有庆贺新春的习俗。我们可以通过"春节传说""春节习俗""春节美食"等不同方面去寻找大家心中的年味。

本项目基于中国传统文化这一主题，借助项目化的教学方式，让教师在课堂上提供真实生活情景的相关内容，充分激发学生对探究式学习的兴趣，让学生在主题探究学习的过程中、在跨学科活动的过程中充分发挥学生自身的主观能动性，并在项目活动结束之后，针对学习的结果进行交流及分享，从而真正培养学生的高阶思维。通过一系列活动让学生全面了解中国传统节日，增强学生的文化自信，使其主动继承与发扬中国传统文化。

二、核心知识

1. 相关学科涉及的主要知识

语文：以"春节"为主题，让学生较全面地了解与新年有关的知识，走近新年，研究新年，认识春节的由来、礼节及相关习俗，学会表达，形成个体语言经验，能在具体语言情景中进行有效的交流沟通。

美术：将有关"春节习俗"的资料进行归类、制作小报并汇编成册。通过手抄报、摄影、绘画、制作美食等形式培养学生的动手能力，使其继承与发扬中国传统文化。

思政：了解过年是中华民族最隆重、盛大的传统节日；了解并对比中国"年"与外国"年"的不同之处，增强文化自信。

数学：能根据数学知识及原理完成学习成果。

2.关键概念或能力

让学生全面了解中国传统节日，继承与发扬中国传统文化。

三、驱动性问题

1.本质问题

了解中国年的来历及文化内涵。从哪些方面能感受到中国年味？

2.驱动性问题

中国传统节日是伴随着历史进程和文化发展的产物。随着全球化的到来，外来文化越来越多地进入中国，许多孩子不由自主地受到了"洋节日"的熏陶。

在洋节冲击下应如何开展传统文化？"弘扬传统文化，增强文化自信"，通过中国的春节引发学生思考：中国有春节，外国是否也有"春节"？他们也需要"过年"吗？

四、成果与评价

个人成果：	评价内容：
学生以小组为单位，提前收集春节文化的相关资料，在制作作品环节积极主动，能及时完成自己参与设计的部分，参与度高，制作精美	●能通过多种途径收集春节的习俗和所见所闻，并会对资料进行归纳整理。 ●通过小组合作的形式，分享自己过春节的所见所闻，且讲述生动有趣，表达流利清晰、有条理。 ●通过走访、询问的方法，调查相关数据，并归纳总结出规律和结果，撰写调查报告。 ●在实践过程中能够细心观察，记录下每个细节。 ●在每节课的制作作品环节积极主动，能及时完成自己参与设计的部分，参与度高，制作精美

团队成果： 　　以小组为单位，每个成员都能积极主动地参加每次活动，分工明确，能有组织、有计划地进行制作	评价内容： 　　●能积极主动地参加活动、融入小组工作，有团队意识和合作精神，分工明确，能齐心协力共同完成任务。 　　●能绘制设计图，并动手制作出一个实用性较强的作品，能设计绘制精美的宣传海报。 　　●有自己独特的想法，有创新意识，能合作研究新方向，并成功设计一款市面上没有的新产品
公开方式： 　　网络发布（　　）成果展示（√）张贴（√）	

五、高阶认知

主要高阶认知策略：

问题解决：让学生较全面地了解与新年有关的知识，对比中国"年"与外国"年"，找出二者的不同点。

创见：将有关"春节习俗"的资料归类、制作小报并汇编成册。

调研：能根据收集到的资料、调查到的结果制订合理、详细的方案。

六、实践与评价

涉及的学习实践： 　　1.探究性实践（√）：了解春节是中华民族最隆重、最盛大的传统节日，了解并对比中国"年"与外国"年"的不同点；让学生较全面地了解与春节有关的知识，走近春节，研究春节，认识春节的由来、礼节及相关习俗。 　　2.社会性实践（√）：了解春节的礼仪文化，知道我国是一个具有悠久历史的文明礼仪之邦；学会新年礼仪，养成良好的交往习惯，学会在别人面前大胆地表达自己的意愿。 　　3.审美性实践（√）：通过手抄报、摄影、绘画、制作美食等形式，培养学生的动手能力，使其继承与发扬中国传统文化	评价的学习实践： 探究性实践（√） 社会性实践（√） 调控性实践（　　） 审美性实践（√） 技术性实践（　　）

七、实践与评价

项目过程	评价要素
子项目一：春节·传说 适合学段：低、中年级。 一、学习目标 1.查阅了解关于中国春节的民间故事。 2.理解故事《年兽的传说》《十二生肖》的内容，愿意交流，清楚明白地表达自己的想法。 3.体验节日的快乐，能够复述故事，并将故事情节表演出来。 二、核心问题 中国"年"的来历是什么？ 三、学习活动 1.了解中国的传统文化类型，激趣导入，引出课题"春节"。 2.聆听故事，了解与春节相关的民间故事以及过年的由来与传说。 3.智慧启迪，交流分享感受。 4.活动延伸，复述故事，情景剧表演。 四、成果形式 情景剧表演	1.信息收集与处理能力 2.小组合作能力 3.交流分享能力 4.情景剧表演 5.创新设计能力 6.自我评价能力

项目过程	评价要素
子项目二：春节·习俗 适合学段：低、中年级。 一、学习目标 1.了解春节的习俗，知道我国是一个具有悠久历史的文明礼仪之邦。 2.谈谈自己的亲身体会，感受节日的热闹气氛，感受人们对美好生活的热爱与向往。 3.制作"年宵花"或有年味的作品。 二、核心问题 一到过年，为什么大街小巷到处都是红色，挂红灯笼、穿红衣服等？思考：红色为什么永远是春节的主色调？ 三、学习活动 1.交流资料，激趣导入。 (1)导入：课件出示过年的红火场面。 (2)引导学生回忆过春节的情景。 2.畅谈春节，感受气氛。 (1)通过回忆春节时的欢乐情景及结合课前查阅、收集到的资料，让学生说说对春节的了解。 (2)畅想：现在过年的习俗有什么？跟以前有什么不同？ 3.拓展延伸，交流感受。 (1)小组交流：你家里是怎么过年的？向同学描述一下你家过年时的欢乐情景。 (2)制作"年宵花"或有年味的作品。 4.成果展示评比。 四、成果形式 制作"年宵花"或有年味的作品	1.信息收集与处理能力 2.成果展示 3.方案设计能力 4.调查与归纳能力 5.合作探究能力 6.自我评价能力

续表

项目过程	评价要素
子项目三：春节·礼仪 适合学段：低、中年级。 一、学习目标 1. 了解春节礼仪文化，知道我国是一个具有悠久历史的文明礼仪之邦。 2. 通过春节礼仪探究活动加深学生对传统礼仪文化的认识，跨学科探究春节的文化内涵，深刻感受过新年的喜悦心情。 3. 学会过年的礼仪，培养良好的交往能力，做一个懂礼仪的孩子。 二、核心问题 春节礼仪文化有哪些？要注意哪些拜年的礼仪？春节的祝福语有什么内涵或者典故？ 三、学习活动 1. 了解春节的来历、春节的习俗和春节的传说。 2. 学习了解中国春节的礼仪：拜年礼仪、说话礼仪、待客礼仪和餐桌礼仪。 3. 讨论春节礼仪中祝福语的典故和来历。 4. 情景表演"过年"。 5. 小组合作，制作思维导图进行成果展示。 四、成果形式 情景剧表演，思维导图	1. 信息收集与处理能力 2. 语言表达能力 3. 情景表演 4. 动手能力 5. 合作探究能力 6. 自我评价能力

项目过程	评价要素
子项目四：春节·美食 　　适合学段：中、高年级。 　　一、学习目标 　　1.了解春节美食文化，学习本地特色美食，了解春节美食蕴含的特殊寓意。 　　2.制作饺子，体会过年"做饺子"的吉祥意义。 　　3.向朋友们介绍、分享自己做的饺子，感受春节的欢乐气氛。 　　二、核心问题 　　过年吃了什么美食？ 　　三、学习活动 　　1.导入：教师播放视频动画《春节美食》，引导学生了解春节的特色美食，引出"做饺子"的主题。 　　2.出示过年美食图片，引导学生观察并讨论：过年时，大家吃些什么？这些美食有什么寓意？ 　　3.播放视频《做饺子》，引导学生初步了解做饺子的方法和步骤。出示做饺子的步骤图，鼓励学生尝试做饺子。 　　4.鼓励学生独立制作饺子，教师巡回观察，给予指导。 　　5.鼓励学生分享和展示自己的作品。 　　四、成果形式 　　制作传统饺子、郴州饺子、肉圆子等美食	1.信息收集与处理能力 2.分享交流能力 3.小组合作能力 4.观察记录能力 5.数学计算能力 6.创新能力 7.分享表达能力 8.自我评价能力

项目过程	评价要素
子项目五：多元的"年" 适合学段：中、高年级。 一、学习目标 1.让学生了解中西方节日在起源方面的差异。 2.让学生了解中西方节日在庆祝方式上的差异。 3.中国北方与南方过年的区别。 二、核心问题 中西方过年的区别，传承自己国家的文化。 三、学习活动 1.介绍中西方节日起源。 中国：中国是一个有着古老东方文明的国家，其悠久的历史和优良传统为传统节日的传承提供了肥沃的土壤。 西方：在西方国家，宗教是文化和社会的中心。人们的思想可以通过宗教来反映。 2.传统节日的命名。 中国：中国的节日多数是以季节来命名的。例如，春节处于春季，是适宜播种的时节，同样的还有中秋节、夏至、冬至等。 西方：西方的节日多以宗教形象或事件命名。例如，圣诞节(耶稣诞生日)、耶稣受难日和圣周六等。 3.传统节日的庆祝方式。 中国：春节对每一个中国人以及海外华人来说都是最重要的节日，它的庆祝活动丰富且隆重。春节期间，穿着最好的衣服、关闭商店、打锣、放鞭炮来庆祝。 西方：在平安夜，绝大多数庆祝圣诞节的人都会在自己家里举行一个特殊的节日庆祝仪式。 4.中国传统节日的介绍与西方传统节日的介绍。 中国：春节，农历正月初一；元宵节，农历正月十五；清明节，公历4月5日左右等。 西方：情人节，2月14日；愚人节，4月1日；复活节，春分月圆后的第一个星期日等。 5.了解、学习中国北方与南方过年的区别。 6.小组合作交流：绘制春节手抄报，在手抄报中呈现关于中西方、中国南北方春节的知识。 7.成果展示，活动总结。 四、成果形式 多元的"年"手抄报	1.信息收集与处理能力 2.小组合作能力 3.分享表达能力 4.动手能力 5.创新能力 6.自我评价能力

续表

项目过程	评价要素
子项目六：春节·见闻 适合学段：中、高年级。 一、学习目标 1.了解过春节的习俗，回忆自己过春节时的所见所闻。 2.认真倾听，理解别人的谈话内容，能表达自己的观点。 3.能够围绕"春节·见闻"的主题积极参与谈话，将所见所闻制作成绘本，增进对中国传统节日的整体感知。 二、核心问题 大家是怎么欢度春节的？ 三、学习活动 1.创设情景，引出话题，激发学生的谈话兴趣(分享春节趣事)。 2.围绕主题"春节"谈话，让学生记录发言内容。 3.学生集体谈话，围绕主题开展交流。 4.小组合作：将所见所闻制作成绘本，增进对中国传统节日的整体感知。 5.成果展示，活动小结。 四、成果形式 绘制春节绘本	1.信息收集与处理能力 2.小组合作能力 3.分享表达能力 4.动手能力 5.创新能力 6.自我评价能力

评价与修订

在开展项目的过程中，各小组根据他人意见修改自己的成果

公开成果

小组合作设计、制作"春节绘本"，并介绍自己小组的设计理念，由师生共同评选出最佳绘本

八、所需资源

与春节有关的图片、视频，制作绘本所需要的材料及工具。

九、反思与迁移

1.项目反思

(1)在项目活动实施中,学生是否做到了主动学习?是否做到了投入问题?活动是否做到了激发和支持学生的高水平思维?

(2)学生是否能有效合作并真正解决问题,从而学习到隐含在问题背后的科学知识?是否能完成设定的项目任务?

(3)在项目活动中,是否培养了学生的学习内部动机?

2.项目迁移

(1)通过到超市、饰品屋、节日礼品屋等进行参观、调查、访问,上网查询有关资料了解中国春节,并找出中国"年"与外国"年"的区别。

(2)通过手抄报、摄影、绘画、制作美食等形式,培养了学生的动手能力,使其继承与发扬中国传统文化。

(3)将有关"春节习俗"的资料归类、制作小报并汇编成册,或制成专题网页,上传到班级网站上展示。

"知春节 寻春味"跨学科项目化学习案例

子项目一:"春节·传说"教学设计实施

建议时间:1小时	项目化单元主题:知春节 寻春味	子项目活动:春节·传说
项目说明: 1.了解关于中国春节的民间故事。 2.理解故事《年兽的传说》、中国传统日历等内容,愿意交流,能够清楚明白地表达自己的想法。 3.体验节日的快乐,能够复述故事,进行故事表演。 4.展示中华文化内容,激发学生传承弘扬中国文化的情感		
材料准备:提醒学生提前收集关于春节的传说、故事		
驱动性问题:你知道哪些关于春节的传说?你能用自己的话说一说吗?		
成果呈现形式:《年的来历》情景剧表演		

项目步骤	教师支持
一、什么是春节 1.出示图片,请学生猜节日,激发学生兴趣。 2.引入新课:春节。	教师展示春节的相关图片。
二、了解春节的相关传说 1.解释传说的定义。 2.向学生讲述春节的传说(年的来历),并辅以图片进行展示。 教师讲解完毕后播放《年的来历》视频。	教师先讲解年的故事,并展示相关漫画图片。 播放视频,以帮助学生理解。
3.过年的时间。 (1)提出问题:大家知道准确的过年时间吗? 引导学生了解过年是按照农历时间(中国传统日历),有别于平时用的公历时间,感受中华文化博大精深。	出示当年日历,结合生活实际思考。
(2)出示童谣,并与学生一同诵读童谣,帮助学生理解过年时间,以及中国春节期间、过年期间的相关风俗。结合思政元素,教育学生传承弘扬中国传统文化。	教师播放童谣,让孩子们跟着诵读。
4.压岁钱的传说。 提出问题:小朋友过年最开心的事情是什么?	展示红包,调动课堂气氛,并引导学生思考。

讲解压岁钱的传说。

三、提出驱动性问题

1. 以8~10人为一小组进行知识竞赛、情景剧表演以及春节传说展示，以巩固课堂前期内容。

2. 春节知识竞猜(课中导学相关内容)。

以小组赛的形式展开，采取积分制度，8~10人为一小组。

竞赛题目分为抢答题和必答题。

3. 情景剧表演(以年的故事为例)。

以小组为单位，上台展示情景剧。做好分工：旁白、"年"、老婆婆、乞讨老人、村民们。

4. 春节传说展示。

驱动性问题：你都知道哪些关于春节的传说？能用自己的话说一说吗？

与课前任务形成闭环，让学生以小组为单位展示课前任务中让同学们收集的相关传说。

5. 总结各小组积分，并奖励优胜小组。

四、课堂小结

1. 总结课堂学习的内容：春节的来历。

2. 肯定学生们收集到的与春节相关的传说，鼓励学生收集更多传说。

3. 强调中国传统文化的博大精深，需要我们传承、弘扬，融入爱国教育元素。

教师准备积分表格，记录每个小组的比赛成绩。
教师准备小文具作为奖励，激发学生的学习兴趣。
教师准备表演道具。

"春节·传说"子项目一小组自评及互评表

（　　　　组）

评价要素	评价细则	星级	自评	互评
信息收集与处理能力	能通过多种途径收集有关春节的传说，并会对资料进行归纳整理	★★★		
	能收集一些简单的资料，但不太会对资料进行归纳整理	★★		
	没有收集任何相关资料	★		
小组合作能力	能通过小组合作的形式，分享自己收集到的春节传说，讲述生动有趣	★★★		
	能通过小组合作的形式，分享自己收集到的春节传说，但分享不够生动	★★		
	没有进行分享	★		
交流分享能力	在课堂上能够向老师和同学们分享收集到的传说，表达流利清晰、有条理	★★★		
	课堂上交流分享的内容不够清晰，表达不够流利	★★		
	没有进行课堂分享	★		
情景表演	在表演环节积极主动，对表演内容了如指掌，可轻松脱稿，准备充分	★★★		
	对表演内容不够熟悉，表演时不够流畅	★★		
	没有进行充分准备，无法上台表演	★		
创新设计能力	表演时能创新性地加入语言、动作，使表演更加丰富有趣	★★★		
	照搬内容表演，未设计动作，不够有新意	★★		
	表演不顺畅	★		
自我评价能力	能对表演内容进行评价，并找出有待改进或优化的地方，对其进行分析并找出解决方法	★★★		
	能对表演内容进行评价，但不知道改进或优化的方法	★★		
	不会评价或优化表演内容	★		

"知春节 寻春味"跨学科项目化学习案例

子项目二："春节·习俗"教学设计实施

建议时间：1小时	项目化单元主题：知春节 寻春味	子项目活动：春节·习俗

项目说明：

    1.了解春节的习俗，知道我国是一个具有悠久历史的文明礼仪之邦。

    2.谈谈自己的亲身体会，感受节日的热闹气氛，感受人们对美好生活的热爱与向往。

    3.培养学生收集、整理资料的习惯，以及根据资料总结、分析问题，解决问题的能力。

    4.设计并制作一件你觉得最能代表春节的东西，如一个红包、一副对联、一幅年画、一盏花灯、一串鞭炮、一张窗花，一束年宵花或其他有年味的作品

材料准备： PPT，春节的饮食习俗调查表，衣着、言行习俗调查表，庆祝活动调查表

驱动性问题： 春节是孩子们最快乐的节日之一，所以人们常常用"高兴得像过年一样"来表达喜悦的心情。那么，你了解这个很受孩子欢迎的节日吗？

成果呈现形式：《春节·习俗》调查报告

项目步骤	教师支持

一、学习活动

    1.交流资料，激趣导入。

    百节年为首。春节是中华民族最隆重的传统节日之一，它不仅是一个节日，更是一种集中体现中华民族传统文化和娱乐生活的符号和象征。作为一个中国人，我们不能不了解我们自己的文化和生活。

出示有关春节活动场面的图片，引起学生的学习兴趣。

    (1)导入：课件出示过年的红火场面。

    (2)引导学生回忆过春节的情景：你家里是怎么过年的？向同学描述一下你家过年时的欢乐情景，初步感知春节的习俗。

    2.畅谈春节，感受气氛。

引导学生分享交流春节的习俗。

    指导学生根据课前查阅、收集到的资料来说一说春节的习俗。

    3.拓展延伸，交流感受。

二、教学实施过程

（一）准备阶段

成立学习活动小组：按自愿原则组成三个小组，选好组长。

第一组：春节的饮食习俗调查小组

1. 您家年夜饭吃什么？

2. 您了解年夜饭美食的寓意吗？

3. 您认为现在过年的饮食习俗跟以前有什么不同？

4. 您是怎样看待这些改变的？

第二组：春节的衣着、言行习俗调查小组

1. 过年时，您在穿衣上有什么讲究吗？

2. 这些讲究背后的习俗与文化您了解多少？

3. 您对过年的吉祥话了解多少？

4. 您觉得现在过年在衣着、言行上跟以往相比有什么变化？

5. 您对这些变化有什么看法？

第三组：春节的庆祝活动调查小组

1. 您的家乡在春节期间有什么庆祝活动？

2. 您是如何庆祝春节的？

3. 对于现在很多地方不许燃放鞭炮的政策，您赞成吗？为什么？

4. 您觉得现在春节的庆祝活动跟以往有哪些不同？

5. 您如何看待这些变化？

各小组制订详细的调查计划和方法，设计调查表格和访问记录表。组员分工，商讨在调查中可能出现的问题及解决办法。

（二）实施阶段

1. 按专题小组开展调查、访问、图片收集、查找资料；实地考察，分析调查结果并对活动所获得的资料认真做好记录。由各组组长负责分工完成。访问方式有：实地访问、电话访问等形式，对象涵盖老、中、青三个年龄阶段，组员要对访问的情况做好记录。

2. 集中交流，合作探究。各小组讨论在活动中的心得体会和遇到的问题等。根据活动的体验和小组成员之间的交流吸取教训，调整方法。

3. 整理信息，形成观点。

（三）展示成果，组织评价

在老师的指导下，各小组成员根据活动中获得的信

教师要对学生设计的调查访问方案和方法进行指导和点评，及时修正不合理的地方。

息做了进一步的筛选和整理,形成共识,以书面形式上交调查报告,并总结了自己在活动中的心得体会。各小组成员以不同的方式向同学分享展示自己的成果。最后老师和同学共同评价该活动。

三、活动成果展示

(一) 设计并制作一件你觉得最能代表春节的东西

比如:一个红包、一副对联、一幅年画、一盏花灯、一串鞭炮、一张窗花,一束年宵花或其他有年味的作品。

(二)成果展示评比

1.春节的饮食习俗调查小组

(1)将调查好的资料图片制作成手抄报,把收集到的贺年食品展示出来(可供大家品尝)。

(2)学生扮演导游介绍其家乡春节的饮食习俗。

2.春节的衣着、言行习俗调查小组

(1)展示调查结果(向同学们介绍习俗)。

(2)演唱过年歌曲、表演相声《拜年趣话》。

3.春节的庆祝活动调查小组

(1)组长做总结介绍(现场给其他同学举办知识问答比赛)。

(2)小品表演:《红包》。

贴春联、画年画、剪窗花、吃年夜饭等活动的开展使学生广泛了解了我国春节的习俗与文化。

"春节·习俗"子项目二小组自评及互评表

（　　　　组）

评价要素	评价细则	星级	自评	互评
信息收集与处理能力	能从多种途径收集有关春节习俗的资料，资料具体且具有权威性，会对资料进行归纳整理	★★★		
	能收集一些简单的资料，但不太会对资料进行归纳整理	★★		
	没有收集任何相关资料	★		
成果展示	设计并制作一件你觉得最能代表春节的东西。比如：一个红包、一副对联、一幅年画、一盏花灯、一串鞭炮、一张窗花……能设计出有新意和创意且具有代表性的作品	★★★		
	能制作一些简单的代表春节的东西，手工比较好	★★		
	完全不用心，或手工极粗糙	★		
方案设计能力	能制订合理、详细的调查方案，选择某一范围，从多个方面展开对春节习俗的调查	★★★		
	没有详细步骤，方案不便实施，调查方向比较局限，不具有代表性	★★		
	没有制订合理的方案，偏离实际主题	★		
调查与归纳能力	在调查过程中能够清楚记录调查访问的情况，形成调查结论。在课堂上能够向老师和其他同学进行分享，详细说明调查访问的结果，表述流利清晰、有条理	★★★		
	在实践过程中能够记录调查访问的情况，但记录不详细，在课堂上交流分享的内容较少，表述不够清晰	★★		
	没有认真进行调查访问记录，在课堂上表述不够清晰	★		

续表

评价要素	评价细则	星级	自评	互评
合作探究能力	小组内每个成员都能积极主动地参加活动,分工明确,能有组织、有计划地展开调查	★★★		
	部分学生没有参与调查活动,小组分工不明确,团队意识薄弱	★★		
	没有进行小组合作,缺少团队合作意识	★		
自我评价能力	能对调查方案进行评价,并找出有待改进或优化的地方,对其进行分析并找出解决方法	★★★		
	能对调查方案进行评价,但不知道改进或优化的方法	★★		
	不会评价或优化调查方案	★		

"知春节　寻春味"跨学科项目化学习案例

子项目三："春节·礼仪"教学设计实施

建议时间：1小时	项目化单元主题：知春节　寻春味	子项目活动：春节·礼仪

项目说明：

　　1.了解春节的礼仪文化，知道我国是一个具有悠久历史的文化之邦。

　　2.通过春节礼仪探究活动加深对传统礼仪文化的认识，跨学科探究春节的文化内涵，深刻感受过新年的喜悦心情。

　　3.学会过年的礼仪，培养良好的交往能力，做一个懂礼仪的孩子

项目重难点：

　　1.了解春节的历史、习俗和礼仪。

　　2.了解中国人过年祝福语的内涵或者典故。

　　3.了解中国春节的各项礼仪并实践

材料准备：PPT；春节图片；新年主题的教室布置物品，如窗花、对联、中国结、福字、灯笼等；角色扮演的头饰或其他道具，如小红包等；新年歌曲；年兽传说视频

驱动性问题：春节礼仪文化有哪些？拜年要注意哪些礼仪？春节的祝福语有什么内涵或者典故？

成果呈现形式：情景剧表演，思维导图展示

项目步骤	教师支持
一、交流春节的由来、习俗和礼节 　　1.用自己的话说一说什么是春节。 　　2.分享过年时的习俗。 　　3.了解过年习俗的由来。 　　4.分享故事《年兽来了》，自由交流春节礼仪的由来。	提供新年主题教室布置物品——窗花、春联、中国结、福字、灯笼。
二、了解春节的礼仪 　　给春节的礼仪分类：拜年礼仪、说话礼仪、餐桌礼仪、待客礼仪。 　　1.拜年礼仪。	播放新年歌曲、视频。
了解拜年的时间安排、贺卡的由来，以及拜年的手势：作揖、抱拳和拱手礼，并让学生根据课件的图片学习拜年手势。	教师要对学生讲述春节习俗时的不当之处予以修正及引导。

2. 说话礼仪。

3. 待客礼仪。

4. 餐桌礼仪。

三、提出驱动性问题

1. 中国的春节礼仪有哪些？如何将这些礼仪分类？

2. 拜年的礼仪有哪些？有哪些需要注意的事项？

3. 春节祝福语有什么内涵或者典故？

各小组之间先讨论再汇报，然后互相点评，交流春节的礼仪。

四、成果展示

1. 拜年情景剧，小组选择春节的一个经典场景进行表演。在表演中，必须注意遵循课堂中说到的春节礼仪，要通过表演表现出来。评选最具创意的情景剧小组，颁发奖状。

2. 小组整理搜集到的资料，现场将春节礼仪研究成果形成思维导图展示在作品栏中。

通过情景剧，沉浸式体验过年的氛围，在活动中学会春节的礼仪文化。

"春节·礼仪"子项目三小组自评及互评表

（　　　　组）

评价要素	评价细则	星级	自评	互评
信息收集与处理能力	能通过多种途径收集有关春节习俗的资料，且资料具有权威性，会对资料进行归纳整理	★★★		
	能收集一些简单的资料，但不太会对资料进行归纳整理	★★		
	没有收集任何相关资料	★		
语言表达能力	熟悉新年祝福语，并能归纳总结出祝福语对人们生活的意义，能撰写新年祝福语	★★★		
	能积累部分新年祝福语，并进行总结归纳，但不会撰写新年祝福语	★★		
	没有积累新年祝福语，不会撰写新年祝福语	★		

评价要素	评价细则	星级	自评	互评
制作贺卡	能制作出精美的新年贺卡，且制作步骤清晰、完整，能得体表达新年祝福，向周围的人传递新年祝福	★★★		
	制作的贺卡较为精美，但过程不清晰，主题不够突出	★★		
	制作的贺卡不够精美，且没有制作过程，偏离实际主题	★		
动手能力	在制作新年贺卡的过程中能够做到认真用心，并记录下制作过程，在课堂上能够向老师和其他同学进行分享，详细说明制作心得，表述流利清晰、有条理	★★★		
	在制作过程中能做到用心，但记录不详细，课堂上交流分享内容过少，表述不清	★★		
	没有认真进行制作记录，课堂上表述不清	★		
合作探究能力	小组内每个成员都能积极主动地参加活动，分工明确，能有组织、有计划地进行制作	★★★		
	部分学生没有参与制作，小组分工不明确，团队意识薄弱	★★		
	没有进行小组合作，缺少团队合作意识	★		
自我评价能力	能对新年贺卡的制作进行评价，并找出有待改进或优化的地方，对其进行分析并找出解决方法	★★★		
	能对新年贺卡制作进行评价，但不知道改进或优化的方法	★★		
	不会评价或优化新年贺卡的制作	★		

"知春节 寻春味"跨学科项目化学习案例

子项目四："春节·美食"教学设计实施

建议时间：1 小时	项目化单元主题：知春节 寻春味	子项目活动：春节·美食

项目说明：

1. 了解中国春节的美食文化以及春节美食蕴含的特殊寓意，在积极的课堂实践活动中增强民族文化自信，继承和弘扬中华优秀传统文化。

2. 制作饺子，体会过年做饺子的吉祥意义，同时让学生在这过程中发现与美食结合的数学可以如此有趣。

3. 体验节日的快乐，在团圆热闹的氛围中体会中国人用美食寄托美好愿望的情意，在课堂上以饺子为例，进行实践成果展示

项目重点：

1. 了解春节美食蕴含的特殊寓意，通过古诗、阅读的方式体会中国人独特的情感表达。

2. 展示中华文化精髓，激发学生对中国传统文化的热爱以及对传统文化的传承

项目难点：

课堂上以"饺子"为例，进行实践成果展示，在团圆热闹的氛围中体会中国人用美食寄托美好愿望的情意

材料准备：PPT、春节的图片、美食的图片、面粉、清水、黏米、砧板

驱动性问题：出示关于年夜饭的图片，看一看人们在干什么，做一做美食饺子

成果呈现形式：《知春节 寻春味/寻味之旅》评选"最佳小厨神"

项目步骤	教师支持
一、激趣导入 1. 出示南宋诗人陆游的《除夜雪》，猜节日，说一说从哪儿看出来的。（激发学生的学习兴趣） 2. 引出年夜饭的话题，学生展示图片，借着图片简短说一说美食背后的美好意义。 3. 教师概括：年夜饭背后的吉祥意义。 4. 引出课题。	播放视频资料，师生产生情感共鸣。 教师引导学生对驱动性问题进行理解，学生在分享交流时培养规则意识，轮流发言，仔细倾听。同时，培养学生搜集信息的能力。

二、提出驱动性问题

1. 播放视频动画《冬至》。

2. 分享做饺子的过程。

（出示相应制作图片）

3. 教师小结：大年三十吃饺子，是因为它不同于面条，不同于菜，它是一种包容、和合、共享、圆融的象征，代表着团圆、幸福和美好。

通过图片引导学生进行规范模仿。

（边出示图片，边示范动作，学生模仿）

和：水与面粉的交融不能多也不能少，圆满得刚刚好，视为融。

揉：巧妙的动作配合完美的力度，面由松至紧，由稀至密，视为合。

捏：独特的手法，一轻一重的拿捏，软硬度恰当，大小一致，视为团。

擀：力道均匀，圆润有致，薄中带韧，视为圆。

裹：馅适量不溢，饱满丰盈，视为满。

请学生对动作进行模仿。

三、制作美食饺子

1. 教师出示材料：事先准备好揉好的不同重量的面团和饺子馅。饺子馅和饺子皮的配比是 2∶3。

2. 小组合作：5 人一组，计时 25 分钟［按配比计算出每组包出的饺子个数（预估数），每组 2 人包，1 人捏，2 人擀］，给饺子取一个吉祥名并进行介绍。

制作时，教师用计时器帮助学生进行时间管理。

（教师示范并及时指导，适当协助）

3. 小组展示成果（10 分钟）。

4. 评委点评打分并颁奖。

5. 介绍饺子的由来（播放视频《春节为什么吃饺子》）。

6. 教师小结：饺子是我国古代医圣张仲景首先发明的，原名"娇耳"。饺子有馅，便于人们把各种吉祥、喜气的东西包到馅里。

在制作过程中培养学生团结协作的精神和沟通交流的能力。

寓意：由于饺子形状像元宝，包饺子意味着包住福运；吃饺子是盼望一家人团团圆圆，有平安团圆之意。

四、总结拓展

1. 教师小结。

（出示人物图片）

2. 课后推荐：感兴趣的同学可以去看一看美食作家

课后推荐帮助学生拓宽眼界，激发学生了解其他中国传统文化的热情。

陈晓卿的《舌尖上的新年》。

3.课后练习：课后带着美味跟亲朋好友分享、展示自己的作品，说一说美味背后的故事。

"春节·美食"子项目四小组自评及互评表

（　　　　组）

评价要素	评价细则	星级	自评	互评
信息收集与处理能力	学生以小组为单位，提前收集关于春节美食的图片以及春节美食文化的相关资料，每组准备一道春节美食的具体做法	★★★		
	能收集一些简单的资料，但不太会对资料进行归纳整理	★★		
	没有收集任何相关资料	★		
小组合作能力	小组内每个成员都能积极主动地参加活动，分工明确，能有组织、有计划地进行调查	★★★		
	部分学生没有参与调查活动，小组分工不明确，团队意识薄弱	★★		
	没有进行小组合作，缺少团队合作意识	★		
观察记录能力	在课中测评中记录饺子的制作过程，以及制作配比，并记录制作饺子各环节的特殊寓意。在课堂上能够向老师和其他同学进行分享，详细说明观察的结果，表述流利清晰、有条理	★★★		
	在实践过程中能够做到细心观察，但记录不详细，课堂上交流分享内容过少，表述不清	★★		
	没有认真进行观察记录，课堂上表述不清	★		
数学计算能力	能够事先对本组食材进行称量，按照饺子馅和饺子皮的配比计算出制作的个数	★★★		
	会称量本组的食材，但是计数不够准确	★★		
	称量食材的数量计数误差很大，未准确计算出制作个数	★		

评价要素	评价细则	星级	自评	互评
创新能力	能够在制作过程中加入一些有创意的设计，并赋予其独特意义	★★★		
	能够在制作的过程中加入一些设计，但没有特别的意义	★★		
	照搬范例，没有进行任何修改、加工	★		
分享表达能力	在课堂上能够向老师和其他同学分享劳动成果，表述流利清晰、有条理	★★★		
	课堂上交流分享的内容过少，表述不清，没有实际意义	★★		
	没有进行课堂分享	★		
自我评价能力	小组互评，能对制作的饺子进行有效评价，全面、客观地指出饺子的优缺点和介绍词的优缺点，作出反思	★★★		
	能对制作的饺子进行评价，但不够全面，找不到进一步改进优化的地方	★★		
	不能全面、客观地指出饺子的优缺点和介绍词的优缺点	★		

"知春节 寻春味"跨学科项目化学习案例

子项目五："多元的'年'"教学设计实施

建议时间：1 小时	项目化单元主题：知春节 寻春味	子项目活动：多元的"年"
项目说明： 1. 让学生了解中西方节日在起源方面的差异。 2. 让学生了解中西方节日在庆祝方式方面的差异。 3. 让学生了解中国北方与南方过年的区别		
材料准备：提醒学生提前收集各国关于春节的传说、故事		
驱动性问题：你知道中西方过年的差异和中国南北方过年的异同吗？		
成果呈现形式：春节手抄报		

项目步骤	教师支持
驱动性问题：你知道中西方过年的差异和中国南北方过年的异同吗？ 提前一周发布任务，让学生收集相关资料。	
一、介绍中西方节日的起源 1. 出示图片，请学生猜节日。 2. 引入新课：多元的"年"。	利用课件出示各国传统节日图片。
二、中西方"年"的习俗 1. 与学生互动，了解他们眼中的春节有什么习俗。教师讲解完毕之后出示中国"年"的相关视频。 2. 与学生互动，了解他们眼中的西方的"年"。教师讲解完毕之后出示西方"年"的视频。	准备《年的来历》视频，以帮助学生理解。
三、中国"年"的南北差异 1. 中国南方与北方过年的相同点与不同点。 出示童谣，与学生合作诵读，帮助学生理解中国南北方"年"的差异。结合思政元素，教育学生传承、弘扬中国传统文化。 2. 出示南方"年"最具代表性的节目之一——舞狮；最具代表性的食物之一——年糕。	准备教学用具"中国日历"，引导学生了解过年是按照农历时间的。

3. 出示北方"年"最具代表性的节目之一——扭秧歌；最具代表性的食物之一——饺子。

四、提出驱动性问题

多元化的"年"知识竞猜

1. 出示图片，猜猜这是哪个国家的"年"。

2. 出示物品：红包、圣诞树、汤圆、粽子等，猜猜这是什么节日。

3. 小组合作交流：绘制多元的"年"（手抄报），在手抄报中呈现关于中西方、中国南北方春节的知识。

4. 多元的"年"手抄报展示。

驱动性问题：能用自己的话介绍一下自己的手抄报吗？

与课前任务形成闭环，让学生以小组为单位展示课前任务中让他们收集的资料。

5. 总结各小组积分情况，并奖励优胜小组。

展示传统节日的相关物品，对学生进行引导。
教师准备积分表，记录每组的比赛成绩。

教师准备传统节日的小礼物作为奖励，激发学生们的兴趣。

"多元的'年'"子项目五小组自评及互评表

(　　　　组)

评价要素	评价细则	星级	自评	互评
信息收集与处理能力	能通过多种途径收集有关各国春节的传说,会对资料进行归纳整理	★★★		
	能收集一些简单的资料,但不太会对资料进行归纳整理	★★		
	没有收集任何相关资料	★		
分享表达能力	在课堂上能够向老师和同学们分享收集到的传说,表达流利清晰、有条理	★★★		
	课堂上交流分享的内容不够明白,表达不够流利	★★		
	没有进行课堂分享	★		
动手能力	在制作手抄报的环节条理清晰,有创新,对知识描绘全面	★★★		
	绘画板块界限不清,没有创新,知识介绍不详细	★★		
	没有进行充分准备,无法制作手抄报	★		
创新能力	制作时能创新性地加入绘画,使手抄版更丰富有趣	★★★		
	照搬内容绘画,未设计板块,不够有新意	★★		
	绘画不细致	★		
自我评价能力	能对手抄报内容进行评价,找出有待改进优化的地方,进行分析并找出解决方法	★★★		
	能对手抄报进行评价,但不知道改进优化的方法	★★		
	不会评价和优化手抄报内容	★		

"知春节　寻春味"跨学科项目化学习案例

子项目六："春节·见闻"教学设计实施

建议时间：1 小时	项目化单元主题：知春节　寻春味	子项目活动：春节·见闻
项目说明： 　　1. 了解过春节的习俗，回忆自己过春节的所见所闻。 　　2. 认真倾听，理解别人的谈话内容，能表达自己的观点。 　　3. 能够围绕"春节·见闻"这一主题积极参与谈话，将所见所闻制作成绘本，增进对中国传统节日的整体感知		
材料准备：提醒学生收集春节时热闹场面的图片、制作绘本的材料		
驱动性问题：围绕话题"春节"展开谈话，让学生记录发言内容		
成果呈现形式：绘制"春节绘本"		

项目步骤	教师支持
一、畅谈春节 　　1. 出示春节图片，让学生谈感受。 　　2. 引出课题：春节·见闻。	出示与春节有关的图片，激发学生的谈话兴趣。
二、提出驱动性问题 　　1. 为什么要过年？你是怎样过年的？ 　　2. 教师讲有关过年的故事、传说。 　　3. 欣赏图片、视频。（出示课件） 　　4. 学生围绕"春节见闻"畅所欲言。	
三、制作绘本 　　(一)绘声绘色谈绘本 　　1. 什么是绘本？ 　　2. 如何制作绘本？ 　　(二)集思广益制绘本 　　出示制作绘本小提示： 　　1. 确定绘本主题； 　　2. 组内明确分工； 　　3. 选择所需工具； 　　4. 设计绘本内容：	出示各种样式的绘本图片。 先出示制作绘本的视频，再出示制作绘本小提示。 为学生准备制作绘本的材料，每组派代表领取所需材料。

（1）绘本的"外衣"设计。
（2）绘本的内容设计。
（3）绘本的形式设计。
5.教师巡视、指导。

学生制作绘本时，课件播放背景音乐。

四、成果展示
1.小组代表讲解。
2.其他小组点评。

"春节·见闻"子项目五小组自评及互评表

（　　　　组）

评价要素	评价细则	星级	自评	互评
信息收集与处理能力	能通过多种途径收集春节的习俗，并回忆自己过春节时的所见所闻，会对资料进行归纳整理	★★★		
	能回忆所见所闻，但不太会对资料进行归纳整理	★★		
	没有收集任何相关资料	★		
小组合作能力	通过小组合作的形式，分享自己过春节时的所见所闻，且讲述生动有趣	★★★		
	通过小组合作的形式，分享自己过春节时的所见所闻，但分享不够生动	★★		
	没有进行分享	★		
分享表达能力	在课堂上能够向老师和同学们分享过春节时的所见所闻，表达流利清晰、有条理	★★★		
	课堂上交流分享的内容不够明白，表达不流利	★★		
	没有进行课堂分享	★		

评价要素	评价细则	星级	自评	互评
动手能力	在制作绘本环节积极主动，能及时完成自己参与设计的部分，参与度高，制作精美	★★★		
	能完成自己参与设计的部分，但参与度不高	★★		
	没有参与到绘本制作中	★		
创新能力	绘本设计精美，图文并茂，故事性强	★★★		
	绘本设计不够精美，故事性不强	★★		
	没有设计绘本	★		
自我评价能力	能对制作的绘本进行评价，找出有待改进或优化的地方，并找出解决方法	★★★		
	能对制作的绘本进行评价，但不知道如何改进或优化	★★		
	不会评价或优化绘本内容	★		

04　迎玉兔　闹元宵

一、项目简述

　　农历正月十五日，是中国的传统节日元宵节。正月为元月，古人称夜为"宵"，而十五日又是一年中第一个月圆之夜，所以称正月十五为元宵节，又称为"上元节"。按中国民间的传统，在一元复始、春回大地的节日夜晚，天上明月高悬，地上彩灯万盏，人们观灯、猜灯谜、吃元宵，合家团聚，其乐融融。

　　本项目基于中国传统文化这一主题，借助项目化的教学方式，让教师在课堂上提供与真实生活情景相关的内容，充分激发学生对探究式学习的兴趣。在主题探究学习过程中、在跨学科活动过程中充分发挥学生自身的主观能动性，并在项目活动结束之后，针对学习的结果进行交流及分享，从而真正培养学生的高阶思维。通过一系列活动让学生全面了解中国传统节日，增强学生的文化自信，使其继承与发扬中国传统文化。

二、核心知识

1.相关学科涉及的主要知识

　　语文：以"元宵节"为主题，让学生较全面地了解了与元宵节相关的知识，走近元宵，研究元宵，认识元宵节的由来、礼节及相关习俗，学会表达，形成个体语言经验，能在具体语言情景中进行有效的交流沟通。

　　劳动：将有关元宵节习俗的资料进行归类，做成小报并汇编成册。通过手抄报、摄影、绘画、制作美食等形式，培养学生的动手能力，继承与发扬中国传统文化。

　　思政：通过体验、感受、熟悉民族的传统节日，使学生尊重我们的民间风俗习惯，热爱我们中华民族的传统文化，通过这次的元宵节活动，来树民俗文化之根，让学生亲身体验中华民族文化的魅力。

　　数学：能根据数学知识及原理完成学习成果。

　　体育：能根据体育相关知识及原理，安全、完整地展示学习成果。

2.关键概念或能力

让学生全面了解中国传统节日，继承与发扬中国传统文化。

三、驱动性问题

1.本质问题

"元宵节"的来历及文化内涵是什么？从哪些方面能感受到元宵节的氛围？

2.驱动性问题

传统的节日习俗与当时人们的生产生活和精神世界有着紧密关联，即使岁月流转，生活方式不断改变，依旧能够给人带来心灵的润泽。自古以来，元宵节就以喜庆热闹的观灯习俗为主。元宵节赏花灯、猜灯谜等活动又该如何有趣地开展？元宵节作为国家级非物质文化遗产，我们应采取何种方式让孩子们感受元宵节的氛围？

四、成果与评价

个人成果： 学生以小组为单位，提前收集关于元宵节文化的相关资料，在制作作品环节积极主动，能及时完成自己参与设计的部分，参与度高，制作精美	评价内容： ●能通过多种途径收集元宵节的习俗、回忆自己过节时的所见所闻，并会对资料进行归纳整理。 ●通过小组合作的形式，分享自己过元宵节时的所见所闻，且讲述生动有趣；表达流利清晰、有条理。 ●通过走访、询问的方法，调查相关数据，并归纳总结出规律和结果，撰写调查报告。 ●在实践过程中能够做到细心观察，记录下每个细节。 ●在每节课的制作作品环节积极主动，能及时完成自己参与设计的部分，参与度高，制作精美

团队成果： 　　以小组为单位，每个成员都能积极主动地参加活动，分工明确，能有组织、有计划地进行制作	评价内容： 　　●能积极主动地参加活动、融入小组工作，有团队意识和合作精神，分工明确，能齐心协力共同完成任务。 　　●能绘制设计图，并动手制作出一个实用性较强的作品，能设计绘制精美的宣传海报。 　　●有自己独特的想法，有创新意识，能共同研究一个新方向，成功设计一款市面上没有的新产品
公开方式： 　　网络发布(√) 成果展示(√) 张贴(√)	

五、高阶认知

主要高阶认知策略：

调研：能根据收集的资料、调查的结果制订合理、详细的方案。

问题解决：让学生较全面地了解与元宵节有关的知识及节日习俗的开展方式。

创见：将有关元宵节习俗的资料归类、制作小报并汇编成册。

六、实践与评价

涉及的学习实践： 　　1.探究性实践：了解与元宵节有关的知识，走近元宵，研究元宵，认识元宵节的由来、礼节及相关习俗，学会表达，形成个体语言经验，能在具体语言情景中进行有效的交流沟通。 　　2.社会性实践：以多种形式开展元宵节赏花灯、猜灯谜等活动。 　　3.审美性实践：通过手抄报、摄影、绘画、制作美食、灯笼等形式，培养学生的动手能力，使其继承与发扬中国传统文化	评价的学习实践： 探究性实践(√) 社会性实践(√) 调控性实践( ) 审美性实践(√) 技术性实践( )

七、评价要素

项目过程	评价要素
子项目一：元宵节·团圆 　　适合学段：中、高年级。 　　一、学习目标 　　1.了解元宵节的相关神话传说、成语俗语、历史故事及古诗词。 　　2.认真倾听，理解别人的谈话内容，能表达自己的观点。 　　3.能够围绕"家国情怀"这一主题，理解古代名人诗词中蕴含的情感。 　　4.开展讲故事比赛、朗诵比赛，增进对中国传统节日的整体感知。 　　二、核心问题 　　关于元宵节的神话传说、成语俗语、历史故事及古诗词，你知道多少？ 　　三、学习活动 　　1.了解中国的传统文化类型，激趣导入，引出课题"元宵节"。 　　2.聆听故事，了解元宵节相关的民间故事。 　　3.智慧启迪，交流分享感受。 　　4.活动延伸，情景剧表演。 　　四、成果形式 　　情景剧表演	1.信息收集与处理能力 2.小组合作能力 3.交流分享能力 4.情景表演 5.创新设计能力 6.自我评价能力

项目过程	评价要素
子项目二：元宵节·做灯笼 　　适合学段：中、低年级。 　　一、学习目标 　　1.知道元宵节是中国的传统节日，初步了解其风俗习惯。 　　2.尝试运用画、撕、剪、贴等多种方式和组员共同制作美丽的灯笼。 　　3.感受元宵节丰富的文化内涵，激发爱国主义情感。通过做灯笼比赛提高学生的动手能力，培养不怕困难、团结合作的精神。 　　二、核心问题 　　赏花灯是元宵节最具代表性的习俗之一，你了解这个习俗吗？ 　　三、学习活动 　　1.通过相互交流，了解元宵节的由来及时间。 　　2.了解元宵节习俗的来历。 　　3.观察元宵节赏花灯的照片。 　　4.观察灯笼，讨论制作灯笼的方法，分组协商，分工制作花灯。(教师观察学生的合作情况，并对有困难的学生进行指导) 　　5.举办"美丽的花灯展"，体验合作成功的快乐。 　　6.花灯比赛。 　　用制作好的花灯，通过小组合作的方式进行花灯比赛，以小组投票的形式评选最佳作品。 　　四、成果形式 　　制作出具有元宵节特色的花灯，并进行花灯比赛	1.信息收集与处理能力 2.设计制作能力 3.制订方案 4.小组合作能力 5.自我评价能力 6.体育操作能力

项目过程	评价要素
子项目三：元宵节·猜灯谜 适合学段：中、高年级。 一、学习目标 1. 了解元宵节的一些习俗，知道灯谜的准备流程。 2. 了解灯谜文化的相关知识，运用查阅资料、自主创作的方法完成灯谜。 3. 通过研究灯谜作品，培养学生文学思考的能力，通过了解民间文化，产生了解传统文化的兴趣，产生民族自豪感；感受我国传统的民俗文化和"非遗"文化中体现的创造力。 二、核心问题 怎样创作元宵节灯谜？ 三、学习活动 (一)导入 同学们，你们知道我国有哪些节日吗？有谁知道即将到来的是什么节日呢？ (二)交流元宵文化 1. 谁能和大家分享一下，你所了解的元宵节是一个怎样的节日？ 2. 关于这个节日，你又有什么样的感想呢？ (三)交流灯谜文化 今天的我们站在古人的肩膀上，又是如何过元宵节的呢？ 祝福大家平平安安是我们每个人的心愿。今天的课堂，我们创作一些灯谜，送给我们思念的人。(出示课题"猜灯谜") (四)探讨灯谜制作 1. 今天我们要设计、创作一个灯谜，送给最想念的人，你想送给谁？设计什么问题？你设计的问题有什么寓意？ 2. 实践：用彩笔绘制一个有趣的灯谜。 四、成果形式 组织学生贴好自己设计的灯谜	1. 信息收集与处理能力 2. 小组合作能力 3. 观察记录能力 4. 动手能力 5. 创新设计能力 6. 交流分享能力 7. 自我评价能力

项目过程	评价要素
子项目四：元宵节·美食 适合学段：中、高年级。 一、学习目标 1. 了解元宵节的美食文化，学习当地特色美食，了解美食的特别寓意。 2. 在了解元宵文化的基础上，通过观察法、讨论探究法、自我实践法，让学生初步掌握制作元宵的技能。 3. 向朋友们介绍、分享自己做的元宵，感受节日的欢乐气氛。 二、核心问题 元宵节吃什么美食？ 三、学习活动 1. 导入：教师播放视频动画"元宵节美食"，引导学生了解元宵节的特色美食，引出"做元宵"的主题。 2. 出示不同形状、不同口味的元宵图片，引导学生观察并讨论，不同地区的元宵有何不同？（北方叫元宵，南方叫汤圆） 3. 播放视频"做元宵"，引导学生初步了解做元宵的方法和步骤。出示做元宵的步骤图，鼓励学生尝试自己做元宵。 4. 鼓励学生独立制作元宵，教师巡回观察，给予指导。 5. 鼓励学生分享和展示自己的作品。 四、成果形式 制作各种口味的元宵、饺子等美食	1. 信息收集与处理能力 2. 小组合作能力 3. 观察记录能力 4. 数学计算能力 5. 创新设计能力 6. 交流分享能力 7. 自我评价能力

项目过程	评价要素
子项目五：元宵节·见闻 适合学段：中、高年级。 一、学习目标 1.了解元宵节的习俗，回忆自己过节时的所见所闻。 2.认真倾听，理解别人的谈话内容，能表达自己的观点。 3.能够围绕"元宵节·见闻"这一主题积极参与谈话，将所见所闻制作成绘本，增进对中国传统节日的整体感知。 二、核心问题 大家是怎么度过元宵节的？ 三、学习活动 1.创设情景，引出话题，激发学生的谈话兴趣。（分享元宵节的趣事） 2.围绕话题"元宵节·见闻"展开谈话，为学生提供纸笔简单记录发言内容。 3.学生集体谈话，围绕话题开展交流。 4.小组合作：将所见所闻制作成绘本，增进对中国传统节日的整体感知。 5.成果展示，活动小结。 四、成果形式 绘制元宵节绘本	1.信息收集与处理能力 2.小组合作能力 3.交流分享能力 4.手工制作能力 5.创新设计能力 6.自我评价能力

评价与修订

在开展项目的过程中，各小组根据他人有用的意见改进自己的成果

公开成果

小组合作设计、制作绘制元宵节绘本，并介绍自己小组的设计理念，由师生共同评选出最佳绘本

八、所需资源

与元宵节有关的图片、视频，制作相关成果需要的材料及工具。

九、反思与迁移

1. 项目反思

(1)统编版小学语文教材十分重视对中华优秀传统文化的理解和传承。在本次项目活动实施中,是否引导学生做到了主动学习?是否给学生创建了一个主动学习的平台?

(2)在项目活动实施过程中,学生之间的合作是否顺利有效?是否做到了人人参与并解决问题?

(3)在主题探究学习的过程中,学生是否充分发挥了自身的主观能动性?

2. 项目迁移

(1)通过上网查询、调查问卷、询问长辈等形式了解元宵节,感受元宵节背后的故事,并探究作为国家级非物质文化遗产的元宵节与其他传统节日的区别。

(2)将有关元宵习俗的资料归类,制作小报并汇编成册,在班级或年级进行展示。

(3)通过手抄报、摄影、绘画、制作美食等形式,在培养学生的动手能力的同时,让学生全面了解中国传统节日,增强学生的文化自信,使其乐于继承与发扬中国传统文化。

(4)项目活动结束之后,针对学习的结果进行交流及分享,从而真正培养学生的高阶思维。

"迎玉兔　闹元宵"跨学科项目化学习案例

子项目一："元宵节·团圆"教学设计实施

建议时间：1小时	项目化单元主题：迎玉兔　闹元宵	子项目活动：元宵节·团圆
项目说明： 　1.了解关于元宵节的诗词、故事。 　2.体会古代名人的气节，激发学生的爱国情怀。 　3.展示中华文化的精髓，激发学生传承、弘扬中华文化的情感		
材料准备： 提醒学生提前收集关于元宵节的诗词、故事		
驱动性问题： 你知道哪些关于元宵节的诗词？你能背一背吗？		
成果呈现形式：《元宵姐姐》情景剧表演		

项目步骤	教师支持
一、元宵节与名人 　1.出示视频《元宵的故事》，请学生猜人物与相关节日，激发学生兴趣。 　2.引入新课：团圆。	教师展示元宵节视频，引导学生说出元宵节。
二、了解元宵节相关诗词、故事 　1.讲述元宵节的由来，激发学生对诗词学习的积极性。 　2.向学生展示诗词《正月十五夜灯》，并与学生一同诵读，帮助学生想象画面。结合思政元素，教育学生传承、弘扬中华传统文化。 　3.展示学生课前收集到的关于元宵节的诗词，并讲解诗词中蕴含的感情。	教师先讲解关于元宵节的故事，并展示相关绘本图片，帮助学生理解东方朔的做法。
三、提出驱动性问题 　1.以8~10人为一小组进行知识竞赛、情景剧表演以及元宵节诗词展示，以此巩固课堂前期内容。 　2.元宵节知识竞猜。(课中导学相关内容) 　(1)以小组赛形式展开，8~10人为一小组，采取积分制度； 　(2)竞赛题目分为抢答题和必答题。	教师准备积分表格，记录每个小组的比赛成绩。

3.情景剧表演。(以《元宵姐姐》为例)

以小组为单位,上台表演情景剧,分角色扮演旁白、东方朔、元宵、百姓、汉武帝、妹妹。

4.元宵节传说展示。

(1)驱动性问题:你了解哪些元宵节的传说?能用自己的话说一说吗?

(2)与课前任务形成闭环,让学生们以小组为单位进行展示;

(3)让学生收集相关资料。

5.统计各小组积分,奖励优胜小组。

教师准备表演道具。

教师准备小文具作为奖励,激发学生们的学习兴趣。

四、课堂小结

1.总结课堂学习的内容:与元宵节有关的故事、诗词。

2.肯定学生们收集到的与元宵节有关的资料,鼓励学生发现更多的资料。

3.强调中华文化博大精深,需要我们传承、弘扬。融入爱国教育元素。

"元宵节·团圆"子项目—小组自评及互评表

（　　　　　组）

评价要素	评价细则	星级	自评	互评
信息收集与处理能力	能通过多种途径收集有关元宵节的传说、诗词，会对资料进行归纳整理	★★★		
	能收集一些简单的资料，但不太会对资料进行归纳整理	★★		
	没有收集任何相关资料	★		
小组合作能力	能通过小组合作的形式，分享自己收集到资料，且资料全面	★★★		
	能通过小组合作的形式，分享自己收集到的资料，但资料不够全面	★★		
	没有进行分享	★		
交流分享能力	在课堂上能够向老师和同学们分享有关元宵节的传说，表达流利清晰、有条理	★★★		
	课堂上交流分享的内容不够明白，表达不流利	★★		
	没有进行课堂分享	★		
情景表演	在表演环节积极主动，对表演内容了如指掌，可轻松脱稿，准备充分	★★★		
	对表演内容不够熟悉，表演时有"卡壳"情况	★★		
	没有进行充分准备，无法上台表演	★		
创新设计能力	表演时能创新性地加入语言、动作，使表演更加丰富有趣	★★★		
	照搬内容表演，未设计动作，不够有新意	★★		
	表演不顺畅	★		
自我评价能力	能对表演内容进行评价，并找出有待改进或优化的地方，进行分析并找出解决方法	★★★		
	能对表演内容进行评价，但不知道如何改进或优化	★★		
	不会评价和优化表演内容	★		

"迎玉兔 闹元宵"跨学科项目化学习案例

子项目二："元宵节·做灯笼"教学设计实施

建议时间：1小时	项目化单元主题：迎玉兔 闹元宵	子项目活动：元宵节·做灯笼
项目说明： 　　1.知道元宵节是中国的传统节日，初步了解其风俗习惯(如做花灯、吃元宵、猜灯谜等)。 　　2.尝试运用画、撕、剪、贴等多种方式和组员共同制作美丽的花灯。 　　3.感受元宵节丰富的文化内涵，激发爱国主义情感。通过花灯比赛提高学生的动手能力，培养学生不怕困难、团结合作的精神		
材料准备：PPT、赏花灯的照片、花灯制作范例、彩纸、笔、剪刀胶水、抹布等		
驱动性问题：赏花灯是元宵节最具代表性的习俗之一，那么，你了解这个习俗吗？		
成果呈现形式：制作出具有元宵节特色的花灯，并进行花灯比赛		

项目步骤	教师支持
一、导入 　　1.教师出示花灯实物，激发学生兴趣。 　　师：看，今天老师给你们带来了什么？你们赏过花灯吗？在哪个节日我们会赏花灯呢？ 　　2.教师小结：正月十五，元宵节。元宵节是我们中国的传统节日。	出示有关元宵节的特色花灯，引起学生的学习兴趣。
二、了解元宵节习俗的来历 　　1.播放视频《赏花灯》，了解花灯与一般灯笼样式的不同。 　　2.再次播放视频《赏花灯》，请学生尝试新的方向，感受氛围。	引导学生分享交流元宵节的习俗。
三、观察元宵节花灯比赛的照片 　　教师引导学生观察花灯的外形特征，激发学生制作花灯的兴趣。	
四、提出驱动性问题 　　1.观察花灯照片，讨论制作花灯的方法和材料，激发	

学生合作装饰的兴趣。

2.指导语：①制作花灯需要什么？怎样才能把花灯装饰得漂亮呢？②你准备装饰花灯的哪一部分？用什么方法？需要什么材料？

3.分组协商，分工制作花灯。(教师观察学生合作情况，并对有困难的学生进行指导)

教师要对学生设计花灯的方案和方法进行指导和点评，及时修正不合理的地方。

五、举办"美丽的花灯展"

1.作品分享：学生为身边的同伴介绍自己的作品。

2.集体分享：将学生的作品展示出来，其他学生相互交流，说一说：你最喜欢哪盏花灯？为什么？

六、花灯比赛

1.用制作好的花灯，通过小组合作的方式进行花灯比赛。

2.胜利的小组将获得特色花灯。

七、总结

师：你这节课有什么收获？通过这节课的学习，我们增强了民族意识与文化的使命感，让优良的民族文化传统在现代生活中延续更新。通过做花灯，我们体会到了制作花灯过程中细心合作、齐心协力的精神，希望同学们把这种精神融入学习和生活中去，这样我们就一定能成功！

体验合作成功的快乐。

"元宵节·做灯笼"子项目二小组自评及互评表

（　　　　组）

评价要素	评价细则	星级	自评	互评
信息收集与处理能力	能通过多种途径收集有关元宵节习俗的资料，资料具体且具有权威性，会对资料进行归纳整理	★★★		
	能收集一些简单的资料，但不太会对资料进行归纳整理	★★		
	没有收集任何相关资料	★		
设计制作能力	设计并制作花灯，设计具有创意和代表性	★★★		
	能制作简单的花灯，手工较好	★★		
	完全不用心，或手工粗糙	★		
制订方案	能制订合理、详细的调查方案，选择某一范围，从多个方面进行元宵节习俗的调查	★★★		
	没有详细步骤，方案不利于实施，调查方向比较局限，不具有代表性	★★		
	没有制订合理的方案，偏离实际主题	★		
小组合作能力	小组内每个成员都能积极主动地参加活动，分工明确，能有组织、有计划地进行合作	★★★		
	部分学生没有参与到小组合作中，小组分工不明确，团队意识薄弱	★★		
	没有进行小组合作，缺少团队合作意识	★		
自我评价能力	能对小组合作进行评价，并找出有待改进或优化的地方，对其进行分析并找出解决方法	★★★		
	能对小组合作进行评价，但不知道如何改进或优化	★★		
	不会评价和优化小组合作	★		

「"迎玉兔 闹元宵"跨学科项目化学习案例」

子项目三："元宵节·猜灯谜"教学设计实施

建议时间：1小时	项目化单元主题：迎玉兔 闹元宵	子项目活动：元宵节·猜灯谜

项目说明：

1. 了解元宵节的一些习俗，知道灯谜设计、创作的过程。

2. 了解灯谜文化的有关知识，运用查阅资料、自主创作的方法完成灯谜。

3. 通过研究灯谜作品，培养学生进行文学思考的能力，通过了解民间文化，使学生产生了解传统文化的兴趣，产生民族自豪感；感受我国传统的民俗文化和"非遗"文化体现的创造力

项目重难点：

1. 了解元宵节传统民间风俗，并设计制作一个有寓意的元宵灯谜，送给亲人或朋友，以表达自己的祝福。

2. 设计具有文化和个人情感的灯谜

材料准备：PPT、元宵节图片、折纸、彩绳、剪刀、双面胶、水彩笔或油画棒等

驱动性问题：怎样创作元宵灯谜？

成果呈现形式：设计灯谜

项目步骤	教师支持
一、导入 1. 同学们，你们知道我国有哪些节日吗？有谁知道即将到来的是什么节日吗？ 师：元宵节是第二批国家级非物质文化遗产。	
二、交流元宵文化 1. 谁能和大家分享一下，你所了解的元宵节是一个怎样的节日？ 2. 面对这个节日你又有什么样的感想呢？	谈话中国传统节日，了解传统节日的重要性，激发学生的学习欲望。
三、交流灯谜文化 教师：元宵节是一年当中的第一个月圆之夜。元宵，原意为"上元节的晚上"，早在2000多年前的秦朝就有了元宵节。今天的我们站在古人的肩膀上，又是怎样过元宵节的呢？	通过图片、视频与实物了解元宵的相关风俗知识，感受古人对元宵节的重视，进一步激发学习兴趣。

生：我们继续做元宵、吃元宵、赏花灯，还写灯谜、猜灯谜，爸爸妈妈还给朋友亲人发短信送祝福。

师：平安是我们每个人的心愿。今天的课堂，我们来创作一个灯谜，送给我们思念的人。（出示课题《猜灯谜》）

师：请欣赏礼盒中的灯谜（PPT展示），看一看、想一想，古人为何要猜灯谜呢？

生：文化宣传、可以结交志同道合的朋友……

师：老师最近收集了一些废旧纸材。看，就是你们手中的长条形纸，桌上还有一些彩笔，我们如何把纸条变成灯谜呢？

生：学生小组研究讨论。

师：通过观看视频、查阅资料，了解灯谜的创作过程（教师讲解示范一些灯谜例子）。

通过观察图片和实物，了解古人对生活的热爱和情感的表达，了解猜灯谜的特殊意义，并知道灯谜的结构特征。探索利用废旧纸材制作灯谜的方法。

四、提出驱动性问题：探讨灯谜制作

1. 今天我们要创作一个灯谜，送给思念的人，你想送给谁？又想设计什么问题？这个问题表达了什么样的寓意呢？

2. 学生实践：用彩笔绘制一个有趣的灯谜。

(1)用废旧纸条剪裁成灯谜需要的形状；

(2)创作灯谜的内容，设计时考虑问题的寓意；

(3)将制作内容写在灯谜纸上；

(4)打开灯谜，先请同桌猜一猜；

(5)写好灯谜，粘贴在花灯上，完成制作。

通过交流，结合当前新冠疫情的局势，表达内心的情感；利用灯谜的内在寓意，抒发自己对亲人、朋友的关心，培养学生勤思考、爱动脑的习惯。

五、成果展示

组织学生贴好自己设计的灯谜，感受自己动手动脑的乐趣。

学生之间相互欣赏设计创作的灯谜的创新之处。

六、评价

引导学生根据表格的内容进行自评、互评。

七、小结

最后用一首儿歌结束今天的课，我们一起大声朗诵：

老奶奶，手儿巧；做花灯，闹元宵；

西瓜灯，兔子灯；金鱼灯儿尾巴摇；

宝宝乐，哈哈笑；一同鞠躬谢姥姥。

"元宵节·猜灯谜"子项目三小组自评及互评表

（　　　　组）

评价要素	评价细则	星级	自评	互评
信息收集与处理能力	能通过多种途径收集有关元宵灯谜的资料，且资料具有权威性，会对资料进行归纳整理	★★★		
	能收集一些简单的资料，但不太会对资料进行归纳整理	★★		
	没有收集任何相关资料	★		
小组合作能力	能通过小组合作的方式，熟悉元宵灯谜的制作材料、步骤，并归纳总结出元宵灯谜对人们生活的意义	★★★		
	能通过小组合作的方式，积累部分元宵灯谜的制作材料、步骤，并进行总结归纳	★★		
	没有进行小组合作	★		
动手能力	能制作合适的元宵灯谜，得体表达元宵节祝福，向周围的人表达元宵节愿望	★★★		
	能制作元宵灯谜，但表达欠得体，过程不清晰，不具有代表性	★★		
	制作的灯谜较粗糙，表达偏离实际主题	★		
观察记录能力	在制作元宵灯谜的过程中能够做到认真用心，并记录下制作过程，在课堂上能够向老师和其他同学进行分享，详细说明制作心得，表述流利清晰、有条理	★★★		
	在制作过程中能够做到用心，但记录不详细，课堂上交流分享的内容较少，表述不清	★★		
	没有认真进行制作记录，课堂上表述不清	★		

续表

评价要素	评价细则	星级	自评	互评
创新设计能力	小组内每个成员都能积极主动地参加活动，分工明确，能有组织、有计划地进行制作	★★★		
	部分学生没有参与到制作中，小组分工不明确，团队意识薄弱	★★		
	没有进行小组合作，缺少团队合作意识	★		
自我评价能力	能对元宵灯谜的制作进行评价，并找出有待改进或优化的地方，对其进行分析并找出解决方法	★★★		
	能对元宵灯谜的制作进行评价，但不知道如何改进或优化	★★		
	不会评价和优化元宵灯谜制作	★		

「 "迎玉兔　闹元宵"跨学科项目化学习案例 」

子项目四："元宵节·美食"教学设计实施

建议时间：1 小时	项目化单元主题：迎玉兔　闹元宵	子项目活动：元宵·美食
项目说明： 　　1.了解中国元宵节美食文化及美食特别的寓意，在积极的课堂实践活动中增强民族文化自信，继承和弘扬中华优秀传统文化。 　　2.根据做汤圆的流程制作，体会过元宵做汤圆的意义的同时，也让学生们在这个过程中发现——与美食结合的数学可以这么有趣！ 　　3.体验节日的快乐，在团圆热闹的氛围中体会中国人用美食寄托美好愿望的情感，在课堂上以"元宵"为例，进行实践成果展示		
项目重点： 　　1.了解元宵节美食特别的寓意，通过古诗、阅读的方式体会中国人独特的情感表达。 　　2.展示中华文化精髓，激发学生对中国传统文化的热爱、对传统文化的传承		
项目难点：课堂上以"元宵"为例，进行实践成果展示。在团圆热闹的氛围中体会中国人用美食寄托美好愿望的情感		
材料准备：PPT、关于元宵节的图片、美食的图片、芝麻、豆沙、白糖、砧板		
驱动性问题：出示关于做汤圆的图片，人们在干什么？做一做美食"汤圆"		
成果呈现形式：评选"最佳小厨神"，小组展示成果		

项目步骤	教师支持
一、导入 　　师：同学们，看看老师手里拿的是什么？(汤圆)是的，我们称它为"汤圆"(南方)、"元宵"(北方)。一看到汤圆，我们就会想起一个节日——元宵节。上节课我们对元宵文化已经做了深入的探究，这节课我们就走进元宵节，学习做汤圆。(板书课题)	播放视频资料，师生产生情感共鸣。
二、汤圆探究 　　1.了解汤圆的口味及形状：说到汤圆，大家都不陌生，在生活中，你都见过或者吃过什么样的汤圆？南方人多是煮着吃或炒着吃(吃法众多)，北方人多是炸着吃或	教师引导学生理解驱动性问题，在学生分享交流时培养他们的规则意识，组

煮着吃(甜为主)。(图片展示)

由于各地的风俗和习惯不同,人们制作汤圆(元宵)方法也各不相同。汤圆是"包"出来的,表皮光滑黏糯。元宵是"滚"出来的,表皮干燥松软。(图片展示)

2.拆解探究:以小组为单位观察并拆解成品汤圆,讨论交流:这么好看的汤圆是怎么制作出来的呢?组长组织所有组员积极参与到活动中来。

3.梳理做汤圆的步骤:揉、折、压平、包馅、捏等。

4.突破难点:包馅。

三、我们来制作

1.学生尝试做汤圆。(温馨提示:爱惜粮食,注意卫生)

请完成的同学上台展示,分享经验,帮助有困难的同学。

2.学习"滚"元宵的做法:做元宵的方法有很多。

教师边演示边讲解。

学生练习"滚"元宵。展示并评价,分享经验。

学做元宵不仅是掌握了一项生活本领,更重要的是能体验到劳动的快乐。

3.做汤圆(元宵)神器:生活处处有学问,我们要用心观察,潜心发现。关于神器,请感兴趣的同学课后自行探究。

4.回归生活:在生活中,汤圆这道传统美食不仅仅是节日的象征,还代表着团团圆圆,已经成为我们日常品味和馈赠亲朋好友的佳品了。

5.了解煮汤圆:

(1)把水烧开,放入汤圆;

(2)水一定要没过汤圆,盖上锅盖;

(3)待水开后,转小火再煮3~5分钟;

(4)待汤圆浮上来后,再煮半分钟,关火,就可取出食用。

四、我们来叫卖

刚煮的汤圆新鲜出炉啦!什么样的海报才能吸引顾客呢?我们一起来创作吧!

织学生轮流发言,仔细倾听。同时培养学生搜集信息的能力。

通过图片引导学生进行规范模仿。

制作时,教师用计时器帮助学生进行时间管理。

制作过程培养学生团结协作的能力和沟通交流的能力。

学生可以设计吸引人的宣传语,并配上好看的图案,加以宣传。

97

五、总结

小小的汤圆，包裹着我们深深的情谊。希望同学们能把今天学到的本领运用到生活中去，与家人一起做汤圆、吃汤圆，享受劳动的快乐。

课后推荐其他节日美食，帮助学生拓宽眼界，激发学生了解其他中国传统文化的热情。

"元宵节·美食"子项目四小组自评及互评表

（　　　　组）

评价要素	评价细则	星级	自评	互评
信息收集与处理能力	提前收集了关于元宵节美食的图片和元宵节美食文化的相关资料，资料全面，且进行了归纳整理	★★★		
	能收集一些简单的资料，但不太会对资料进行归纳整理	★★		
	没有收集任何相关资料	★		
组织调查能力	小组内每个成员都能积极主动地参加每次活动，分工明确，能有组织、有计划地进行调查	★★★		
	部分学生没有参与到调查活动中，小组分工不明确，团队意识薄弱	★★		
	没有进行小组合作，缺少团队合作意识	★		
观察记录能力	能在课堂测评中记录汤圆(元宵)的制作过程以及制作配比，并记录汤圆(元宵)各环节的特殊寓意。在课堂上能够向老师和其他同学进行分享，详细说明观察的结果，表述流利清晰、有条理	★★★		
	在实践过程中能够做到细心观察，但记录不详细，课堂上交流分享的内容过少，表述不清	★★		
	没有认真进行观察记录，课堂上表述不清	★		

评价要素	评价细则	星级	自评	互评
数学计算能力	能够事先对本组食材进行称量，按照馅料和皮的配比计算出制作的个数	★★★		
	会称量本组的食材，但是计数不够准确	★★		
	称量食材的重量计算误差很大，未准确计算出制作个数	★		
创新设计能力	能够在制作过程中加入一些有创意的设计，并赋予其独特意义	★★★		
	能够在制作过程中加入一些设计，但没有特别的意义	★★		
	照搬范例，没有进行任何修改、加工	★		
交流分享能力	在课堂上能够向老师和其他同学分享劳动成果，表述流利清晰、有条理	★★★		
	课堂上交流分享的内容过少，表述不清，没有实际意义	★★		
	没有进行课堂分享	★		
自我评价能力	小组互评，能对制作的汤圆（元宵）进行有效评价，全面、客观地指出汤圆（元宵）的优缺点和海报的优缺点，做出反思	★★★		
	能对制作的汤圆（元宵）进行评价，但不够全面，找不到可以进一步改进或优化的地方	★★		
	不能全面、客观地指出汤圆（元宵）的优缺点和介绍词的优缺点	★		

「"迎玉兔　闹元宵"跨学科项目化学习案例」

子项目五："元宵节·见闻"教学设计实施

建议时间：1小时	项目化单元主题：迎玉兔　闹元宵	子项目活动：元宵·见闻

项目说明：

　　1.了解元宵节的习俗，回忆自己过元宵节时的所见所闻。

　　2.认真倾听，理解别人的谈话内容，能表达自己的观点。

　　3.能够围绕"元宵·见闻"这一主题积极参与谈话，将所见所闻制作成绘本，增进对中国传统节日的整体感知

材料准备：提醒学生收集过元宵节时的热闹场面图片、准备制作绘本的材料

驱动性问题：围绕话题"元宵·见闻"展开谈话，为学生提供纸笔简单记录发言内容

成果呈现形式：绘制"元宵绘本"

项目步骤	教师支持
一、畅谈元宵节 1.出示元宵节赏花灯的图片，让学生谈谈感受。 2.引出课题：元宵·见闻。	出示与元宵节有关的图片，激发学生的谈话兴趣。
二、提出驱动性问题 1.为什么要过元宵？怎样过元宵？ 2.教师讲有关元宵节的故事、传说。 3.欣赏图片、视频。(出示课件) 4.学生集体谈话，围绕"元宵·见闻"畅所欲言。	
三、制作绘本 (一)绘声绘色谈绘本 1.什么是绘本？ 2.如何制作绘本？	出示各种样式的绘本图片。
(二)集思广益制绘本 出示制作绘本小提示： 1.确定绘本主题； 2.组内明确分工； 3.选择所需工具； 4.设计绘本内容；	先出示制作绘本的视频，再出示制作绘本小提示。 为学生准备制作绘本的材

(1)绘本的"外衣"设计；

(2)绘本的内容设计；

(3)绘本的形式设计。

5.教师巡视、指导。

料，每组派代表领取所需材料。

学生制作绘本时，课件播放背景音乐。

四、成果展示

1.小组代表讲解。

2.其他小组点评。

"元宵·见闻"子项目五小组自评及互评表

（　　　　组）

评价要素	评价细则	星级	自评	互评
信息收集与处理能力	能通过多种途径收集元宵节的习俗，会对资料进行归纳整理	★★★		
	能收集资料，但不太会对资料进行归纳整理	★★		
	没有收集任何相关资料	★		
小组合作能力	通过小组合作的形式，分享收集到的资料，且讲述生动有趣	★★★		
	通过小组合作的形式，分享收集到的资料，但分享不够生动	★★		
	没有进行分享	★		
交流分享能力	在课堂上能够向老师和同学们分享所见所闻，表达流利清晰、有条理	★★★		
	课堂上交流分享的内容不够明白，表达不流利	★★		
	没有进行课堂分享	★		
手工制作能力	在制作绘本环节积极主动，能及时完成自己参与设计的部分，参与度高，制作精美	★★★		
	能完成自己参与设计的部分，但参与度不高	★★		
	没有参与绘本制作	★		

续表

评价要素	评价细则	星级	自评	互评
创新设计能力	绘本设计精美，图文并茂，故事性强	★★★		
	绘本设计不够精美，故事性不强	★★		
	没有设计绘本	★		
自我评价能力	能对制作的绘本进行评价，并找出有待改进或优化的地方，对其进行分析并找出解决方法	★★★		
	能对制作的绘本进行评价，但不知道如何改进或优化	★★		
	不会评价和优化绘本内容	★		

05 感怀清明　遥寄相思

一、项目简述

　　清明节又称踏青节、行清节、三月节、祭祖节等，节期在仲春与暮春之交，是中国最重要的祭祀节日，交节时间在公历 4 月 5 日前后。清明节源自上古时代的祖先信仰与春祭礼俗，是中华民族最隆重盛大的祭祖节日。清明节兼具自然与人文两大内涵，既是自然节气点，也是传统节日，扫墓祭祖与踏青郊游是清明节的两大传统礼俗主题，这两大传统礼俗主题在中国自古传承，至今不辍。

　　本项目基于中国传统文化这一主题，借助项目化的教学方式，让教师在课堂上提供与真实生活情景相关的内容，充分激发学生对探究式学习的兴趣。在主题探究学习的过程中、在跨学科活动的过程中充分发挥学生自身的主观能动性，并在项目活动结束之后，针对学习的结果进行交流及分享，从而真正培养学生的高阶思维。清明节是中国传统重大的春祭节日，扫墓祭祀、缅怀祖先是中华民族自古以来的优良传统，不仅有利于弘扬孝道亲情、唤醒家族共同记忆，还可促进家族乃至民族的凝聚力和认同感。清明节融汇自然节气与人文风俗为一体，是天时、地利、人和三者合一，充分体现了中华民族的先祖们追求"天、地、人"的和谐统一，讲究顺应天时地宜、遵循自然规律的思想。

二、核心知识

1. 相关学科涉及的主要知识

　　语文：以"清明节"为主题，让学生较全面地了解与清明节有关的知识，研究清明，认识清明节的由来、礼节及相关习俗，学会表达，形成个体语言经验，能在具体语言情景中进行有效的交流沟通。

　　劳动：将有关"清明节习俗"的资料进行归类，制作小报并汇编成册。通过情景剧展示，制作风筝、蛋画、美食等形式，培养学生的动手能力，使其继承与发扬中国传统文化、扬孝道亲情、唤醒家族共同记忆，促进家族乃至民族的凝聚力和认同感。

思政：了解清明节的由来，感受清明节的文化底蕴和精神标识，扬孝道亲情、唤醒家族共同记忆，促进家族乃至民族的凝聚力和认同感，传承中华文明的祭祀文化，抒发人们尊祖敬宗、继志述事的道德情怀。

数学：能根据数学知识及原理制作风筝、清明粑并进行展示。

2.关键概念或能力

让学生全面了解中国传统节日，继承与发扬中国传统文化，增强民族凝聚力和民族认同感。

三、驱动性问题

1.本质问题

清明节的来历及文化内涵是什么？清明节有什么习俗？

2.驱动性问题

传统节日习俗与当时人们的生产生活和精神世界有紧密的关联，即使岁月流转，生活方式不断改变，依旧能给人带来心灵的润泽。在新时代，清明节礼敬祖先、慎终追远、踏青郊游、亲近自然的民俗活动又该如何开展呢？

四、成果与评价

个人成果： 　　学生以小组为单位，提前收集关于清明节的相关资料，在制作作品环节积极主动，能融合自己家乡的本土特色，及时完成自己参与设计的部分，参与度高，制作精美	评价内容： 　　●能通过多种途径收集清明节的习俗、回忆自己过节时的所见所闻，并会对资料进行归纳整理。 　　●通过小组合作的形式，分享自己过清明节时的所见所闻，可以通过手抄报、感悟心得、照片等方式进行分享，表达流利清晰、有条理。 　　●通过走访、询问的方法，收集相关数据，并归纳总结出规律和结果，撰写调查报告。 　　●在实践过程中能够细心观察，记录下每个细节。 　　●在每节课的制作作品环节积极主动，能融合自己家乡的本土特色，及时完成自己参与设计的部分，参与度高，制作精美

团队成果： 以小组为单位，每个成员都能积极主动地参加活动，分工明确，能有组织、有计划地进行制作	评价内容： ●能积极主动地参加活动、融入小组工作，有团队意识和合作精神，分工明确，能齐心协力共同完成任务。 ●能绘制手抄报，并动手制作出一个美食作品，能设计并绘制精美的宣传海报。 ●有自己独特的想法，有创新意识，能合作研究一个新方向，成功设计一款市面上没有的新产品或在蹴鞠环节设计一个新玩法
公开方式： 网络发布(√)成果展示(√)张贴(√)	

五、高阶认知

主要高阶认知策略：

调研：能根据收集到的资料、调查的结果制订合理、详细的方案。

问题解决：让学生较全面地了解与清明节有关的知识，知晓新时代背景下节日习俗的开展方式。

创见：将有关"清明节习俗"的资料归类，制作小报并汇编成册。

六、学习实践

涉及的学习实践： 1.探究性实践：以"清明节"为主题，让学生较全面地了解与清明节有关的知识，研究清明节，认识清明节的由来、礼节及相关习俗，学会表达，懂得相关礼仪，形成个体语言经验，能在具体语言情景中进行有效的交流沟通。 2.社会性实践：提倡文明祭扫，保护生态环境，进一步表现清明节的节日内涵。 3.审美性实践：通过手抄报、摄影、蛋画，制作美食、香包等形式，培养学生的动手能力，使其继承与发扬中国传统文化。	评价的学习实践： 探究性实践(√) 社会性实践(√) 调控性实践( ) 审美性实践(√) 技术性实践( )

七、评价要素

项目过程	评价要素
子项目一：饮水思源·缅怀先烈 适合学段：低、中年级。 一、学习目标 1.了解清明节的祭扫礼仪、历史故事及古诗词。 2.认真倾听，理解别人的谈话内容，能表达自己的观点。 3.能够围绕"饮水思源·缅怀先烈"的主题，理解古代诗词中蕴含的情感。 4.开展讲故事比赛、朗诵比赛、礼仪展示等活动，增进学生对中国传统节日的整体感知。 二、核心问题 关于清明节的礼仪祭扫、成语俗语、历史故事及古诗词，你知道多少？ 三、学习活动 1.了解中国的传统文化类型，激趣导入，引出课题"清明节"。 2.聆听故事，了解"清明节"的相关传统礼仪及民间故事。 3.智慧启迪，交流分享感受。 4.活动延伸，情景剧表演。 四、成果形式 情景剧表演（以文明祭扫为主题）	1.信息收集与处理能力 2.小组合作能力 3.交流分享能力 4.情景表演 5.创新设计能力 6.自我评价能力

项目过程	评价要素
子项目二：感怀清明·玩转手作 适合学段：中、高年级。 一、学习目标 1.知道清明节是中国的传统节日，初步了解其风俗习惯。 2.尝试运用画、剪、贴等多种方式和组员共同制作、装饰美丽的风筝(纸鸢)。 3.感受清明节丰富的文化内涵，激发爱国主义情感。通过户外踏青活动——放风筝，提高学生的动作协调性，培养学生不怕困难、团结合作、积极进取的精神。 二、核心问题 扫墓祭祖是清明节最具代表性的习俗之一，你了解这个习俗吗？ 三、学习活动 1.通过相互交流，了解清明节的名称内涵及时间。 2.了解清明节习俗的来历。 3.观察清明节放风筝(纸鸢)比赛的照片。 4.观察风筝，讨论装饰风筝的方法，分组协商、分工制作、装饰风筝。(教师观察学生的合作情况，对有困难的学生进行指导) 5.举办"居家自制风筝"活动或"户外踏青"活动，体验成功合作的快乐。 6.组内自制风筝。 7.户外踏青活动——放飞风筝。 四、成果形式 制作出具有清明特色的风筝，并进行"最美风筝"评选与"放风筝"比赛	1.信息收集与处理能力 2.小组合作能力 3.交流分享能力 4.创新设计能力 5.自我评价能力

项目过程	评价要素
子项目三：感怀清明·品尝美食 适合学段：中、高年级。 一、学习目标 1. 了解清明节的美食文化，了解当地特色美食，了解美食的特别寓意。 2. 在了解清明节文化的基础上，通过观察法、讨论探究法、自我实践法，让学生初步掌握制作清明粑的基本技能。 3. 向朋友们介绍、分享自己做的清明粑，体验节日的欢乐气氛。 二、核心问题 清明节吃什么美食？ 三、学习活动 1. 导入：教师出示"南北方清明节美食"图片，引导学生了解南北方清明节的特色美食，引出"制作清明粑"的主题。 2. 出示不同形状、不同口味的清明粑图片，引导学生观察并讨论：不同地区的清明粑有何不同？ 3. 播放制作清明粑的视频，引导学生初步了解制作清明粑的方法和步骤。出示制作清明粑的步骤图，鼓励学生尝试制作清明粑。 4. 鼓励学生独立制作清明粑，教师巡回观察，给予指导。 5. 鼓励学生分享和展示自己的作品。 四、成果形式 制作清明粑	1. 信息收集与处理能力 2. 小组合作能力 3. 交流分享能力 4. 创新设计能力 5. 自我评价能力

八、所需资源

与清明有关的图片、视频，制作相关成果需要的材料及工具。

九、反思与迁移

1.项目反思

(1)在项目活动实施中,学生是否做到了主动收集资料?参与完成学生的有多少?

(2)学生是否能有效合作,并真正解决问题,从而完成相关问题的学习?是否能完成设定的项目任务?

(3)在项目活动中,是否培养了学生的学习动机?

2.项目迁移

(1)通过参加祭扫、踏青、游玩等活动,同时通过调查、访问、上网查询的方式了解清明节,找出清明节与其他传统节日的区别。

(2)通过手抄报、摄影、绘画、制作美食等形式,培养学生的动手能力,使其继承与发扬中国传统文化。

(3)将有关"清明习俗"的文明礼仪的资料归类成册,将手抄报、摄影作品、绘画、文字作品等制成班级画报,或制成专题短视频,上传到班级网站上。

「"感怀清明　遥寄相思"跨学科项目化学习案例」

子项目一："饮水思源·缅怀先烈"教学设计实施

建议时间：1 小时	项目化单元主题：感怀清明　遥寄相思	子项目活动：饮水思源·缅怀先烈

项目说明：

　　1.了解关于清明节的礼仪、诗词、故事。

　　2.体会古代名人的气节，激发学生的爱国情怀和强烈的民族认同感。

　　3.清明节凝聚着民族精神，传承了中华文明的祭祀文化，抒发了人们尊祖敬宗、继志述事的道德情怀

材料准备：提醒学生提前收集关于清明节的祭祀礼仪、诗词、故事

驱动性问题：你知道哪些关于清明节的诗词？你能背一背吗？

成果呈现形式：清明诗歌会和情景剧表演

项目步骤	教师支持
一、清明节与诗人 　　1.出示唐代诗人杜牧《清明》的诗句。 　　请学生说一说清明节的来历以及习俗，激发学生兴趣。 　　2.引入新课：饮水思源·缅怀先烈。	教师展示诗歌视频，引导学生说出清明节。
二、了解清明节起源及发展 　　1.讲述清明节与二十四节气中的清明的关系，说明清明节名字的由来。 　　2.向学生展示： 　　起源：寒食节——介子推的故事（"割肉奉君尽丹心，但愿主公常清明"）。 　　形成：在宋元时期形成的一个以祭祀先祖、扫墓为中心的传统节日。 　　发展：2006 年 5 月 20 日，中华人民共和国文化部申报的清明节经国务院批准列入第一批国家级非物质文化遗产名录。 　　3.展示学生课前收集到的关于清明节的诗词、手抄报、照片等，并让学生说一说其中的故事或感受。	先讲清明节的来历，再展示清明节的相关习俗图片，帮助学生理解每种图片代表的意义。

清明节不仅是缅怀先烈、遥寄相思的传统节日，清明节更表达着一种继承遗志、展望未来的美好愿望。所以，清明节除了祭祀外，还有踏青、放风筝、蹴鞠等有趣的习俗。

三、提出驱动性问题

1. 以6~8人为一组进行"清明诗歌会"活动，进行清明节知识宣讲以及清明节诗词展示，以此巩固课堂前期内容。

教师准备积分表格，记录每个小组的比赛成绩。

2. 蛋画记清明。

(1)以小组赛形式展开，6~8人为一组，采取积分制度；

学生自己准备绘画道具。

(2)评委根据每组的作品数量和质量进行打分。

3. 情景剧表演。(评委打分)

人间三月芳菲始，又是一年清明际。清明节是我国的传统祭祀节日，在这个特殊的节日里，我们缅怀英烈、悼念先人、寄托哀思，传承历史文化，弘扬传统美德。(以"文明祭扫 感怀先烈"为主题)

以小组为单位，上台展示情景剧：新时代的文明祭扫有哪些？(无烟祭扫、居家追思、线上祭奠、书写寄语等寄托哀思的方式)

教师准备小文具作为奖励，激发学生们的学习兴趣。

4. 总结各小组积分，并奖励优胜小组。

四、课堂小结

1. 总结课堂学习的内容：与清明节有关的故事、诗词。

2. 肯定学生们收集到的与清明节相关的资料，鼓励学生收集更多的资料。

3. 强调中华文化博大精深，需要我们传承、弘扬。融入爱国教育元素。

"饮水思源·缅怀先烈"子项目一小组自评及互评表

（　　　　组）

评价要素	评价细则	星级	自评	互评
信息收集与处理能力	能通过多种途径收集有关清明节的传说、诗词，会对资料进行归纳整理	★★★		
	能收集一些简单的资料，但不太会对资料进行归纳整理	★★		
	没有收集任何相关资料	★		
小组合作能力	能通过小组合作的形式，分享自己收集到的资料，讲述生动有趣	★★★		
	能通过小组合作的形式，分享自己收集到的资料，但分享不够生动	★★		
	没有进行分享	★		
交流分享能力	在课堂上能够向老师和同学们分享收集到的传说，表达流利清晰、有条理	★★★		
	课堂上交流分享的内容不够明白，表达不流利	★★		
	没有进行课堂分享	★		
情景表演	在表演环节积极主动，对表演内容了如指掌，可轻松脱稿，准备充分	★★★		
	对表演内容不够熟悉，表演时有"卡壳"情况	★★		
	没有进行充分准备，无法上台表演	★		
创新设计能力	表演时能创新性地加入语言、动作，使表演更加丰富有趣	★★★		
	照搬内容表演，未设计动作，不够有新意	★★		
	表演不顺畅	★		
自我评价能力	能对表演内容进行评价，并找出有待改进或优化的地方，对其进行分析并找出解决方法	★★★		
	能对表演内容进行评价，但不知道如何改进或优化	★★		
	不会评价和优化表演内容	★		

"感怀清明　遥寄相思"跨学科项目化学习案例

子项目二："感怀清明·玩转手作"教学设计实施

建议时间：1小时	项目化单元主题： 感怀清明　遥寄相思	子项目活动：感怀清明·玩转手作

项目说明：
　　1.知道清明节是中国的传统节日，初步了解其风俗习惯(如做清明粑、放风筝等)。
　　2.尝试运用画、撕、剪、贴等多种方式和组员共同装饰美丽的风筝。
　　3.感受清明节丰富的文化内涵，初步激发爱国主义情感。通过放风筝比赛，培养学生不怕困难、团结合作的精神

材料准备： PPT、放风筝的照片；未装饰的风筝、彩纸、笔、剪刀胶水等

驱动性问题： 放风筝是端午节最具代表性的习俗之一，你了解这个习俗吗？

成果呈现形式： 制作出具有清明特色的风筝，并进行放风筝比赛

项目步骤	教师支持
一、导入 　　播放介绍清明节的短片，了解清明节的时间以及来历。	播放介绍清明节的短片，引起学生的学习兴趣。
二、了解清明节习俗的来历 　　1.请学生说一说自己知道的清明节习俗及其寓意。 　　2.教师补充不同地方的清明节习俗及其寓意。	
三、欣赏不同风筝的照片 　　教师引导学生欣赏不同类型风筝的外形特征，激发学生制作风筝的兴趣。	引导学生分享交流清明节的习俗。
四、提出驱动性问题 　　1.播放风筝制作的视频，讨论制作风筝的方法，激发学生的制作兴趣。 　　2.指导语：①风筝主要由哪些部分组成？怎样才能把风筝做得既美观又实用呢？②你准备制作风筝的哪一部分？用什么方法？需要什么材料？	

3.分组协商、分工制作风筝。(教师观察学生合作情况,并对有困难的学生进行指导)

五、举办"玩转风筝"评比活动

1.作品分享:学生向身边的同伴介绍自己的作品。

2.集体分享:将学生作品展示出来请其他学生相互交流,说一说:哪一组制作的风筝你最喜欢?为什么?

教师要对学生制作风筝的整体设计方案和方法进行指导和点评,及时修正不合理的地方。

六、"户外踏青"活动

用制作好的风筝,在小组内推荐一人在户外参加放风筝比赛,体验合作成功的快乐

体验合作成功的快乐。

七、总结

1.学生谈感受。

2.教师总结。

"感怀清明·玩转手作"子项目二小组自评及互评表

（　　　　组）

评价要素	评价细则	星级	自评	互评
信息收集与处理能力	能通过多种途径收集有关清明节习俗的资料，且资料具有权威性，会对资料进行归纳整理	★★★		
	能收集一些简单的资料，但不太会对资料进行归纳整理	★★		
	没有收集任何相关资料	★		
成果展示	设计并制作风筝，设计具有新意和创意且具有代表性	★★★		
	能制作简单的风筝，手工较好	★★		
	完全不用心，或手工粗糙	★		
制订方案	能制订合理、详细的调查方案，选择某一范围，从多个方面进行清明节习俗的调查	★★★		
	方案不便于实施，调查方向比较局限，不具有代表性	★★		
	没有制订合理的方案，偏离实际主题	★		
小组合作能力	小组内每个成员都能积极主动地参加活动，分工明确，能有组织、有计划地进行合作	★★★		
	部分学生没有参与到小组合作中，小组分工不明确，团队意识薄弱	★★		
	没有进行小组合作，缺少团队合作意识	★		
自我评价能力	能对小组合作进行评价，并找出有待改进或优化的地方，对其进行分析并找出解决方法	★★★		
	能对小组合作进行评价，但不知道如何改进或优化	★★		
	不会评价和优化小组合作	★		

"感怀清明 遥寄相思"跨学科项目化学习案例

子项目三："感怀清明·品尝美食"教学设计实施

建议时间：1 小时	项目化单元主题： 感怀清明 遥寄相思	子项目活动：感怀清明·品尝美食
项目说明： 　　1.了解清明节的美食文化，学习当地特色美食，了解美食的特别寓意。 　　2.在了解清明文化的基础上，通过观察法、讨论探究法、自我实践法，让学生初步掌握制作清明粑的基本技能。 　　3.向朋友们介绍、分享自己做的清明粑，感受节日的欢乐气氛		
项目重难点：清明节吃什么美食？南北方清明节在美食上有何差异？		
材料准备：PPT，清明节美食图片，制作清明粑的艾叶、糯米粉等		
驱动性问题：怎样制作清明粑？		
成果呈现形式：制作清明粑		

项目步骤	教师支持
一、导入 　　教师出示南北方清明节美食图片，引导学生了解南北方清明节的特色美食，引出"制作清明粑"的主题。	出示美食图片，激发学生的学习兴趣。
二、认识不同地域的清明粑 　　1.出示不同形状、不同口味的清明粑图片，引导学生观察并讨论：不同地区的清明粑有何不同？ 　　2.清明节吃清明粑有何寓意？	通过图片、视频与实物了解清明节相关的饮食风俗，感受不同地域的人对清明节的重视，进一步激发学生的学习兴趣。
三、交流清明粑的制作方法 　　播放制作清明粑的视频，引导学生初步了解制作清明粑的方法和步骤。出示制作清明粑的步骤图，鼓励学生尝试制作清明粑。	
四、提出驱动性问题：独立制作清明粑 　　1.鼓励学生独立制作清明粑，教师巡回观察，给予指导。	通过播放视频，了解制作清明粑的制作过程，鼓励学生独立制作清明粑，引

2.鼓励学生分享和展示自己的作品。

导学生学会珍惜粮食。

五、成果展示

小组之间评选色香味俱全的清明粑，并把自己小组制作的清明粑与其他组分享。

六、评价

引导学生根据表格的内容进行自评互评。

七、小结

1.学生谈这节课的收获以及制作清明粑的注意事项。

2.教师总结。

"感怀清明·品尝美食"子项目三小组自评及互评表

（　　　　组）

评价要素	评价细则	星级	自评	互评
信息收集与处理能力	能通过多种途径收集有关制作清明粑的资料，且资料具有权威性，会对资料进行归纳整理	★★★		
	能收集一些简单的资料，但不太会对资料进行归纳整理	★★		
	没有收集任何相关资料	★		
交流分享能力	能通过语言表达的方法，十分全面地归纳总结出不同地域制作出的清明粑对人们生活的意义	★★★		
	能通过语言表达的方法，较为全面地总结归纳清明粑对人们生活的意义	★★		
	没有进行语言表达	★		
制作清明粑	清楚制作清明粑的步骤及注意事项，能制作出可口的清明粑	★★★		
	制作步骤不太清楚，且制作出的清明粑不太可口	★★		
	不会制作清明粑	★		

评价要素	评价细则	星级	自评	互评
动手记录	在制作清明粑的过程中能够做到认真用心，并记录下制作过程，在课堂上能够向老师和其他同学进行分享，详细说明制作心得，表述流利清晰、有条理	★★★		
	在制作过程中能够做到用心，但记录不详细，课堂上交流分享内容较少，表述不清	★★		
	没有认真进行制作记录，课堂上表述不清	★		
小组合作能力	小组内每个成员都能积极主动地参加活动，分工明确，能有组织、有计划地进行制作	★★★		
	部分学生没有参与到制作中，小组分工不明确，团队意识薄弱	★★		
	没有进行小组合作，缺少团队合作意识	★		
自我评价能力	能对清明粑的制作进行评价，并找出有待改进或优化的地方，对其进行分析并找出解决方法	★★★		
	能对清明粑的制作进行评价，但不知道该如何改进或优化	★★		
	不会评价和制作清明粑	★		

06 浓情五月 古韵端午

一、项目简述

　　端午节与春节、清明节、中秋节并称为中国四大传统节日，是集拜神祭祖、祈福辟邪、欢庆娱乐和饮食为一体的民俗大节，也是中国首个入选世界非物质文化遗产的节日。"端"有"初始"的意思，是仲夏的开端，也是盛夏的起始。根据中国历法，五月即"午月"，于是五月初五便有了"端午"之称。

　　本项目基于中国传统文化这一主题，借助项目化的教学方式，让教师在课堂上通过提供真实的生活情景，充分引发学生对探究式学习的兴趣。在主题探究学习过程中、在跨学科活动过程中充分发挥学生自身的主观能动性，并在项目活动结束之后，针对学习的结果进行交流及分享，从而真正培养学生的高阶思维。通过一系列活动让学生全面了解中国传统节日，增强学生的文化自信，使其继承与发扬中国传统文化。

二、核心知识

1. 相关学科涉及的主要知识

　　语文：以"端午节"为主题，让学生较全面地了解与端午节有关的知识，走近端午，研究端午，认识端午节的由来，了解其礼节及相关习俗，学会表达，形成个体语言经验，能在具体语言情景中进行有效的交流沟通。

　　劳动：将有关端午节习俗的资料进行归类，制作小报并汇编成册。通过手抄报、摄影、绘画、制作美食等形式，培养学生的动手能力，使其继承与发扬中国传统文化。

　　思政：了解家国情怀是端午节最深刻的文化底色和精神标识，弘扬端午文化精髓，根植家国情怀，赓续民族精神根脉，在传承中探索家国情怀的价值。

　　数学：能根据数学知识及原理完成学习成果。

　　体育：能根据体育相关知识及原理，安全、完整地展示学习成果。

2.关键概念或能力

让学生全面了解中国传统节日，继承与发扬中国传统文化。

三、驱动性问题

1.本质问题

"端午节"的来历及文化内涵是什么？从哪些方面能感受到端午节的氛围？

2.驱动性问题

传统的节俗与当时人们的生产生活和精神世界有着紧密的联系，即使岁月流转，生活方式不断改变，依旧能够给人带来心灵的润泽。端午节，不仅是纪念屈原的节日，同时也注入了夏季时令"祛病防疫"的风尚，并把端午视为"恶月恶日"，所以人们把菖蒲插在门口，希望可使身体健康。端午节的文化内涵到底有哪些？民俗活动又是怎样的？

四、成果与评价

个人成果：	评价内容：
学生以小组为单位，提前收集关于端午节文化的相关资料，在制作作品环节积极主动，能及时完成自己参与设计的部分，参与度高，制作精美	●能通过多种途径收集端午节的习俗、回忆自己过节时的所见所闻，会对资料进行归纳整理。 ●能通过小组合作的形式，分享自己端午节时的所见所闻，且讲述生动有趣；表达流利清晰、有条理。 ●通过走访、询问的方法，调查相关数据，并归纳总结出规律和结果，撰写调查报告。 ●在实践过程中能够做到细心观察，记录下每个细节。 ●在每节课的制作作品环节积极主动，能及时完成自己参与设计的部分，参与度高，制作精美

团队成果： 　　以小组为单位，每个成员都能积极主动地参加活动，分工明确，能有组织、有计划地进行制作	**评价内容：** 　●能积极主动地参加活动、融入小组工作，有团队意识和合作精神，分工明确，能齐心协力共同完成任务。 　●能绘制设计图，并动手制作出一个实用性较强的作品，能设计并绘制出精美的宣传海报。 　●有自己独特的想法，有创新意识，能研究一个新方向，并成功设计一款市面上没有的新产品

公开方式：

网络发布(√)成果展示(√)张贴(√)

五、高阶认知

主要高阶认知策略：

调研：能根据收集到的资料、调查的结果制订合理、详细的方案。

问题解决：让学生较全面地了解与端午节有关的知识。

创见：将有关端午节习俗的资料进行归类，制作小报并汇编成册。

六、实践与评价

涉及的学习实践： 　　1.探究性实践：了解与端午节有关的知识，走近端午，研究端午，认识端午节的由来，了解其礼节及相关习俗，学会表达，形成个体语言经验，能在具体语言情境中进行有效的交流沟通。 　　2.社会性实践：端午节的文化内涵到底有哪些？民俗活动又是怎样的？ 　　3.审美性实践：通过手抄报、摄影、绘画、制作美食、香包等形式，培养学生的动手能力，使其继承与发扬中国传统文化。	**评价的学习实践：** 探究性实践(√) 社会性实践(√) 调控性实践(　) 审美性实践(√) 技术性实践(　)

七、评价要素

项目过程	评价要素
子项目一：端午节·家国情怀 适合学段：中、高年级。 一、学习目标 1.了解端午节相关的神话传说、成语俗语、历史故事及古诗词。 2.认真倾听，理解别人的谈话内容，能表达自己的观点。 3.能够围绕"家国情怀"这一主题，理解古诗词中蕴含的情感。 4.开展讲故事比赛、朗诵比赛，增进对中国传统节日的整体感知。 二、核心问题 关于端午节的神话传说、成语俗语、历史故事及古诗词，你知道多少？ 三、学习活动 1.了解中国的传统文化类型，激趣导入，引出课题"端午节"。 2.聆听故事，了解端午节相关的民间故事。 3.智慧启迪，交流分享感受。 4.活动延伸，情景剧表演。 四、成果形式 情景剧表演	1.信息收集与处理能力 2.小组合作能力 3.观察记录能力 4.动手能力 5.创新设计能力 6.自我评价能力 7.情景表演

项目过程	评价要素
子项目二：端午节·赛龙舟 适合学段：中、高年级。 一、学习目标 1.知道端午节是中国的传统节日，初步了解其风俗习惯。 2.尝试运用画、撕、剪、贴等多种方式和组员共同装饰美丽的龙舟。 3.感受端午节丰富的文化内涵，激发爱国主义情感。通过旱地龙舟比赛发展学生的动作协调性，培养学生不怕困难、团结合作的精神。 二、核心问题 赛龙舟是端午节最具代表性的习俗之一，你了解这个习俗吗？ 三、学习活动 1.通过相互交流，了解端午节的由来及时间。 2.了解端午节习俗的来历。 3.观察端午节龙舟比赛的照片。 4.观察龙舟，讨论装饰龙舟的方法，分组协商，分工装饰龙舟。(教师观察学生合作情况，并对有困难的学生进行指导) 5.举办"美丽的龙舟展"，体验合作成功的快乐。 6.旱地划龙舟比赛。 用制作好的龙舟，通过小组合作的方式进行旱地划龙舟比赛。 四、成果形式 制作出具有端午特色的龙舟，并进行旱地划龙舟比赛	1.信息收集与处理能力 2.动手能力 3.制订方案能力 4.小组合作能力 5.评价能力 6.体育操作能力

项目过程	评价要素
子项目三：端午节·做香囊 适合学段：中、低年级。 一、学习目标 1.了解端午节的一些习俗，明确香囊的设计、制作过程。 2.通过了解香囊的相关知识，掌握运用折叠和绘画制作香囊的方法。 3.通过欣赏、研究香囊作品，培养学生关注生活、了解民间美术的意识，激发对传统文化的兴趣及民族自豪感；感受我国传统的民俗文化和"非遗"文化中体现的创造力。 二、核心问题 怎样制作端午节香囊？ 三、学习活动 (一)导入 同学们，你们知道我国有哪些节日吗？有谁知道即将到来的是哪个节日？ (二)交流端午文化 1.谁能和大家分享一下，你所了解的端午节是一个怎样的节日？ 2.面对这个节日，你又有什么样的感想呢？ (三)交流香囊文化 今天的我们站在古人的肩膀上，又是如何过端午节的呢？ 平安是我们每个人的心愿。在今天的课堂上，我们要制作一个香囊，送给最想送的人。(出示课题"做香囊") (四)探讨香囊制作 1.今天我们要设计、制作一个香囊，送给最需要的人，你想送给谁？设计什么图案？这个图案表达了怎样的寓意？ 2.实践：用彩笔绘制一个有温度的粽子香囊。 四、成果形式 组织学生挂好自己设计的香囊	1.信息收集与处理能力 2.小组合作能力 3.观察记录能力 4.创新设计能力 5.交流分享能力 6.自我评价能力

项目过程	评价要素
子项目四：端午节·美食 适合学段：中、高年级。 一、学习目标 1.了解端午节的美食文化，学习制作当地特色美食，了解美食的特别寓意。 2.在了解端午文化的基础上，通过观察法、讨论探究法、自我实践法，让学生初步掌握包粽子的基本技能。 3.向朋友们介绍、分享自己做的粽子，感受节日气氛。 二、核心问题 你在端午节都吃些什么美食？ 三、学习活动 1.导入：教师播放视频动画《端午节美食》，引导学生了解端午节的特色美食，引出"包粽子"的主题。 2.出示不同形状、不同口味的粽子图片，引导学生观察并讨论：不同地区的粽子有何不同？ 3.播放视频《包粽子》，引导学生初步了解包粽子的方法和步骤。出示包粽子的步骤图，鼓励学生尝试包粽子。 4.鼓励学生独立制作粽子，教师巡回观察，给予指导。 5.鼓励学生分享和展示自己的作品。 四、成果形式 制作粽子、艾叶粑粑等美食	1.信息收集与处理能力 2.小组合作能力 3.观察记录能力 4.数字计算能力 5.创新设计能力 6.交流分享能力 7.自我评价能力

项目过程	评价要素
子项目五：端午节·见闻 　　适合学段：中、高年级。 　　一、学习目标 　　1.了解端午节的习俗，回忆自己过节时的所见所闻。 　　2.认真倾听，理解别人的谈话内容，能表达自己的观点。 　　3.能够围绕"端午节·见闻"这一主题积极参与谈话，将所见所闻制作成绘本，增进对中国传统节日的整体感知。 　　二、核心问题 　　大家是怎么度过端午节的？ 　　三、学习活动 　　1.创设情景，引出话题，激发学生谈话兴趣。（分享端午节趣事） 　　2.围绕话题"端午节"展开谈话，为学生提供纸笔，简单记录发言内容。 　　3.学生集体谈话，围绕话题开展交流。 　　4.小组合作：将所见所闻制作成绘本，增进对中国传统节日的整体感知。 　　5.成果展示，活动小结。 　　四、成果形式 　　绘制端午绘本	1.信息收集与处理能力 2.小组合作能力 3.分享表达能力 4.动手能力 5.创新设计能力 6.自我评价能力
评价与修订 　　在开展项目的过程中，各小组根据他人正确的意见修改自己的成果	
公开成果 　　小组合作设计、绘制端午绘本，并介绍本组的设计理念，由师生共同评选出最佳绘本	

八、所需资源

　　与端午有关的图片、视频，制作相关成果需要的材料及工具。

九、反思与迁移

1. 项目反思

(1)在项目活动的实施中,学生是否做到了主动学习?是否做到了投入问题,激发和支持了学生的高水平思维?

(2)学生是否能有效合作,并真正解决问题,从而学到隐含在问题背后的科学知识?是否能完成设定的项目任务?

(3)在项目活动中,是否激发了学生的学习动机?

(4)在项目活动中,是否做到了让端午文化浸润于学生心中?

(5)学生是否充分发挥了自己的专长和才能,明确了分工和任务,建立了有效的沟通机制和协作模式?

(6)通过学习,学生是否可以更好地理解和尊重不同文化的差异和特点,进而增强跨文化交流和理解的能力?

2. 项目迁移

(1)通过实地参观屈原纪念馆,学生了解了端午节的起源,通过和其他地区同学交流,了解了端午节在不同地区有不同的庆祝方式和特色。

(2)通过制作香囊、旱地龙舟、绘制绘本、制作美食等形式,培养了学生的动手能力,使其乐于继承与发扬中国传统文化。组织学生参与龙舟制作和比赛等活动,培养了学生的团队合作能力和竞争意识。

(3)将有关端午习俗的资料进行归类与创新,并剪辑成短视频,发布在多个自媒体平台,让我们中国的传统端午节文化让更多的人知道,增强我们的文化自信。

"浓情五月　古韵端午"跨学科项目化学习案例

子项目一："端午节·家国情怀"教学设计实施

建议时间：1小时	项目化单元主题： 浓情五月　古韵端午	子项目活动：端午节·家国情怀
项目说明： 　　1. 了解关于端午节的诗词、故事。 　　2. 体会古代名人的气节，激发学生的爱国情怀。 　　3. 展示中华文明精髓，激发学生传承、弘扬中国传统文化的情感		
材料准备：提醒学生提前收集关于端午节的诗词、故事		
驱动性问题：你知道哪些关于端午节的诗词？你能背一背吗？		
成果呈现形式：《屈原投江》情景剧表演		

项目步骤	教师支持
一、端午节与名人 　　1. 出示视频《屈原投江》，请学生猜人物与相关节日，激发学生学习兴趣。 　　2. 引入新课：家国情怀。	教师展示屈原投江的视频，引导学生说出端午节。
二、了解端午节相关诗词、故事 　　1. 讲述屈原的理想抱负，引发学生对诗词学习的积极性。 　　2. 向学生展示屈原的著作《离骚》，并与学生一同诵读，帮助学生理解其中蕴含的气节。结合思政元素，教育学生传承、弘扬中国传统文化。 　　3. 展示学生课前收集到的关于端午节的诗词，并讲解诗词中蕴含的感情。	教师先讲解屈原的故事，再展示相关漫画图片，帮助学生理解屈原的做法。
三、提出驱动性问题 　　1. 以8~10人为一小组进行知识竞赛、情景剧表演，以及端午节诗词展示，以巩固课堂前期内容。 　　2. 端午节知识大竞猜(课中导学相关内容)。 　　(1)以小组赛形式展开，8~10人为一小组，采取积分制度；	教师准备积分表格，记录每个小组的比赛成绩。

（2）竞赛题目分为抢答题和必答题。

3. 情景剧表演（以《屈原投江》故事为例）。

以小组为单位，上台展示情景剧，分角色扮演旁白、楚怀王、屈原、渔夫、村民。　　　　　　　　　教师准备表演道具。

4. 端午节传说展示

（1）驱动性问题：你能用自己的话说一说端午节的传说吗？　　　　　　　　　　　　　　　　　　　　教师准备小文具作为奖励，激发学生们的学习兴趣。

（2）与课前任务形成闭环，让学生们以小组为单位进行展示；

（3）在课前任务中需让学生们收集相关资料。

5. 统计各小组积分，奖励优胜小组。

四、课堂小结

1. 总结课堂学习的内容：与端午节有关的故事、诗词。

2. 肯定学生们收集到的与端午节相关的资料，鼓励学生发现更多的资料。

3. 强调中华文化博大精深，需要我们传承、弘扬，融入爱国主义教育元素。

"端午节·家国情怀"子项目一小组自评及互评表

（　　　　组）

评价要素	评价细则	星级	自评	互评
信息收集与处理能力	能通过多种途径收集有关端午节的传说、诗词，会对资料进行归纳整理	★★★		
	能收集一些简单的资料，但不太会对资料进行归纳整理	★★		
	没有收集任何相关资料	★		
小组合作能力	能通过小组合作的形式，分享自己收集到的端午节资料，讲述生动有趣	★★★		
	能通过小组合作的形式，分享自己收集到的端午节资料，但分享不够生动	★★		
	没有进行分享	★		
交流分享能力	在课堂上能够向老师和同学们分享收集到的传说，表达流利清晰、有条理	★★★		
	课堂上交流分享的内容不够明白，表达不够流利	★★		
	没有进行课堂分享	★		
情景表演	在表演环节积极主动，对表演内容了如指掌，可轻松脱稿，准备充分	★★★		
	对表演内容不够熟悉，表演时有"卡壳"情况	★★		
	没有进行充分准备，无法上台表演	★		
创新设计能力	表演时能创新性地加入语言、动作，使表演更加丰富有趣	★★★		
	照搬内容表演，未设计动作，不够有新意	★★		
	表演不顺畅	★		
自我评价能力	能对表演内容进行评价，并找出有待改进或优化的地方，对其进行分析并找出解决方法	★★★		
	能对表演内容进行评价，但不知道如何改进或优化	★★		
	不会评价和优化表演内容	★		

"浓情五月 古韵端午"跨学科项目化学习案例

子项目二:"端午节·赛龙舟"教学设计实施

建议时间:1小时	项目化单元主题: 浓情五月 古韵端午	子项目活动:端午节·赛龙舟

项目说明:

1. 知道端午节是中国的传统节日,初步了解其风俗习惯(如做香囊、吃粽子、赛龙舟等)。

2. 尝试运用画、撕、剪、贴等多种方式和组员共同装饰美丽的龙舟。

3. 感受端午节丰富的文化内涵,激发爱国主义情感。通过旱地划龙舟比赛,发展学生的动作协调性,培养不怕困难、团结合作的精神

材料准备: PPT、赛龙舟的照片、未装饰的龙舟、彩纸、笔、剪刀胶水、抹布等

驱动性问题: 赛龙舟是端午节最具代表性的习俗之一,你了解这个习俗吗?

成果呈现形式: 制作具有端午节特色的龙舟,并进行旱地划龙舟比赛

项目步骤	教师支持
一、导入 1. 教师出示实物粽子,激发学生兴趣。 师:看,老师今天给你们带来了什么?你们吃过粽子吗?在哪个节日我们会吃粽子呀? 2. 教师小结:五月五,是端午。端午节是我们中国的传统节日。	出示有关端午节的美食,引起学生的学习兴趣。
二、了解端午节习俗的来历 1. 播放《赛龙舟》视频,了解龙舟与一般船在样式和划船方式上的不同。 2. 再次播放《赛龙舟》视频,请学生模仿动作,感受氛围。	引导学生分享交流端午节的习俗。
三、观察端午节龙舟比赛的照片 1. 教师引导学生观察龙舟的外形特征,激发学生装饰龙舟的兴趣。	

四、提出驱动性问题

1.观察龙舟,讨论装饰龙舟的方法,激发合作装饰的兴趣。

2.指导语:①龙舟上缺少什么?怎样才能把龙舟装饰得漂亮呢?②你准备装饰龙舟的哪一部分?用什么方法?需要什么材料?

3.分组协商,分工装饰龙舟。(教师观察学生的合作情况,并对有困难的学生进行指导)

教师要对学生设计龙舟的方案和方法进行指导和点评,及时修正不合理的地方。

五、举办"美丽的龙舟展"

1.作品分享:学生为身边的同伴介绍自己的作品。

2.集体分享:将学生的作品展示出来,请其他学生相互交流、评一评哪条龙舟你最喜欢,为什么。

六、旱地赛龙舟比赛

1.用制作好的龙舟,通过小组合作的方式进行旱地划龙舟比赛。

2.胜利的小组将获得特色艾草香囊。

七、总结

师:这节课你有什么收获?通过这节课的学习,我们增强了自己的民族意识与文化的使命感,让优良的民族文化传统在现代生活中延续更新。通过画、赛龙舟,我们学到了赛龙舟过程中奋勇拼搏、积极向上、齐心协力的精神,并将其发扬到学习和生活中去,这样我们就一定能成功!

体验合作成功的快乐。

"端午节·赛龙舟"子项目二小组自评及互评表

（　　　　组）

评价要素	评价细则	星级	自评	互评
信息收集与处理能力	能通过多种途径收集有关端午节习俗的资料，资料具体且具有权威性，会对资料进行归纳整理	★★★		
	能收集一些简单的资料，但不太会对资料进行归纳整理	★★		
	没有收集任何相关资料	★		
交流分享能力	能设计并制作端午龙舟，设计具有新意和创意且具有代表性	★★★		
	能制作简单的端午龙舟，手工比较好	★★		
	完全不用心或手工粗糙	★		
制订方案	能制订合理、详细的调查方案，选择某一范围，从多个方面进行端午习俗的调查	★★★		
	没有详细步骤，方案不便于实施，调查方向比较局限，不具有代表性	★★		
	没有制订合理的方案，偏离实际主题	★		
小组合作能力	小组内每个成员都能积极主动地参加活动，分工明确，能有组织、有计划地进行合作	★★★		
	部分学生没有参与到小组合作中，小组分工不明确，团队意识薄弱	★★		
	没有进行小组合作，缺少团队合作意识	★		
自我评价能力	能对龙舟成品进行评价，找出有待改进或优化的地方，对其进行分析并找出解决方法	★★★		
	能对龙舟成品进行评价，但不知道如何改进或优化	★★		
	不会评价和优化小组合作	★		

「"浓情五月　古韵端午"跨学科项目化学习案例」

子项目三："端午节·做香囊"教学设计实施

建议时间：1 小时	项目化单元主题： 浓情五月　古韵端午	子项目活动：端午节·做香囊

项目说明：

　　1.了解端午节的一些习俗，知道香囊的设计、制作过程。

　　2.通过了解香囊的相关知识，掌握运用折叠和绘画法制作香囊的方法。

　　3.通过欣赏、研究香囊作品，培养学生关注生活的意识，使学生了解民间美术，产生了解传统文化的兴趣及民族自豪感；感受我国传统的民俗文化和"非遗"文化中体现的创造力

项目重难点：

　　1.了解端午节的传统民间风俗，并设计制作一个有寓意的粽子香囊，赠予自己、亲人或朋友，表达祝福。

　　2.设计具有时代特征和个人情感的图案

材料准备：PPT、端午节图片、艾叶、菖蒲、折纸、彩绳、剪刀、双面胶、水彩笔或油画棒，等等

驱动性问题：怎样制作端午香囊？

成果呈现形式：设计具有时代特征和个人情感的香囊

项目步骤	教师支持
一、导入 　　1.同学们，你们知道我国有哪些节日吗？有谁知道即将到来的是什么节日呢？ 　　教师：2006 年 5 月，国务院将端午节列入首批国家级非物质文化遗产名录，2009 年，联合国教科文组织正式审议并批准中国端午节列入世界非物质文化遗产，端午节成为中国首个入选世界非遗的节日。	谈话中国传统节日，了解传统节日的重要性，激发学生的学习欲望。
二、交流端午文化 　　1.谁能和大家分享一下，你所了解的端午节是一个怎样的节日？ 　　2.面对这个节日，你又有什么感想呢？	通过图片、视频与实物了解端午节的相关风俗知识，感受古人对端午节的重视，进一步激发学习兴趣。

三、交流香囊文化

教师：端午节是一年当中阳气最旺的一天，天气变热，毒虫肆意滋生，所以人们要在那天除瘟避毒。古人是顺应自然、利用自然资源的高手，今天的我们站在古人的肩膀上，又是如何过端午节的呢？

学生：我们继续包粽子、吃粽子、挂艾草和菖蒲，还要买香囊、送香囊，爸爸妈妈还给朋友亲人发短信送祝福。

教师：平安是我们每个人的心愿，今天的课堂，我们制作一个香囊，送给最想送的人。（出示课题"做香囊"）

教师：请大家欣赏礼盒中的香囊（同时PPT展示），看一看、闻一闻、想一想：古人为何要佩戴香囊呢？

学生：带着好看，可以驱蚊辟邪……

教师：老师最近收集了一些废旧纸材，看，就是你们手中的长条形纸，桌上还有一些中草药，我们该怎样把纸条变成可以放香料的盒子呢？

学生小组研究讨论。

教师：通过视频，利用身边的废旧纸材，折叠一个粽子形的香囊外壳。（教师讲解示范一种简单好操作的方法）

让学生通过观察图片和实物，了解古人对生活的热爱和情感的表达，了解佩戴香囊的特殊意义，并知道香囊的结构特征。探索利用废旧纸材制作香囊外壳的方法。

四、提出驱动性问题：探讨香囊的制作

（一）今天我们要设计、制作一个香囊，送给最需要的人。你想送给谁？想设计什么图案？你设计的图案表达了怎样的寓意呢？

学生1：我想送给医院里工作的叔叔阿姨们，希望我做的有保平安寓意的五彩丝线香囊可以让他们远离病毒。

学生2：我想送给弟弟，妈妈刚给我生了个小弟弟，我希望弟弟带着我做的生肖虎图案的香囊，可以健康长大。

学生3：做一个超人的图案，送给自己，希望自己可以战胜一切困难。

（二）学生实践：用彩笔绘制一个有温度的粽子香囊。

1. 用废旧纸条折叠好粽子香包；

2. 设计香囊的图案，设计时需考虑纹样的寓意；

3. 在折叠好的香囊上简单构一个图形；

4. 打开香囊，进一步完成绘制；

5. 折叠香囊，装艾叶、放绳线，完成制作。

利用吉祥图案的内在寓意，抒发自己对亲人朋友的关爱，培养学生的人文情怀。

五、成果展示

组织学生挂好自己设计的香囊，感受自己动手的乐趣。

让学生相互借鉴设计纹样。

六、评价

引导学生根据表格的内容进行自评、互评。

七、小结

最后用一首儿歌结束今天的课，我们一起大声朗诵：五月五，是端阳；粽子香，香厨房；艾叶香，香满堂；荷包香，香衣裳；菖蒲插在门框上，龙舟下水喜洋洋。

"端午节·做香囊"子项目三小组自评及互评表

（　　　　组）

评价要素	评价细则	星级	自评	互评
信息收集与处理能力	能从多种途径收集有关端午香囊的资料，且资料具有权威性，会对资料进行归纳整理	★★★		
	能收集一些简单的资料，但不太会对资料进行归纳整理	★★		
	没有收集任何相关资料	★		
交流分享能力	熟悉端午香囊的制作材料、步骤，能通过语言表达的方法，归纳总结出端午香囊对人们生活的意义	★★★		
	积累了部分端午香囊的制作材料、步骤，能通过语言表达的方法，进行总结归纳	★★		
	没有进行语言表达	★		
动手能力	能制作合适的端午香囊，得体地表达端午节的祝福语，向周围的人表达美好愿望	★★★		
	没有详细的制作步骤，过程不清晰，不具有代表性	★★		
	没有制作过程，偏离实际主题	★		

评价要素	评价细则	星级	自评	互评
动手记录	在制作端午香囊的过程中能够做到认真用心，并记录制作过程，在课堂上能够向老师和其他同学进行分享，详细说明制作心得，表述流利清晰、有条理	★★★		
	在制作过程中能够做到用心，但记录不详细，课堂上交流分享的内容过少，表述不清	★★		
	没有认真进行制作记录，课堂上表述不清	★		
小组合作能力	小组内每个成员都能积极主动地参加活动，分工明确，能有组织、有计划地进行制作	★★★		
	部分学生没有参与到制作中，小组分工不明确，团队意识薄弱	★★		
	没有进行小组合作，缺少团队合作意识	★		
自我评价能力	能对端午香囊的制作进行评价，找出有待改进或优化的地方，对其进行分析并找出解决方法	★★★		
	能对端午香囊的制作进行评价，但不知道如何改进或优化	★★		
	不会评价和优化端午香囊的制作	★		

"浓情五月　古韵端午"跨学科项目化学习案例

子项目四："端午节·美食"教学设计实施

建议时间：1小时	项目化单元主题：浓情五月　古韵端午	子项目活动：端午·美食

项目说明：

　　1.了解中国端午节的美食文化以及端午节美食的特别寓意，在课堂实践活动中增强民族文化自信，继承和弘扬中华优秀传统文化。

　　2.根据浸糯米、洗粽叶、包粽子的流程制作粽子，在体会过端午包粽子的意义的同时，也让学生在这一过程中发现，与美食结合的数学可以这么有趣！

　　3.在节日氛围中体会中国人用美食寄托美好愿望的情感，在课堂上以"粽子"为例，进行实践成果展示

项目重点：

　　了解端午节美食的特别寓意，通过阅读古诗的方式体会中国人独特的情感表达。

　　展示中华文化精髓，激发学生对中国传统文化的热爱、对传统文化的传承

项目难点：

　　课堂上以"粽子"为例，进行实践成果展示。在节日氛围中体会中国人用美食寄托美好愿望的情感

材料准备： PPT；关于端午节的图片、美食的图片；糯米、粽叶、麻绳、砧板

驱动性问题： 出示关于包粽子的图片，思考：人们在干什么？怎样包出美食"粽子"？

成果呈现形式：《粽情端午——寻味之旅》评选"最佳小厨神"

项目步骤	教师支持
一、导入 　　师：同学们，看！老师手里拿的是什么？（粽子）是的，我们称它为"粽子"，一看到粽子，我们就会想起一个节日（端午节）、一位诗人（屈原）。上节课我们对端午文化已经做了深入的探究，这节课就让我们走近端午节，学习包粽子。（板书课题）	播放视频资料，师生产生情感共鸣。
二、粽子探究 　　1.了解粽子的口味及形状：说到粽子，大家都不陌生，在生活中，你都见过或者吃过什么样的粽子？南方人喜欢咸粽、肉粽，北方人喜欢甜粽（图片展示）。	教师引导学生理解驱动性问题，在学生分享交流时培养他们的规则意识，让

由于各地风俗和习惯不同,人们包出的粽子的形状也不同(图片展示)。

2.拆解探究:以小组为单位观察并拆解成品粽子,讨论交流,这么好看的粽子是怎么包出来的呢?组长组织所有组员积极参与到活动中来。

3.梳理包粽子的步骤:粽叶拧成漏斗状、装米馅、封口、捆绳打结。

4.突破难点:拧漏斗。

学生轮流发言,仔细倾听。同时,培养学生搜集信息的能力。

通过图片引导学生进行规范模仿。

三、我们来制作

1.学生尝试包粽子。(温馨提示:爱惜粮食,注意卫生)

请完成的同学上台展示,分享经验,帮助有困难的同学。

2.学习四角包粽法:包粽子的方法有很多,相对简单易学的就是四角包粽法。

(1)教师边演示边讲解;

(2)学生练习用四角包粽法包粽子;

(3)展示包好的粽子并评价,分享经验。

学会包粽子,不但是掌握了一项生活的本领,更重要的是体验到了劳动的快乐。

制作时,教师用计时器帮助学生进行时间管理。

3.包粽子神器:生活处处有学问,我们要用心观察,潜心发现。关于神器,请感兴趣的同学课后自行探究。

4.回归生活:在生活中,粽子这道传统美食,不仅是节日的象征,还代表着幸福平安,已经成为我们日常品味和馈赠亲朋好友的佳品了。

5.了解煮粽子。

(1)粽子一定要冷水下锅,整齐摆放;

(2)水一定要没过粽子3~5 cm,最好在粽子上面压个大盘子;

(3)待水开后,大火煮30分钟,再转小火煮30分钟;

(4)停火后,再焖30分钟,待自然降温后取出食用。

制作过程培养学生团结协作的能力和沟通交流的能力。

学生可以设计打动人的宣传语,并配上好看的图案加以宣传。

四、我们来叫卖

粽子新鲜出炉啦!什么样的海报才能吸引顾客呢?我们一起来创作吧!

五、总结

　　小小的粽子，包裹着我们深深的情谊。希望同学们能把今天学到的本领用到生活中去，与家人一起包粽子、吃粽子，享受劳动的快乐。

课后推荐其他传统节日的美食帮助学生拓宽眼界，激发学生了解其他中国传统文化的热情。

"端午节·美食"子项目四小组自评及互评表

（　　　　组）

评价要素	评价细则	星级	自评	互评
信息收集与处理能力	学生以小组为单位，提前收集关于端午节美食的图片以及端午节美食文化的相关资料，并进行归纳整理，每组准备一道端午节美食的具体做法	★★★		
	能收集一些简单的资料，但不太会对资料进行归纳整理，端午节美食的做法不够具体	★★		
	没有收集任何相关资料	★		
小组合作能力	小组内每个成员都能积极主动地参加活动，分工明确，能有组织、有计划地进行调查	★★★		
	部分学生没有参与到调查活动中，小组分工不明确，团队意识薄弱	★★		
	没有进行小组合作，缺少团队合作意识	★		
观察记录	能在课堂测评中记录端午粽的制作过程以及制作配比，并记录端午粽各环节的特殊寓意。在课堂上能够向老师和其他同学进行分享，详细说明观察的结果，表述流利清晰、有条理	★★★		
	在实践过程中能够细心观察，但记录不详细，课堂上交流分享的内容较少，表述不清	★★		
	没有认真进行观察记录，课堂上表述不清	★		

续表

评价要素	评价细则	星级	自评	互评
数学计算能力	能够事先对本组食材进行称量,按照馅料和粽叶的配比计算出制作的粽子的个数	★★★		
	会称量本组的食材,但是计数不够准确	★★		
	称量食材的重量计算误差很大,未准确计算出制作个数	★		
创新能力	能够在制作过程中加入一些创意设计,并赋予其独特意义	★★★		
	能够在制作过程中加入一些设计,但没有特别的意义	★★		
	照搬范例,没有进行任何修改、加工	★		
交流分享能力	在课堂上能够向老师和其他同学分享劳动成果,表述流利清晰、有条理	★★★		
	课堂上交流分享的内容过少,表述不清,没有实际意义	★★		
	没有进行课堂分享	★		
自我评价能力	小组互评,能对制作的端午粽进行有效评价,全面、客观地指出粽子的优缺点和海报的优缺点,作出反思	★★★		
	能对制作的粽子进行评价,但不够全面,找不到可以进一步改进或优化的地方	★★		
	不能全面、客观地指出粽子的优缺点和介绍词的优缺点	★		

"浓情五月 古韵端午"跨学科项目化学习案例

子项目五："端午节·见闻"教学设计实施

建议时间：1 小时	项目化单元主题：浓情五月 古韵端午	子项目活动：端午·见闻

项目说明：

　　1.了解端午节的习俗，回忆自己过节时的所见所闻。

　　2.认真倾听，理解别人的谈话内容，能表达自己的观点。

　　3.能够围绕"端午·见闻"这一主题积极参与谈话，将所见所闻制作成绘本，增进对中国传统节日的整体感知

材料准备：提醒学生课前收集过端午节时热闹场面的图片、准备制作绘本的材料

驱动性问题：围绕话题"端午·见闻"展开谈话，为学生提供纸笔简单记录发言内容

成果呈现形式：绘制端午节绘本

项目步骤	教师支持
一、畅谈端午节 1.出示端午节赛龙舟的图片，让学生谈谈感受。 2.引出课题：端午节见闻发布会	出示与端午节有关的图片，激发学生的谈话兴趣。
二、提出驱动性问题 1.为什么要过端午节？是怎样过端午节的？ 2.教师讲有关端午节的故事、传说。 3.欣赏图片、视频。（出示课件） 4.学生集体谈话，围绕"端午·见闻"畅所欲言。	
三、制作绘本 (一)绘声绘色谈绘本 1.什么是绘本？ 2.如何制作绘本？ (二)集思广益制绘本 出示制作绘本小提示： 1.确定绘本主题； 2.组内明确分工； 3.选择所需工具； 4.设计绘本内容；	出示各种样式的绘本图片。 先出示制作绘本的视频，再出示制作绘本小提示。 为学生准备制作绘本的材料，每组派代表领取所需材料。

(1)绘本的"外衣"设计;

(2)绘本的内容设计;

(3)绘本的形式设计。

5.教师巡视、指导。

四、成果展示

1.小组代表讲解。

2.其他小组点评。

学生制作绘本时,课件播放背景音乐。

"端午·见闻"子项目五小组自评及互评表

(　　组)

评价要素	评价细则	星级	自评	互评
信息收集与处理能力	能通过多种途径收集端午节的习俗和所见所闻,会对资料进行归纳整理	★★★		
	能收集所见所闻,但不太会对资料进行归纳整理	★★		
	没有收集任何相关资料	★		
小组合作能力	能通过小组合作的形式,分享本组收集的资料,且讲述生动有趣	★★★		
	能通过小组合作的形式,分享本组收集的资料,但分享不够生动	★★		
	没有进行分享	★		
交流分享能力	在课堂上能够向老师和同学们分享所见所闻,表达流利清晰、有条理	★★★		
	课堂上交流分享的内容不够明白,表达不流利	★★		
	没有进行课堂分享	★		
动手能力	在制作绘本的环节积极主动,能及时完成自己参与设计的部分,参与度高,制作精美	★★★		
	能完成自己参与设计的部分,但参与度不高	★★		
	没有参与绘本制作	★		

评价要素	评价细则	星级	自评	互评
创新设计	绘本设计精美，图文并茂，故事性强	★★★		
	绘本设计不够精美，故事性不强	★★		
	没有设计绘本	★		
自我评价能力	能对制作的绘本进行评价，并找出有待改进或优化的地方，对其进行分析并找出解决方法	★★★		
	能对制作的绘本进行评价，但不知道如何改进或优化	★★		
	不会评价和优化绘本内容	★		

07 饼表亲情 月圆中秋

一、项目简述

中秋节与春节、清明节、端午节并称为中国四大传统节日。受中华文化的影响，中秋节也是东亚和东南亚一些国家尤其是当地的华人华侨的传统节日。中秋节，又称祭月节、月光诞、月夕、秋节、仲秋节、拜月节、月娘节、月亮节、团圆节等，是中国民间传统节日。中秋节以月之圆兆寓人之团圆，寄托思念故乡、思念亲人之情，祈盼丰收、幸福，是内涵丰富、弥足珍贵的文化遗产。

本项目基于中国传统文化内容这一主题，借助项目化的教学方式，让教师在课堂上为学生提供真实生活情景相关内容，充分激发学生对探究式学习的兴趣，让学生在主题探究学习过程中、在跨学科活动过程中充分发挥学生自身的主观能动性，并在项目活动结束之后，针对学习的结果进行交流及分享，从而真正培养学生的高阶思维。通过一系列活动让学生全面了解中国传统节日，增强学生的文化自信，使其主动继承与发扬中国传统文化。

二、核心知识

1. 相关学科涉及的主要知识点

语文：以"中秋节"为主题，让学生较全面地了解了与中秋节有关的知识，走近中秋，研究中秋，认识中秋节的由来、礼节及相关习俗，学会表达，形成个体语言经验，能在具体语言情景中进行有效的交流沟通。

劳动：将有关"中秋节习俗"的资料进行归类、制作小报并汇编成册。通过手抄报、摄影、绘画、制作美食等形式培养学生的动手能力，使其继承与发扬中国传统文化。

思政：了解家国情怀是中秋节最深刻的文化底色和精神标识，弘扬中秋文化精髓，根植家国情怀，赓续民族精神，在传承中探索家国情怀的价值。

数学：能根据数学知识及原理做出学习成果。

体育：能根据体育相关知识及原理，安全、完整地展示学习成果。

2.关键概念或能力

让学生全面了解中国传统节日，继承与发扬中国传统文化。

三、驱动性问题

1.本质问题

了解中秋节的来历、寓意和文化内涵。从哪些方面能感受到中秋节的氛围？

2.驱动问题

关于中秋节的故事、成语、传说和诗词有哪些？中秋节祭月的习俗是怎么一步步演变发展到如今的赏月、吃团圆饭的？中秋节传统美食的制作过程都有什么美好寓意？

四、成果与评价

个人成果：	评价内容：
学生以小组为单位，提前收集关于中秋节文化的相关资料，在制作作品环节积极主动，能及时完成自己参与设计的部分，参与度高，制作精美	●能通过多种途径收集中秋节的习俗、回忆自己过节时的所见所闻，并会对资料进行归纳整理。 ●通过小组合作的形式，分享自己过中秋节的所见所闻，且讲述生动有趣，表达流利清晰、有条理。 ●通过走访、询问的方法，收集相关数据，并归纳总结出规律和结果，撰写调查报告。 ●在实践过程中能够细心观察，记录下每个细节。 ●在每节课的制作作品环节积极主动，能及时完成自己参与设计的部分，参与度高，制作精美

团队成果： 以小组为单位，每个成员都能积极主动地参加每次活动，分工明确，能有组织、有计划地进行制作	评价内容： ●能积极主动地参加活动、融入小组工作，有团队意识和合作精神，分工明确，能齐心协力共同完成任务。 ●能绘制设计图，并动手制作出一个实用性较强的作品，能设计绘制精美的宣传海报。 ●有自己独特的想法，有创新意识，能合作研究新方向，并成功设计一款市面上没有的新产品
公开方式： 网络发布(√)成果展示(√)张贴(√)	

五、高阶认知

主要高阶认知策略：

调研：根据收集到的资料、调查的结果制订合理、详细的方案。

问题解决：让学生较全面地了解与中秋节有关的知识以及相关习俗的开展方式。

创见：将有关中秋节的资料归类、制作小报并汇编成册。

六、实践与评价

涉及的学习实践： 1.探究性实践：了解与中秋节有关的知识，走近中秋，研究中秋，认识中秋节的由来、礼节及相关习俗，学会表达，形成个体语言经验，能在具体语言情境中进行有效的交流沟通。 2.社会性实践：进一步理解中秋节思念故乡、祈盼团圆的节日内涵，开展新的民俗活动。 3.审美性实践：通过手抄报、摄影、绘画、制作美食等形式，培养学生的动手能力，使其继承与发扬中国传统文化	评价的学习实践： 探究性实践(√) 社会性实践(√) 调控性实践(√) 审美性实践(√) 技术性实践(√)

七、项目实施

项目过程	评价要素
子项目一：中秋节·思乡情怀 适合学段：中、高年级。 一、学习目标 1. 了解关于中秋节的神话传说、成语俗语、历史故事及古诗词。 2. 认真倾听，理解别人的谈话内容，能表达自己的观点。 3. 能够围绕"思乡情怀"这一主题，理解古代名人诗词中蕴含的情感。 4. 开展讲故事比赛、朗诵比赛，增进对中国传统节日的整体感知。 二、核心问题 关于中秋节的神话传说、成语俗语、历史故事及古诗词，你知道多少？ 三、学习活动 1. 了解中国的传统文化类型，激趣导入，引出课题"中秋节"。 2. 聆听故事，了解"中秋节"的相关民间故事。 3. 智慧启迪，交流分享感受。 4. 活动延伸，情境表演。 四、成果形式 情景剧表演	1. 信息收集与处理能力 2. 小组合作能力 3. 交流分享能力 4. 情景表演 5. 创新设计能力 6. 自我评价能力

项目过程	评价要素
子项目二：中秋节·传说 适合学段：低、中年级。 一、学习目标 1.了解与中秋节有关的传说故事。 2.查资料，了解故事《嫦娥奔月》《吴刚折桂》《玉兔捣药》等关于中秋节的传说故事，并能清楚完整地讲述故事。 3.体验节日的快乐，能够复述故事，进行故事表演。 二、核心问题 说一说中秋节的由来以及与中秋节有关的传说。 三、学习活动 1.了解中国的传统节日内涵，了解四大传统节日有哪些，激趣导入，引出课题"中秋节"。 2.聆听故事，了解"中秋节"的相关民间故事，了解中秋节的由来，分享小组的收获。 3.智慧启迪，交流分享阅读故事的感受。 4.活动延伸，复述故事，情境表演。 四、成果形式 情景剧表演	1.信息收集与处理能力 2.小组合作能力 3.交流分享能力 4.情景表演 5.创新设计能力 6.自我评价能力

项目过程	评价要素
子项目三：中秋节·习俗 适合学段：中、高年级。 一、学习目标 1. 了解中秋节习俗及其演变过程。 2. 谈谈自己了解的中秋习俗，分享收集到的资料。 3. 了解祭月、赏月、拜月、吃月饼、饮桂花酒的习俗，感受人们对美好生活的热爱和向往。 4. 制作中秋花灯。 二、核心问题 中秋节祭月的习俗是怎样一步步演变发展到如今的赏月、吃团圆饭的？ 三、学习活动 1. 交流资料，激趣导入。 (1)导入，课件出示中秋节阖家团圆的场景。 (2)出示各组的中秋习俗调查表。 2. 畅谈中秋习俗，感受文化演变。 (1)通过课前收集到的资料，说说中秋节有哪些习俗。 (2)畅想：帝王的祭月活动是如何一步步演变为民间的赏月、拜月的？ 3. 拓展延伸，交流感受。 小组交流：你家里是怎么过中秋节的？向同学描述一下过节时的欢乐情景。 四、成果形式 制作中秋花灯	1. 信息收集与处理能力 2. 小组合作能力 3. 交流分享能力 4. 创新设计能力 5. 自我评价能力

续表

项目过程	评价要素
子项目四：中秋节·美食 适合学段：中、高年级。 一、学习目标 1.了解中秋节的美食文化及美食蕴含的特殊寓意。 2.用团圆、压扁、包裹的方式制作月饼，体会中秋节做月饼的意义。 3.向朋友介绍、分享自己做的月饼，感受中秋节的欢乐气氛。 二、核心问题 中秋节有哪些传统美食？这些美食有什么寓意？ 三、学习活动 1.导入：教师播放传统节日美食图片，引导学生了解中秋节的特色美食。 2.出示中秋节的美食图片，引导学生观察并讨论：在中秋节，全国各地吃些什么？这些美食有什么寓意？ 3.播放做月饼的视频，引导学生初步了解做月饼的方法和步骤。 4.提供原材料，鼓励学生独立制作月饼，教师巡回观察，给予指导。 5.鼓励学生分享和展示自己做的月饼。 四、成果形式 制作月饼	1.信息收集与处理能力 2.小组合作能力 3.交流分享能力 4.创新设计能力 5.自我评价能力

项目过程	评价要素
子项目五：中秋节·见闻 　　适合学段：中、高年级。 　　一、学习目标 　　1.了解过中秋节的习俗和所见所闻。 　　2.认真倾听，理解别人的谈话内容，能表达自己的观点。 　　3.能够围绕"中秋节的见闻"这一主题积极参与谈话，将所见所闻制作成绘本，增进对中国传统节日的整体感知。 　　二、核心问题 　　大家是怎么度过中秋节的？ 　　三、学习活动 　　1.创设情景，引出话题，激发学生的谈话兴趣。 　　（分享中秋节趣事） 　　2.围绕话题"中秋节"展开谈话，为学生提供纸笔简单记录发言内容。 　　3.学生集体谈话，围绕话题开展交流。 　　4.小组合作：将所见所闻制作成绘本，增进对中国传统节日的整体感知。 　　5.成果展示，活动小结。 　　四、成果形式 　　绘制中秋绘本	1.信息收集与处理能力 2.小组合作能力 3.交流分享能力 4.情景表演 5.创新设计能力 6.自我评价能力

评价与修订

　　在开展项目的过程中，各小组根据他人意见修订自己的成果

公开成果

　　校园公开展示自己绘制的绘本

八、所需资源

　　与中秋节有关的图片、视频，制作相关成果需要的材料及工具。

九、反思与迁移

1.项目反思

（1）在设计驱动性问题时是否选择了贴近学生生活和学习的情景？是否激发了学生的学习兴趣？驱动性问题是否引发学生主动学习？

（2）在教学中，是否注重低阶认知策略和高阶认知策略的搭配？

（3）在学习过程中，如何让学生在学习实践中真正做到知、行、思三者合一？

2.项目迁移

（1）举办中秋节文艺汇演，让学生讲中秋故事、朗读中秋诗歌、表演以"中秋节"为主题的情景剧。

（2）讲中秋传说，演中秋传说，画中秋绘本。

（3）整理中秋习俗的演变过程，制作中秋节花灯；制作中秋节美食，如最具代表性的月饼。

"饼表亲情 月圆中秋"跨学科项目化学习案例

子项目一："中秋节·思乡情怀"教学设计实施

建议时间：1小时	项目化单元主题：饼表亲情 月圆中秋	子项目活动：中秋节·思乡情怀
项目说明： 1.了解与中秋节有关的神话传说、成语俗语、历史故事及古诗词。 2.认真倾听，理解别人的谈话内容，能表达自己的观点。 3.能够围绕"思乡情怀"这一主题，理解古代名人诗词中蕴含的情感。 4.开展讲故事比赛、朗诵比赛，增进对中国传统节日的整体感知		
材料准备：提醒学生提前收集关于中秋节的诗词、故事，收集相关音乐		
驱动性问题：你知道哪些关于中秋节的诗词？你能背一背，唱一唱吗？		
成果呈现形式：经典咏流传——中秋诗词吟诵大赛		

项目步骤	教师支持
一、核心问题 　关于中秋节的神话传说、成语俗语、历史故事及古诗词，你知道多少？	教师展示苏轼视频，引导学生说出"中秋节"。
二、学习活动 　1.了解中国的传统文化类型，激趣导入，引出课题"中秋节"。 　2.聆听故事，了解与中秋节有关的民间故事。 　3.智慧启迪，交流分享感受。 　4.活动延伸，情境表演。	教师先讲解苏轼的故事，并展示相关漫画图片，帮助学生理解中秋节的含义。
三、成果形式 　情景剧表演。 　(一)中秋节与名人 　出示视频《水调歌头》，请学生猜人物与相关节日，激发学生兴趣。 　(二)了解中秋节的相关诗词、故事 　1.讲述苏轼的理想抱负，引发学生对诗词学习的积极性。	教师准备积分表格，记录每个小组的比赛成绩。

2.向学生展示苏轼的作品《水调歌头(明月几时有)》，并与学生一同诵读，帮助学生理解其中的情感。结合思政元素，教育学生传承并弘扬中华优秀传统文化。

3.展示学生课前收集到的关于中秋节的诗词，并讲解诗词中蕴含的感情。

(三)提出驱动型问题

1.以8~10人为小组进行知识竞赛和情景剧表演，以及中秋节诗词展示，以巩固课堂前期所学内容。

2.中秋节知识竞猜(课中导学相关内容)

以小组赛形式展开，采取积分制度，8~10人为一小组。

题目分为抢答题和必答题。

3.情景剧表演(以"中秋团圆"故事为例)

以小组为单位，上台展示情景剧，分好旁白和家人的扮演者。

4.中秋节传说展示

驱动型问题：你收集到了哪些关于中秋节的传说?能用自己的话说一说吗?

与课前任务形成闭环，让学生以小组为单位展示收集到的传说。

课前需让同学们收集相关资料。

5.总结各小组积分，并奖励优胜小组。

(四)课堂小结

1.总结课堂学习的内容：与中秋节有关的故事、诗词。

2.肯定学生们收集到的与中秋节有关的资料，鼓励学生收集更多资料。

3.强调中华文化博大精深，需要我们传承和弘扬；融入爱国教育元素。

教师准备表演道具。

教师准备小文具作为奖励，激发孩子们的学习兴趣。

"中秋节·思乡情怀"子项目一小组自评及互评表

(　　　　组)

评价要素	评价细则	星级	自评	互评
信息收集与处理能力	能从多种途径收集有关中秋节的传说、诗词,并会对资料进行归纳整理	★★★		
	能收集一些简单的资料,但不太会对资料进行归纳整理	★★		
	没有收集任何相关资料	★		
小组合作能力	能通过小组合作的形式分享自己收集到的中秋传说,讲述生动有趣	★★★		
	能通过小组合作的形式分享自己收集到的中秋传说,但分享不够生动	★★		
	没有进行分享	★		
交流分享能力	在课堂上能向老师和同学们分享收集到的传说,表达流利清晰、有条理	★★★		
	在课堂上交流分享的内容时,表达不够清晰、流利	★★		
	没有进行课堂分享	★		
情景表演	在表演环节积极主动,对表演内容了如指掌,可适当脱稿,准备充分	★★★		
	对表演内容不够熟悉,表演时有卡壳情况	★★		
	没有做好充分准备,无法上台表演	★		
创新设计能力	表演时能创新性地加入语言动作,使表演更加丰富有趣	★★★		
	照搬内容表演,未设计动作,不够有新意	★★		
	表演不顺畅	★		
自我评价能力	能对表演内容进行评价,找出有待改进优化的地方,并找出解决方法	★★★		
	能对表演内容进行评价,但不知道改进优化的方法	★★		
	不会评价和优化表演内容	★		

"饼表亲情　月圆中秋"跨学科项目化学习案例

子项目二："中秋节·传说"教学设计实施

建议时间：1 小时	项目化单元主题：饼表亲情　月圆中秋	子项目活动：中秋节·传说

项目说明：

　　1.了解关于中国中秋节的传说故事。

　　2.查资料，了解故事《嫦娥奔月》《吴刚伐桂》《玉兔捣药》等关于中秋节的传说故事，并能清楚完整地讲述故事。

　　3.体验节日的快乐，能够复述故事，对故事进行表演

材料准备：提醒学生提前收集关于中秋节的传说、故事，准备好表演服装和道具

驱动性问题：说一说中秋节的由来以及中秋节有哪些传说

成果呈现形式：关于中秋节各种传说的情景剧表演

项目步骤	教师支持
一、了解中国四大传统节日 　　1.了解中国传统节日的内涵。 　　2.知道四大传统节日是哪些。 　　3.了解中秋节的由来。	传统节日名称解析。 让学生了解我国四大传统节日，准备卡通视频，以帮助学生理解。
二、提出驱动型问题 　　1.说一说中秋节的由来以及中秋节有哪些传说。 　　2.评一评：哪一小组的故事讲得最完整、生动、有趣？ 　　3.评一评：哪一组故事表演得最精彩？	根据前期的资料收集，讲述中秋节的由来、来源。 各组派代表讲述中秋节的相关故事，培养学生的表达能力、思维能力和团队合作能力。
三、讲述中秋节的传说故事 　　1.学生整理概述小组收集到的中秋节传说故事。 　　2.小组上台讲述传说故事，了解《嫦娥奔月》《吴刚伐桂》《玉兔捣药》等传说故事。 　　3.分享小组的活动收获和故事感受。	分享活动收获和故事感受，让学生学会总结和反思，鼓励各组之间互相取长补短。
四、演中秋节传说故事 　　1.活动延伸：根据本组收集、整理到的故事，将其改	准备表演的道具、服装，提

成剧本，并进行情境表演。

2.各组打分，评一评哪一组表演得最好。

3.给优秀表演小组颁奖。

前要求学生写好剧本，老师检查、指导、修改。

小组合作表演，培养学生的团队合作精神。

"中秋节·传说"子项目二小组自评及互评表

（　　　　组）

评价要素	评价细则	星级	自评	互评
信息收集与处理能力	能从多种途径收集有关中秋节习俗的资料，资料具有具体性和权威性，并会对资料进行归纳整理	★★★		
	能收集一些简单的资料，但不太会对资料进行归纳整理	★★		
	没有收集任何相关资料	★		
成果展示	能把收集到的故事，改编成生动的剧本，进行情景表演，表现力强	★★★		
	能把故事改成简单的剧本，不会表演	★★		
	完全不用心，不会改编成剧本	★		
制订方案	能制订合理、详细的调查方案，选择某一范围，从多个方面进行中秋节传说的调查	★★★		
	没有详细步骤，方案不利于实施，调查方向比较局限，不具有代表性	★★		
	没有制订合理的方案，偏离实际主题	★		
小组合作能力	小组内每个成员都能积极主动地参加每次活动，分工明确，能够有组织、有计划地进行合作	★★★		
	部分学生没有参与到小组合作中，小组分工不明确，团队意识薄弱	★★		
	没有进行小组合作，缺少团队合作意识	★		
自我评价能力	能对小组合作进行评价，并找出有待改进优化的地方，对其进行分析并找出解决方法	★★★		
	能对小组合作进行评价，但不知道改进优化的方法	★★		
	不会评价和优化小组合作	★		

"饼表亲情 月圆中秋"跨学科项目化学习案例

子项目三："中秋节·习俗"教学设计实施

建议时间：1小时	**项目化单元主题**：饼表亲情 月圆中秋	**子项目活动**：中秋节·习俗

项目说明：

　　1.了解中秋节的习俗以及中秋节习俗的演变过程。

　　2.谈谈自己了解的中秋习俗，分享收集到的资料。

　　3.了解祭月、赏月、拜月、吃月饼、饮桂花酒的习俗，感受人们对美好生活的热爱和向往。

　　4.制作中秋花灯

材料准备：PPT、中秋节习俗调查表、制作花灯的材料

驱动性问题：中秋节祭月的习俗是怎么一步步演变发展到今天的赏月、吃团圆饭的？

成果呈现形式：制作中秋花灯

项目步骤	教师支持
一、了解中秋节的习俗 　　1.分析中秋习俗调查表；了解古代中秋节的习俗。 　　2.古代帝王就有春分祭日、夏至祭地、秋分祭月、冬至祭天的习俗。 　　3.分享自己小组收集到的中秋节从古至今的习俗资料。 　　4.了解祭月、赏月、拜月、吃月饼、饮桂花酒的习俗。 **二、驱动性问题** 　　1.中秋节祭月的习俗是怎么一步步演变发展到今天的赏月、吃团圆饭的？ 　　2.在中秋习俗的演变过程中，你体会到了中国社会怎样的变化？又体会到了百姓对生活怎样的情感和寄托？ **三、分析中秋习俗的演变** 　　1.收集汇报古代社会中秋节的习俗，按时间顺序梳理一下。 　　2.按照社会阶层梳理中秋节的习俗。 　　3.交流感受：从中秋习俗的演变中，感受中国社会的	出示有关中秋节活动场面的图片，激发学生的学习兴趣。 视频出示古代帝王秋分祭月的场景，以帮助学生理解。 展示学生收集到的相关图片，让学生汇报小组收集到的中秋习俗。 梳理各小组的汇报，按时间顺序整理出表格，引导学生整理资料，归纳出习俗的演变过程。 在各组汇报中，让学生谈感受、说发现，培养学生发

变化以及百姓的情感和寄托。

　　4.小组交流：你家里是怎么过中秋节的？

现问题、质疑的能力和表达能力。

四、制作中秋花灯

　　1.每组分配材料。

　　2.视频教学多版本的花灯制作。

　　3.各组合作制作花灯。

　　4.成果展示和评比。

花灯的制作需要团队合作，引导学生团队配合，完成作品的设计、制作、提升以及设计理念的汇报。

"中秋节·习俗"子项目三小组自评及互评表

（　　　　　　组）

评价要素	评价细则	星级	自评	互评
信息收集与处理能力	能从多种途径收集有关中秋赏月的资料，且资料具有权威性，并会对资料进行归纳整理	★★★		
	能收集一些简单的资料，但不太会对资料进行归纳整理	★★		
	没有收集任何相关资料	★		
交流分享能力	通过表达的方法，熟悉中秋赏月的步骤，并归纳总结中秋赏月对人们生活的意义	★★★		
	能通过表达的方法，了解一定的中秋赏月的步骤，总结归纳中秋赏月对人们生活的意义	★★		
	没有进行语言表达	★		
中秋赏月	会制作中秋花灯，得体表达中秋祝福语，向周围的人表达中秋愿望	★★★		
	没有详细制作步骤，过程不清晰，不具有代表性	★★		
	没有制作过程，偏离实际主题	★		

续表

评价要素	评价细则	星级	自评	互评
动手记录	在制作中秋赏月的过程中认真用心，能记录下制作过程，在课堂上向老师和其他同学进行分享，详细说明制作心得，表述流利清晰、有条理	★★★		
	在制作过程中用心，但记录不详细，课堂上交流分享的内容过少，表述不清	★★		
	没有认真进行制作记录，课堂上表述不清	★		
小组合作能力	小组内每个成员都能积极主动地参加每次活动，分工明确，能够有组织、有计划地进行制作	★★★		
	部分学生没有参与到制作中，小组分工不明确，团队意识薄弱	★★		
	没有进行小组合作，缺少团队合作意识	★		
自我评价能力	能对其制作的中秋花灯进行评价，并找出有待改进优化的地方，提出解决方法	★★★		
	能对制作的中秋花灯进行评价，但不知道改进优化的方法	★★		
	不会评价和优化中秋花灯	★		

"饼表亲情　月圆中秋"跨学科项目化学习案例

子项目四："中秋节·美食"教学设计实施

建议时间：1小时	项目化单元主题：饼表亲情　月圆中秋	子项目活动：中秋节·美食
项目说明： 　　1.了解中秋节的美食文化及美食蕴含的特殊寓意。 　　2.用压扁、包裹的方式制作月饼，体会中秋节做月饼的意义。 　　3.向朋友介绍、分享自己做的月饼，感受中秋节的欢乐气氛		
材料准备：PPT、关于中秋节的图片、美食的图片、蛋黄、月饼材料和模具		
驱动性问题：中秋节有哪些传统美食？这些美食有什么寓意？		
成果呈现形式：制作月饼		

项目步骤	教师支持
一、了解中秋传统美食 　　1.展示传统节日的美食和图片。 　　2.小组分享中秋节的美食：月饼、桂花糕等。 　　3.展示收集到的全国各地的中秋节美食和习俗。	出示中秋节团圆饭的图片，相机引导。 根据学生的回答相机出示相关美食的图片。
二、提出驱动性问题 　　中秋节有哪些传统美食？这些美食有什么寓意？	小组展示本组收集到的美食，并介绍其做法和所需材料。
三、聊美食，谈寓意 　　1.出示中秋节美食图片，引导学生观察并讨论：在中秋节，全国各地吃些什么？ 　　2.展示自己收集到的中秋美食并做介绍。 　　3.了解中秋美食及其蕴含的美好寓意。 　　4.谈感受，从古今中秋美食文化中体会中国的社会变迁和节日的欢乐氛围。	小组展示了解到的各地美食及习俗、寓意。 从美食中感受中国传统节日的欢乐氛围，增强民族文化认同感和自豪感。
四、制作月饼 　　1.播放做月饼的视频，引导学生初步了解做月饼的方法和步骤。	学生通过视频学习制作月饼。教师提前准备好月饼

2.提供原材料，鼓励学生独立制作月饼。

3.教师巡回观察，给予指导。

4.鼓励学生分享和展示自己做的月饼。

的制作材料，各小组合作完成月饼制作，要求既美观又好吃。

五、成果形式

1.分享并品尝各组制作的月饼，从色、香、味方面来评价月饼。

2.评出"月饼大师"奖。

各组互品互评，评选最佳月饼制作小组。

"中秋节·美食"子项目四小组自评及互评表

(组)

评价要素	评价细则	星级	自评	互评
信息收集与处理能力	提前收集到丰富的中秋节美食的图片以及中秋节美食文化的相关资料，并进行充分的归纳整理	★★★		
	能收集一些简单的资料，但不太会对资料进行归纳整理	★★		
	没有收集任何相关资料	★		
小组合作能力	教师分享图片做示范。学生以小组为单位分享图片，并简单说一说美食背后的美好寓意	★★★		
	分享不到位，不太了解美食背后的寓意，解说生涩或不完整，准备不充分	★★		
	没有收集图片，不能分享美食背后的寓意	★		
合作探究能力	小组内每个成员都能积极主动地参加每次活动，分工明确，能够有组织、有计划地进行调查	★★★		
	部分学生没有参与到调查活动中，小组分工不明确，团队意识薄弱	★★		
	没有进行小组合作，缺少团队合作意识	★		

评价要素	评价细则	星级	自评	互评
观察记录	在课堂上记录下中秋月饼的制作过程以及材料配比，并记录中秋月饼各制作环节的特殊寓意。在课堂上能够向老师和其他同学进行分享，详细说明观察到的结果，表述流利清晰、有条理	★★★		
	在实践过程中能够做到细心观察，但记录不详细，课堂上交流分享的内容过少，表述不清晰	★★		
	没有认真进行观察记录，课堂上表述不清晰	★		
数学计算能力	能够事先对本组食材进行称量，按照馅料配比计算出制作个数	★★★		
	会称量本组的食材，但是计算不够准确	★★		
	称量食材的重量计算误差很大，未准确计算出制作个数	★		
创新设计能力	能够在制作的过程中加入一些有创意的设计，并赋予其特殊意义	★★★		
	能够在制作的过程中加入一些设计，但该设计没有特别的意义	★★		
	照搬范例，没有进行任何修改、加工	★		
交流分享能力	在课堂上能够向老师和其他同学分享劳动成果，表述流利清晰、有条理	★★★		
	课堂上交流分享的内容过少，表述不清，没有实际意义	★★		
	没有进行课堂分享	★		
自我评价能力	小组互评，能对制作的中秋月饼进行有效评价，全面、客观地指出月饼的优缺点和海报的优缺点，作出反思	★★★		
	能对制作的月饼进行评价，但不够全面，找不到进一步改进优化的地方	★★		
	不能全面、客观地指出月饼的优缺点	★		

"饼表亲情 月圆中秋"跨学科项目化学习案例

子项目五:"中秋节·见闻"教学设计实施

建议时间:1小时	项目化单元主题:饼表亲情 月圆中秋	子项目活动:中秋节·见闻
项目说明: 1.回忆中秋节的习俗和所见所闻。 2.认真倾听,理解别人的谈话内容,能表达自己的观点。 3.能够围绕"中秋见闻"这一主题积极参与谈话,将所见所闻制作成绘本,增进对中国传统节日的整体感知		
材料准备:提醒学生收集过中秋时的热闹场面图片,并准备制作绘本的材料		
驱动性问题:围绕话题"中秋"展开谈话,为学生提供纸笔简单记录发言内容		
成果呈现形式:绘制"中秋绘本"		

项目步骤	教师支持
一、畅谈中秋节 1.出示中秋节图片,让学生谈感受。 2.引出课题:中秋节见闻发布会。	出示与中秋节有关的图片,激发学生的谈话兴趣。
二、提出驱动性问题 1.为什么要过中秋?你是怎样过中秋的? 2.教师讲关于中秋节的故事、传说。 3.欣赏图片、视频。(出示课件) 4.学生集体谈话,围绕"中秋见闻"畅所欲言。	
三、制作绘本 (一)绘声绘色谈绘本 1.什么是绘本? 2.如何制作绘本? (二)集思广益制绘本 出示制作绘本小提示: 1.确定绘本主题; 2.组内明确分工; 3.选择所需工具;	出示各种样式的绘本图片。 先出示制作绘本的视频,再出示制作绘本小提示。 为学生准备制作绘本的材料,每组派代表领取所需材料。

4. 设计绘本内容：

(1) 书的"外衣"设计；

(2) 书的内容设计；

(3) 书的形式设计。

5. 教师巡视、指导。

学生制作绘本时，课件播放背景音乐。

四、成果展示

1. 小组代表讲解。

2. 其他小组点评。

"中秋节·见闻"子项目五小组自评及互评表

（   组）

评价要素	评价细则	星级	自评	互评
信息收集与处理能力	能通过多种途径收集中秋节的习俗，并回忆过中秋节的所见所闻，会对资料进行归纳整理	★★★		
	能收集所见所闻，但不太会对资料进行归纳整理	★★		
	没有收集任何相关资料	★		
小组合作能力	能通过小组合作的形式分享自己过节时的所见所闻，且讲述生动有趣	★★★		
	能通过小组合作的形式分享自己过节时的所见所闻，但分享不够生动	★★		
	没有进行分享	★		
交流分享能力	在课堂上能够与老师和同学们分享自己的所见所闻，且表达流利清晰、有条理	★★★		
	课堂上交流分享的内容不够明白，表达不够流利	★★		
	没有进行课堂分享	★		

续表

评价要素	评价细则	星级	自评	互评
制作绘本	在制作绘本环节积极主动，能及时完成自己参与设计的部分，参与度高、制作精美	★★★		
	能完成自己参与设计的部分，但参与度不高	★★		
	没有参与到绘本制作中	★		
创新设计能力	绘本设计精美，图文并茂，故事性强	★★★		
	绘本设计不够精美，故事性不强	★★		
	没有设计绘本	★		
自我评价能力	能对制作的绘本进行评价，找出有待改进优化的地方，并提出解决方法	★★★		
	能对制作的绘本进行评价，但不知道改进优化的方法	★★		
	不会评价和优化绘本	★		

08 爱在重阳 孝在平时

一、项目简述

　　百善孝为先，尊老爱幼是我国的传统美德，重阳节就是弘扬这一美德的传统节日之一。重阳节始于上古，普及于西汉，鼎盛于唐代以后。"九"在《易经》中为阳数，"九九"两阳数相重，故曰"重阳"。在民俗观念中，"九"在数字中是最大的，有长久长寿的含义，寄托着人们对老人健康长寿的祝福。重阳节在历史的发展演变中杂糅多种民俗为一体，承载了丰富的文化内涵。我们可以从"重阳节习俗""重阳节诗歌""重阳节敬老"等不同方面去感受节日的内涵，找回节日的仪式感。

　　本项目基于中国传统文化这一主题，借助项目化的教学方式，让教师在课堂上提供与真实生活情景相关的内容，充分引发学生对探究式学习的兴趣。在主题探究学习的过程中、在跨学科活动的过程中充分发挥学生自身的主观能动性，并在项目活动结束之后，针对学习的结果进行交流及分享，从而真正培养学生的高阶思维。通过一系列活动让学生全面了解中国传统节日，增强学生文化自信，继承与发扬中国传统美德。

二、核心知识

1. 相关学科涉及的主要知识

　　语文：以"重阳节"为主题，让学生较全面地了解与重阳节有关的知识，走近重阳，研究重阳，认识重阳节的由来、习俗及相关诗词，学会表达，形成个体语言经验，能在具体语言情景中进行有效的交流沟通。

　　美术：将有关"重阳节习俗"的资料进行归类，制作小报并汇编成册。通过手抄报、摄影、绘画、制作美食等形式培养学生的动手能力，使其乐于继承与发扬中国传统文化。

　　思政：懂得"百善孝为先"，了解重阳节是弘扬中华民族传统美德的节日之一。光大孝德，弘扬孝文化，也是促进社会安定、和谐的基础。

　　数学：能根据数学知识及原理完成学习成果。

音乐：学唱《中华孝道》，能自编童谣并进行传唱。

2.关键概念或能力

让学生全面了解中国传统节日，继承与发扬中国传统文化及美德。

三、驱动性问题

1.本质问题

重阳节的来历及习俗是什么？重阳节是从哪些方面来倡导敬祖、敬老、孝道、感恩的社会风气的？

2.驱动性问题

作为传统节日的重阳节，它凝聚了自古以来中华民族"老吾老以及人之老，幼吾幼以及人之幼"的浓浓情思。然而，因中国近代受国外思想的影响，今人将古代的一切思想均视为封建思想，称不适用于今世。于是不讲孝道，导致很多老人无人赡养，并引起诸多社会问题。

从历史文化传承来说，尊老、敬老、爱老是中华民族的传统美德，并且中国是"人情味"非常浓厚的国家，讲求孝道是我们为人子女的立人之本。针对当下状况，我们应如何继承传统文化？如何弘扬传统道德，增强人们的道德修养？如何在全社会倡导尊老、敬老、爱老、助老的风气？这些问题，值得深思。

四、成果与评价

个人成果： 　　学生以小组为单位，提前收集关于重阳节文化的相关资料，在制作作品环节积极主动，能及时完成自己参与设计的部分，参与度高，制作精美	**评价内容：** 　　●能通过多种途径收集重阳节的习俗，回忆自己过节时的所见所闻，并会对资料进行归纳整理。 　　●通过小组合作的形式，分享自己过重阳节时的所见所闻，且讲述生动有趣；表达流利清晰、有条理。 　　●通过走访、询问的方法，调查相关数据，并归纳总结出规律和结果，撰写调查报告。 　　●在实践过程中能够做到细心观察，记录下每个细节。 　　●在每节课的制作作品环节积极主动，能及时完成自己参与设计的部分，参与度高，制作精美
团队成果： 　　以小组为单位，每个成员都能积极主动地参加活动，分工明确，能有组织、有计划地进行制作	**评价内容：** 　　●能积极主动地参加活动、融入小组工作，有团队意识和合作精神，分工明确，能齐心协力共同完成任务。 　　●能绘制设计图，并动手制作出一个实用性较强的作品，能设计绘制精美的宣传海报。 　　●有自己独特的想法，有创新意识，能合作研究一个新方向，并成功设计一款市面上没有的新产品

公开方式：

　　网络发布(　　)成果展示(√)张贴(√)

五、高阶认知

主要高阶认知策略：

调研：能根据收集到的资料、调查的结果制订合理、详细的方案。

问题解决：让学生较全面地了解与重阳节有关的知识，在全社会倡导尊老、敬老、爱老、助老的风气。

创见：将有关"重阳节习俗"的资料归类，制作小报并汇编成册。

六、实践与评价

涉及的学习实践：	评价的学习实践：
1.探究性实践：了解重阳节是我国民间的传统节日之一，又称为"老人节"。了解孝道是中华民族的根本之一。让学生较全面地了解与重阳节有关的知识，走近重阳节，研究重阳节的意义，认识重阳节的由来、礼节及相关习俗。 2.社会性实践：了解重阳节的礼仪文化，知道我国是一个有着浓厚"人情味"的文明礼仪之邦；学会敬老、爱老、感恩，做一个有孝心的人，倡导全社会敬老、爱老、助老，让每个家庭和睦兴旺。 3.审美性实践：通过手抄报、摄影、绘画、制作美食等形式，培养学生的动手能力，使其继承与发扬中国传统文化。	探究性实践（ √ ） 社会性实践（ √ ） 调控性实践（　） 审美性实践（ √ ） 技术性实践（　）

七、实践与评价

项目过程	评价要素
子项目一：重阳节·习俗 适合学段：低、中年级。 一、学习目标 1.通过了解重阳节的由来及传说，感受传说故事中的桓景不怕艰辛拜师学艺、铲除瘟魔为民除害的精神。 2.了解重阳节的风俗习惯，激发学生热爱家乡、热爱祖国的情感，体会家庭欢乐、生活甜美的幸福。 3.尊老敬长是社会文明的体现，要培养学生从小尊老敬长、乐于奉献爱心的品德。 二、核心问题 重阳节有哪些习俗？ 三、学习活动 1.谈话导入：引出"重阳节"。 2.介绍重阳节的来历和传说，让学生了解重阳节背后的文化。 四、重阳节的习俗 1.了解重阳节的习俗：登高、赏菊、喝菊花酒、放纸鹞、吃重阳糕、插茱萸等。 2.你还知道哪些地方过重阳节的哪些风俗？ 3.重阳节习俗知识竞答。 五、成果形式 手抄报《重阳节·习俗》	1.信息收集与处理能力 2.小组合作能力 3.分享交流能力 4.创新设计能力 5.自我评价能力

项目过程	评价要素
子项目二：重阳节·敬老 适合学段：低、中年级。 一、学习目标 1.知道农历九月初九是重阳节，也叫"老人节"。 2.培养学生从小敬老、爱老的美德。 二、核心问题 重阳节又称为"老人节"。那么，你在这个节日里可以为你的爷爷奶奶做点什么呢？ 三、学习活动 （一）诗歌导入 教师：农历九月初九，是我们国家的传统节日"重阳节"，重阳节也叫"老人节"。 （二）孝道文化 1.关于孝顺的故事。 2.百善孝为先，我们为什么要提倡孝敬老人？ （三）情境表演《让座》 1.请两位同学分别戴上老爷爷、老奶奶的头饰，扮演乘车的老人，请四位同学扮演乘客，进行情境表演《让座》。 2.讨论：在平时的生活中，我们应该怎样尊老、爱老？ 3.玩游戏：为"爷爷奶奶"穿鞋子。 四、成果形式 制作重阳节贺卡送给爷爷奶奶	1.信息收集与处理能力 2.语言表达与归纳能力 3.情景表演 4.思维能力与交流能力 5.小组合作探究能力 6.评价与优化能力

项目过程	评价要素
子项目三：重阳节·诗歌 适合学段：中、高年级。 一、学习目标 1. 了解关于重阳节的诗歌，知道我国是一个讲究孝道的文明礼仪之邦。 2. 谈谈自己知道的关于重阳节的诗词歌赋，了解诗歌中分别寄托的是怎样的思想情感。 3. 制作重阳节诗歌配画的作品。 二、核心问题 现在还有多少人记得重阳节？重阳节时，大家都在做什么？思考：重阳节为什么淡出了现代人的生活？ 三、学习活动 1. 交流资料，激趣导入。 (1) 引导学生回忆曾学过的有关重阳节的诗词歌赋； (2) 导入：课件出示重阳节的海报宣传画。 2. 畅谈重阳节诗歌，感受我国传统道德文化。 (1) 通过回忆有关重阳节的诗歌及课前收集的资料，让学生说说对重阳节的了解； (2) 调查：现在重阳节的习俗有什么？ 3. 拓展延伸，交流感受。 (1) 小组交流：你家里是怎么过重阳节的？向同学描述一下你家过重阳节时的欢乐情景； (2) 吟诵唐诗儿歌《中华孝道》。 4. 成果展示。 设计并制作一幅诗歌配画的作品。比如：画册、海报、手抄报……设计要有新意且具有代表性。 四、成果形式 展示重阳节诗歌配画的作品	1. 信息收集与处理能力 2. 小组合作能力 3. 交流分享能力 4. 创新设计能力 5. 自我评价能力 6. 成果展示

评价与修订

在开展项目的过程中，各小组根据他人有用的意见改进自己的作品

公开成果

小组合作设计、绘制重阳节绘本或画册，并介绍自己小组的设计理念，由师生共同评选出最佳作品

八、所需资源

与重阳节有关的图片、视频，制作相关成果需要的材料及工具。

九、反思与迁移

1. 项目反思

重阳节是我国传统节日之一。现在，这个节日似乎正在慢慢地被我们忽略。我们应该将这一传统节日传承下去，培养孩子尊敬、孝顺老人的优良品德。

在项目学习的过程中，学生学会了收集资料，学会了整理和分析收集到的资料。学生在了解重阳节的传统文化的过程中，对晒秋和重阳糕产生了极大兴趣。为此，学生通过查阅资料了解了重阳糕的寓意和做法。另外，学生还在收集资料的过程中培养了对诗歌的兴趣。

2. 项目迁移

在教学中，学生的自主学习能力得到了较大提升，包括小组交流合作能力、动手能力、思维能力等。在学习过程中，为了突出敬老爱老的主题，教师和学生一起确定了将重阳节的各项习俗与敬老、爱老的主题紧密联系起来的思路。通过绘制手抄报，将重阳节有关的诗歌整理成册，摄影、制作美食等方式来庆祝重阳，将传承孝道落在实处。

"爱在重阳 孝在平时"跨学科项目化学习案例

子项目一: "重阳节·习俗"教学设计实施

建议时间: 1 小时	项目化单元主题: 爱在重阳 孝在平时	子项目活动: 重阳节·习俗
项目说明: 1.通过了解重阳节的由来传说,感受传说故事中的桓景不怕艰辛拜师学艺、铲除瘟魔为民除害的精神。 2.了解重阳节的风俗习惯,激发学生热爱家乡、热爱祖国的情感,体会家庭欢乐、生活甜美的幸福。 3.尊老敬长是社会文明的体现,要培养学生从小尊老敬长、乐于奉献爱心的品德		
材料准备: 提醒学生提前收集关于重阳节的传说、了解重阳节的习俗		
驱动性问题: 你知道哪些关于重阳节传说和习俗?		
成果呈现形式: 手抄报《重阳节》		

项目步骤	教师支持
一、导入课题 　　我们的国家是一个有着五千年历史的文明古国,在我国有许多具有民族特色的节日。和大多数传统节日一样,民间流传着关于重阳节来历的美丽传说,你们想了解重阳节是怎样来的吗? 让我们一起去聆听那动人的传说。	谈话导入,激发学生的学习兴趣。
二、重阳节的来历、传说 　1.重阳节的来历 　　在中国,重阳节起源于战国时代,是一个欢乐的日子。古人将天地万物归为阴阳两类,阴代表黑暗,阳则代表光明、活力。数字一、三、五、七、九为阳,二、四、六、八为阴。九月九日,日月并阳,两九相重,故而叫重阳,也叫重九,古人认为这是个值得庆贺的吉利日子,并且很早就开始过这个节日了。	教师介绍重阳节的来历,让学生了解重阳节背后的文化。
2.重阳节的传说 　播放视频。 　　很久以前,汝南县有个人名叫桓景。他和父母、妻子一家人守着几片地,安分守己地过日子。谁知天有不测风云,汝河两岸忽然流行起瘟疫,夺走了不少人的性命。	教师播放视频,让学生了解重阳节的相关传说。

桓景小时候曾听大人说过，汝河里住了一个瘟魔，每年都会出来散布瘟疫，危害人间。为了替乡民除害，桓景打听到东南山住了一个叫费长房的神仙。他决定前去拜访……

三、重阳节的习俗

1. 重阳节的习俗有：登高、赏菊、喝菊花酒、放纸鹞、吃重阳糕、插茱萸等。

2. 你还知道哪些地方过重阳节的哪些风俗？

3. 重阳节习俗知识竞答。

四、成果展示

手抄报《重阳节》。

教师准备小文具作为奖励，激发学生们的学习兴趣。

五、结束语

同学们，在今天的学习中，我们了解到的只是中国传统文化海洋中的一滴水，只有多读书才能收获更多，收获更大。课后，请同学们把关于重阳节的传说讲给家长听一听，再搜集一些与传统文化有关的文章来读，我想，你会为我们的民族而赞叹，为身为中华民族的一员而自豪。

"重阳节·习俗"子项目—小组自评及互评表

（　　　　组）

评价要素	评价细则	星级	自评	互评
信息收集与处理能力	能通过多种途径收集有关重阳节的传说，了解重阳节的相关习俗，会对资料进行归纳整理	★★★		
	能收集一些简单的资料，但不太会对资料进行归纳整理	★★		
	没有收集任何相关资料	★		
小组合作能力	能通过小组合作的形式，分享自己收集到的资料，讲述生动有趣	★★★		
	能通过小组合作的形式，分享自己收集到的资料，但分享不够生动	★★		
	没有进行分享	★		
分享交流能力	在课堂上能够向老师和同学们分享收集到的重阳节的传说与习俗，表达流利清晰、有条理	★★★		
	课堂上交流分享的内容不够明白，表达不流利	★★		
	没有进行课堂分享	★		

"爱在重阳 孝在平时"跨学科项目化学习案例

子项目二："重阳节·敬老"教学设计实施

建议时间：1 小时	项目化单元主题：爱在重阳 孝在平时	子项目活动：重阳节·敬老
项目说明： 　1.知道农历九月初九是"重阳节"，也叫"老人节"。 　2.培养学生从小敬老、爱老的美德		
材料准备：PPT，关于重阳节历习俗的图片，老爷爷、老奶奶的头饰各一个		
驱动性问题：重阳节又称"老人节"，那么，你在这个节日里可以为你的爷爷奶奶做点什么呢？		
成果呈现形式：制作重阳节贺卡送给爷爷奶奶		

项目步骤	教师支持
一、诗歌导入 　师：农历九月初九，是我们国家的传统节日"重阳节"，重阳节也叫"老人节"。	谈话导入，引起学生的学习兴趣。
二、孝道文化 　1.关于孝顺的故事。 　2.百善孝为先。我们为什么要提倡孝敬老人？	
三、情境表演《让座》 　1.请两位同学分别戴上老爷爷、老奶奶的头饰，扮演乘车的老人，请四位同学扮演乘客，进行情境表演《让座》。 　2.讨论：在平时的生活中，我们应该怎样尊老、爱老？ 　（1）为爷爷奶奶捶捶背； 　（2）制作重阳节贺卡送给爷爷奶奶。 　3.玩游戏：为"爷爷奶奶"穿鞋子。 　游戏规则：请"爷爷奶奶"把鞋子从起点脱下，拿到终点摆好，"爷爷奶奶"返回起点的椅子坐下，学生在起点做好准备，等老师喊开始时，学生从起点跑到终点，拿到属于自己"爷爷奶奶"的鞋子，穿过障碍物，快速回到起点，最先为"爷爷奶奶"穿上鞋子的学生获胜。	学生情景表演《让座》，通过有趣的活动形式感受敬老、爱老的传统美德。

四、活动总结

师：小朋友都知道今天是爷爷奶奶的节日，也用很多方式表达了对爷爷奶奶的爱，那么现在，让我们用爱的抱抱来再次感谢爷爷奶奶吧。

指导学生通过游戏的形式参与节日活动，培养学生对老人的孝心。

"重阳节·孝道"子项目二小组自评及互评表

（　　　　组）

评价要素	评价细则	星级	自评	互评
信息收集与处理能力	能通过多种途径收集有关重阳节敬老的资料，且资料具有权威性，会对资料进行归纳整理	★★★		
	能收集一些简单的资料，但不太会对资料进行归纳整理	★★		
	没有收集任何相关资料	★		
成果展示	设计并制作重阳节贺卡送给爷爷奶奶，设计具有新意和代表性	★★★		
	能制作简单的贺卡，手工较好	★★		
	完全不用心，或手工粗糙	★		
合作探究能力	小组内每个成员都能积极主动地参加活动，分工明确，能有组织、有计划地进行合作	★★★		
	部分学生没有参与到小组合作中，小组分工不明确，团队意识薄弱	★★		
	没有进行小组合作，缺少团队合作意识	★		
情境表演	表演时能创新性地加入语言、动作，使表演更加丰富有趣，准备充分	★★★		
	对表演内容不够熟悉，表演时有"卡壳"情况。不够有新意	★★		
	没有进行充分准备，无法上台表演	★		
自我评价与优化能力	能对表演内容进行评价，并找出有待改进或优化的地方，找出解决方法	★★★		
	能对表演内容进行评价，但不知道如何改进或优化	★★		
	不会评价和优化表演内容	★		

"爱在重阳 孝在平时"跨学科项目化学习案例

子项目三："重阳节·诗歌"教学设计实施

建议时间：1小时	项目化单元主题：爱在重阳 孝在平时	子项目活动：重阳节·诗歌

项目说明：
1. 了解关于重阳节的诗词歌赋。
2. 知道我们国家是一个讲究孝道的文明礼仪之邦。
3. 能够复述诗歌，进行诗歌朗诵。
4. 展示中华民族的传统美德，激发学生传承、弘扬中国文化的情感

材料准备： 提醒学生提前收集关于重阳节的诗词歌赋

驱动性问题： 你知道哪些关于重阳节的诗歌？现在还有多少人记得重阳节？现在的重阳节，大家都在做什么？

成果呈现形式： 吟诵唐诗儿歌《中华孝道》，展示重阳节诗歌配画的作品

项目步骤	教师支持
一、激趣导入 　　1. 出示唐诗儿歌《中华孝道》，请学生猜歌曲唱的是哪个节日，激发学生兴趣。 　　2. 引入新课：重阳节·诗歌。	教师展示相关视频。
二、了解重阳节的相关诗歌 　　1.《九月九日忆山东兄弟》 　　2.《九月十日即事》 　　3.《九日齐山登高》 　　4.《重阳席上赋白菊》 　　5.《采桑子·重阳》 　　提出问题：大家知道古人为什么写了这么多关于重阳节的诗词吗？谁来解读一下诗歌的含义，并说一说，你能体会到诗词里的哪些思想情感？ 　　教师引导学生品味诗词里的思想情感，体会中华文化的博大精深。	教师先讲解有关重阳节的诗歌，并出示相关诗歌；再播放视频，帮助学生理解。
三、提出驱动性问题 　　1. 现在还有多少人记得重阳节？重阳节时大家都在	教师与学生共同参与大比

做什么？重阳节为什么淡出了现代人的生活？中国的传统美德能否丢下？

2. 重阳节诗歌大比拼：我说上句，你说下句。以小组比赛的形式展开。

3. 出示唐诗儿歌《中华孝道》，并与学生一同吟诵儿歌，帮助学生建立丰富的思想情感。理解我国敬老、爱老、尊老的传统美德，教育学生传承及弘扬中华民族传统美德。

4. 解说诗歌配画的含义。

提出问题：你是怎么理解这首诗的？画里面有着什么样的内涵？

拼游戏，让学生熟悉诗词，体会情感。教师准备小文具作为奖励，激发孩子们的学习兴趣。

与学生一同吟诵《中华孝道》，调动课堂气氛，并引导学生弘扬孝道。

四、课堂小结

1. 总结课堂学习的内容：与重阳节有关的诗歌。

2. 肯定学生们收集到的与重阳节有关的诗歌，鼓励学生自编童谣。

3. 强化中华民族的传统美德，需要我们传承、弘扬。融入爱国教育元素。

"重阳节·诗歌"子项目三小组自评及互评表

（　　　　组）

评价要素	评价细则	星级	自评	互评
信息收集与处理能力	能通过多种途径收集有关重阳节诗词歌赋的资料，并会对资料进行归纳整理	★★★		
	能收集一些简单的资料，但不太会对资料进行归纳整理	★★		
	没有收集任何相关资料	★		
分享交流能力	通过小组合作的形式，分享自己收集到的资料，讲述生动有趣	★★★		
	通过小组合作的形式，分享自己收集到的资料，但分享不够生动	★★		
	没有进行分享	★		

续表

评价要素	评价细则	星级	自评	互评
语言表达能力	在课堂上能够向老师和同学们分享收集到的诗歌，表达流利清晰、有条理	★★★		
	课堂上交流分享的诗歌不够丰富，表达不流利	★★		
	没有进行课堂分享	★		
唐诗手势舞表演	在表演环节积极主动，对表演内容了如指掌，准备充分	★★★		
	对表演内容不够熟悉，表演时有"卡壳"情况	★★		
	没有进行充分准备，无法表演	★		
制作画册	能制作合适的画册，得体表达诗歌的含义，向周围的人表达敬老的愿望	★★★		
	能制作画册，但表达欠得体	★★		
	没有制作画册	★		
合作探究能力	小组内每个成员都能积极主动地参加活动，分工明确，能有组织、有计划地进行画册制作	★★★		
	部分学生没有参与到制作中，小组分工不明确，团队意识薄弱	★★		
	没有进行小组合作，缺少团队合作意识	★		
自我评价与优化能力	能对画册内容进行评价，并找出有待改进或优化的地方，对其进行分析并找出解决方法	★★★		
	能对画册内容进行评价，但不知道该如何改进或优化	★★		
	不会评价和优化画册内容	★		